U1012504

融以至善 德技并修

校企共同体迭代升级探索与实践

杭州职业技术学院
编著

中国财经出版传媒集团
中国财政经济出版社

图书在版编目（CIP）数据

融以至善，德技并修：校企共同体迭代升级探索与实践／杭州职业技术学院编著. --北京：中国财政经济出版社，2023.6

ISBN 978 -7 -5223 -2174 -5

Ⅰ.①融… Ⅱ.①杭… Ⅲ.①职业教育 - 产学合作 - 研究 - 中国 Ⅳ.①G719.2

中国国家版本馆 CIP 数据核字（2023）第 072765 号

责任编辑：马 真　　责任校对：徐艳丽
封面设计：陈宇琰　　责任印制：刘春年

融以至善，德技并修——校企共同体迭代升级探索与实践

RONGYI ZHISHAN，DEJI BINGXIU

——XIAOQI GONGTONGTI DIEDAI SHENGJI TANSUO YU SHIJIAN

中国财政经济出版社 出版

URL：http：//www. cfeph. cn

E - mail：cfeph@ cfeph. cn

（版权所有　翻印必究）

社址：北京市海淀区阜成路甲 28 号　邮政编码：100142

营销中心电话：010 - 88191522　编辑部电话：010 - 88190957

天猫网店：中国财政经济出版社旗舰店

网址：https：//zgczjjcbs. tmall. com

北京财经印刷厂印刷　各地新华书店经销

成品尺寸：170mm×240mm　16 开　16.25 印张　209 000 字

2023 年 7 月第 1 版　2023 年 7 月北京第 1 次印刷

定价：65.00 元

ISBN 978 - 7 - 5223 - 2174 - 5

（图书出现印装问题，本社负责调换，电话：010 - 88190548）

本社质量投诉电话：010 - 88190744

打击盗版举报热线：010 - 88191661　QQ：2242791300

序　言

深入开展产教融合、校企合作，是推进职业教育高质量发展的重要路径。2019 年《教育部 财政部关于实施中国特色高水平高职学校和专业建设计划的意见》明确提出要提升校企合作水平，与行业领先企业在人才培养、技术创新、社会服务、就业创业、文化传承等方面深度合作，形成校企命运共同体。打造高水平校企共同体，已经成为职业教育改革发展的重要任务。

自 2008 年以来，杭州职业技术学院秉持“融善”核心理念和“校企合作双赢，以企业赢为先”原则，深刻把握高职教育办学规律，在全国率先提出和实践了“校企共同体”办学模式。学校基于“校企共同体”建设深入实践，构建完善了管理共同体领导机制、师资共同体互补机制、专业共同体建设机制、产学研共同体融合机制、资源共同体互助机制、文化共同体交融机制，并在校企共同体的基础上构建了政行企校模式、行企校模式、专企融合模式和企业托管模式等多元模式，创立了一条杭职特色、辐射全国的校企合作体制机制创新之路。《校企共同体体制机制创新与实践》获得 2014 年“国家教学成果一等奖”；《公共实训基地“杭州模式”创新与实践》获得 2018 年“国家教学成果一等奖”。学校在校企共同体建设实践过程中积累了丰富经验，但也存在一些亟待研究解决的深层次矛盾和问题，特别是职业院校如何进一步增强适应性，与合作企业深度合作，深化创新链、人才链、教育链的关键环节有机衔接。

近年来，杭州职业技术学院以“双高”建设为抓手，在校企共同体的合作对象、服务对象和主要功能等方面进行了升级。校企共同体的合作对象从主流企业扩展到同时重视主流企业和龙头企业；服务对象从市区政府扩展到同时重视市区政府和乡镇政府；拓展技术创新和工匠文化传承等功能，将科技服务企业升级转型和工匠文化传承纳入校企合作的新内容。通过校企共同体的升级迭代，进一步推动学校人才培养、教育教学改革、科研、社会服务、校园文化和内部治理等创新改革。在坚实的校企合作基础上，学校还探索形成了一条校企共同体迭代升级、推动学校高质量发展的特色道路。

校企共同体是指高校与企业之间建立起合作关系，共同开展教学、科研和技术创新等活动的组织形式。其目的是通过高校和企业的资源互补、协同创新，促进产学研结合，提升人才培养质量和科技创新能力。目前，校企共同体的研究已经成为教育、经济管理、创新与发展等领域的热点课题。以下是校企共同体研究的一些现状：随着现代产业结构的不断调整和升级，校企合作成为推动创新驱动发展的重要路径。校企共同体研究的兴起与此密切相关，旨在探索如何更好地实现高校和企业的深度融合，推动产学研合作的良性循环。研究者关注校企共同体的合作模式、运行机制和管理体制等方面，包括合作协议的签订与执行、资源共享与配置、组织架构与决策机制等问题。校企共同体研究还关注如何通过合作推动人才培养和科技创新，例如探索校企合作的实践教学模式、共建共享的实验室平台、产学研一体化的科研项目等。研究者对校企共同体的绩效评价与激励机制也有一定关注，如何衡量校企共同体的绩效，并为参与者提供激励，以推动持续的合作发展，是一个重要的研究方向。校企共同体的发展也与政策环境和法律制度密切相关，研究者关注政府在校企合作中的角色定位、支持政策的设计与执行，以及知识产权、合同法律保护等法律层面的问题。需要指出的是，校企共同体的研究现状会随着时间的推移而不断发展和演变。以上只是目前研究的一些主要方向，未来也可能出现新的研究重点和突破点，以适应社会和经济的发展需求。

本书共分六章，第一章主要讨论校企共同体的内涵和发展历程，第二章分析校企共同体迭代升级的理论基础及实践路径，第三章讨论基于校企共同体迭代升级的人才培养创新改革，第四章讨论基于校企共同体迭代升级的“三教”创新改革，第五章讨论基于校企共同体迭代升级的科研、社会服务与校园文化创新改革，第六章讨论基于校企共同体迭代升级的内部治理创新改革。

本书是杭州市哲学社会科学规划课题现代职业教育研究中心基地的研究成果。该项目由徐时清教授担任总策划，郑永进负责策划和序言部分，何兴国负责编写第一章，沈陆娟负责编写第二章，陈昕苗负责编写第三章，徐榕霞负责编写第四章，王雅婷负责编写第五章，汤杨负责编写第六章。

案例是实践的成果，课题组对杭州职业技术学院的各位领导和老师多年来在教育教学改革实践中所做的努力表示感谢。正是由于他们的智慧和付出，才有了这些研究成果的形成。再次向他们表示衷心的感谢！

目 录

第一章

校企共同体概述

产教融合、校企合作、工学结合是职业教育办学内在规律之所在。从近代实业教育的“工读主义”“半工半读”到今天的“校企共同体”，我国职业教育校企合作探索已久。我国职业教育校企合作、工学结合，无论理论研究还是实践探索都取得了瞩目成绩和宝贵经验。当前，提升校企合作水平，与行业领先企业在人才培养、技术创新、社会服务、就业创业、文化传承等方面深度合作，打造校企共同体，已经成为职业教育学界和实践界的共识。由于学校和企业组织属性、价值取向存在差异，校企深度合作较难。杭州职业技术学院（以下简称“杭职院”）作为国家职业教育改革先锋，创新提出了“校企合作之双赢，以企业赢为先”，在此基础上，秉持“立足一个企业、面向整个行业”的思路，选择与区域主导产业的主流企业进行合作，建立校企利益共同体，走出了一条“校企共同体”探索与创新之路。

第一节 校企共同体的内涵特征

一、校企共同体的主要内涵

校企共同体是在“共同体”（Community）这一概念上延伸出来的。共同体这一概念最早可以追溯到德国社会学家滕尼斯（Fernand Tonnes），他认为“共同体”（Gemeinschaft）主要是用来表示一种基于协作关系的“有机组织形式”，一种具有共同归属感的社会团体，一种特别的、理想的“社会关系类型”，一种有别于“人为状态”的、天然状态的社群组织形态。人的意志在很多方面都处于相互关系和相互作用之中，其中一些对内对外发挥积极有效作用的人或物便形成一种结合，即族群。它表现为“共同体”和“社会”这样两种特殊形态。

随着工业化和城市化的进展以及由此而产生的种种社会问题的出现，滕尼斯的思想观点逐渐引起了社会学家的关注。在20世纪20年代，滕尼斯提出的“共同体”（Gemeinschaft）一词被美国社会学家译为英文词汇“community”，并很快成为美国社会学的主要概念。

随着时代的发展，“共同体”的内涵与外延也在发生着变化，并出现了各种形式的共同体，诸如国家共同体、社会共同体等。但是，无论社会和时代如何变化，共同体最基本的含义应该包括三个层面：首先，共同体是群体概念，而不是个体概念；其次，这个群体中的每一个个体都有着重要的共同特征或共同利益；最后，这个群体中的个体之间存在着互动关系。

“共同体”（Community）一词发展至今其衍生的概念非常宽泛，如利益共同体、政治共同体、经济共同体、关系共同体、民族共同体，等等。而校企共同体正是我国职业教育在改革和发展过程中诞生的一个概念。

2019 年，《关于实施中国特色高水平高职学校和专业建设计划的意见》明确提出，要提升校企合作水平，与行业领先企业在人才培养、技术创新、社会服务、就业创业、文化传承等方面深度合作，形成校企命运共同体。

基于此，可以看出，校企共同体是学校和企业为了共同的目标和利益而共同建立的一种实体联盟，以人才培养为核心，同时延伸到技术创新开发、产品生产与开发、科学研究、社会服务等方面的合作实体。杭职院从 2008 年就开始探索校企共同体实践①，并将校企共同体界定为，在政府的引导下，高职院校和区域主导产业的主流企业，通过相互开放、相互联系、相互依赖、相互促进，以协议的形式缔结的利益实体（二级学院），如图 1－1 所示。

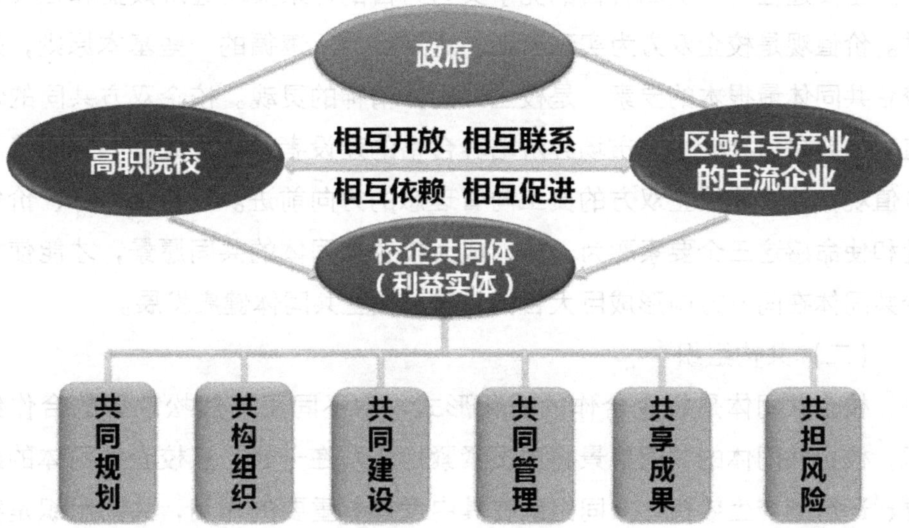

图 1－1　校企共同体内涵示意图

---

① 叶鉴铭．校企共赢我们在路上［M］．北京：光明日报出版社，2012：105－110.

二、校企共同体的主要特征

校企共同体的主要特征包括：共同愿景、共构组织、共同建设、共同管理、共享成果、共担风险。

（一）共同愿景

“共同愿景”是被校企双方成员所接受和认同的组织愿景，是校企双方成员共同勾画出的组织未来发展的远大理想和蓝图，它是建立在组织及其成员目标、价值观和使命一致基础上的共同愿望或理想。在校企共同体背景下，校企双方“共同愿景”的要素包括组织的目标、价值观和使命等。校企双方的共同目标是以人才培养为纽带，以科技开发与科研成果转化为主要途径，以提高各自的竞争实力为目的，来实现经济效益和社会效益。价值观是校企双方为实现蓝图、达到目的所遵循的一些基本原则，是校企共同体最根本的要素，是校企共同体精神的灵魂。校企双方共同的价值观主要是为社会主义市场经济培养合格的建设者，有了这样一个明确的价值观，才能使校企双方的员工向着理想的方向前进。只有当目标、价值观和使命感这三个要素融为一体，成为校企共同体的共同愿景，才能使校企共同体在同一方向形成巨大合力，推动校企共同体健康发展。

（二）共构组织

校企共同体是校企合作的深化形式，它不同于一般松散型的合作组织，校企共同体的共同愿景将成员紧紧地联系在一起。从校企共同体的建立、运行到产生效益，共同组织在其中发挥着重要的作用，共同组织是实现校企共同体成员共同愿景的有力保障。校企共同体组织由组织委员会、专家委员会、学术委员会、理事会等机构组成。其成员包括校企双方的领导、专家、教师、员工等，也可以邀请社会上的名人、专家参加。校企共同体组织负责协调、处理、解决校企共同体运行过程中的相关事项，维护组织成员之间的利益，保证校企共同体的正常运行。

（三）共同建设

校企共同体是紧密型的合作实体，校企双方通过组织的明确目标、组织结构、运行机制、制度政策等要素的支撑共同建设联合实体。由企业与高校共同建立重点实验室、工程研究中心、技术开发中心、联合开发中心和研究开发公司等。

（四）共同管理

共同管理是指校企双方通过共同制定教学、实训和顶岗实习等管理制度，共同开发人才培养方案，共同制定教学计划，共同组织教学，共同开发教材，共同评价教学质量，进行“校企共同体”的协同管理，提高“共同体”的建设水平。如学生在技能训练过程中，通过企业指导教师的分析、讲解、示范和管理，使学生较好地了解操作技术的关键点，在掌握岗位基本操作技能的基础上，通过师傅的点拨和纠错，使学生能掌握扎实、规范的操作技术，从而高质量地完成实训任务。

（五）共享成果

校企共同体的共同愿景、共同组织和共同建设等特点，必然要求校企双方共同享有合作成果，校企共同体的最大成果是高质量的人才和科技成果。市场经济的快速发展，使得高校、企业各自的功能在不断拓展并相互交叉。高校既是培养高层次专门人才的主要基地，也是高新科技产业的重要发源地。高校拥有雄厚的科技、知识、信息和人才资源，企业的优势在于拥有设备、资金和场地，是实现高新科技成果转化的重要载体。校企共同体使校企双方的功能交叉，优势互补，相得益彰，提高了人才培养质量，加速了高新技术产业化和科技成果转化的步伐。

市场经济虽然要求企业面向市场，成为自主经营、自负盈亏、自我发展、自我约束的法人实体和市场竞争的主体，但是为了获取竞争优势，企业竞相追求科技进步，加大产品的科技含量、知识含量，采用新技术、新工艺、新方法，开发出低成本、高质量、新款式的产品，以占领和开拓市场。因此，企业对专门人才和科技成果的渴望日益迫切。高等学校为顺应市场经济发展，需要培养出综合素质高、适应性强的专门人才。高校是人才、科技成果的供方，而产业界、企业则是人才、科技成果的需方。从供需关系、高质量人才培养、科技成果转化出发，校企双方都渴望通过校企共同体这一平台达到各自的目标，实现高质量人才和高质量科技成果的共享。

（六）共担风险

校企共同体中校企双方参与建设全过程，必然会给双方带来风险。企业对高校的资金、设备的投入会给企业带来风险，高校的技术研究与应用、科技成果转化会给学校带来风险，校企双方的项目合作等也会给双方带来风险。然而，由于校企双方之间的协约关系，以及校企共同体组织的创新性和紧密性，所以，校企双方合作的风险必然降低、减少或被化解。

第二节　校企共同体的发展历程

一、企业主导校企合作阶段

我国职业教育孕育于 19 世纪中前期的学徒制。学徒制是一种封闭式的、以单纯手工业职业训练为目的的职业培训方式，多在作坊或家庭等现场进行，学徒的目的是掌握一项手艺、工艺或技术，师徒之间的关系单纯，它体现了当时封建社会低下的生产力水平和生产关系。但是，学徒制蕴含着的“工”与“学”的结合关系，“工”在一定程度上既是做工也是生活，“学”仅局限于技术的学习和掌握，“工”与“学”没有严格的时间限制和分配，“工”与“学”的关系可以概括为在做工和生活中学习技艺。学徒制以职业实践为中心，进行严格的技术训练，注重能力培养等特征，反映了职业教育的基本规律。

19 世纪后半期至 20 世纪初，先后发生的洋务运动、戊戌变法、辛亥革命、新文化运动推动了中国近代工业的发展，形成了实业教育思想，建立了实业教育制度。1912—1921 年以出国留学的勤工俭学运动为标志，出现了“工读主义”和“半工半读”。1917 年制定的《留美中国学生工读会简章》中最早使用“工读”和“半工半读”概念。1919 年 12 月，蔡元培、陈独秀、李大钊、胡适等 17 人联名为北京工读互助团募捐，又提出“实行半工半读主义，庶几可以达教育与职业合一”。“半工半读”是具体的实践形式，其基本含义是提倡做工和求学相结合，做工和读书相结合，它既适用于当时的华工教育，又能解决青年学生的求学费用。

20 世纪 20 年代，在近代工业快速发展的推动下，一些企业相继开设了实习工场，传习西方先进的工艺技术，培养技术人才，形成一边工作一边学习的职业教育校企合作模式雏形。这一时期的校企合作形式是学校办在企业中，企业作为职业教育的主导方，一切以企业利益为重，主要采取“工学并举”“工读主义”和“半工半读”等人才培养方式，培养企业当前所需要的人才。坚持实行教育与生产劳动相结合，边读书边劳动，开展文化学习运动，当时的“半工半读”实际上是一种对工农大众实现启蒙教育、文化普及的形式。从 1917 年成立“中华职业教育社”开始，在黄炎培、梁启超、蔡元培、陶行知等人努力下，积极进行理论与实践探索，创办了国华职业院校、农村改进实验区、职业指导所等，主张手脑并用、知行合一，把教育与生产、生活联系起来。后来，无论是战争时期还是新中国成立前期坚持实行教育与生产劳动相结合，边读书边劳动，此时的“半工半读”实际上是一种对工农大众实现启蒙教育、文化普及的形式，其工学结合的内涵主要体现为以工作为主，兼顾学习和读书。

1958 年 5 月，中国在《关于 1958 年国民经济计划草案的报告》中正式提出“今后要有步骤地实行半工半读的教育制度”。1958 年 9 月，中共中央、国务院在《关于教育工作的指示》中指出，党的教育方针是“教育与生产劳动相结合”。从此，以天津为试点的“半工半读”职业教育形式逐渐在全国展开。这一时期的“半工半读”职业教育培养模式的内涵随着我国职业教育体系的逐步发展而渐趋丰富，赋予了职业教育工学结合的理论知识学习与实践工作结合的新内容。

二、学校主导校企合作阶段

随着工业革命的到来，社会生产力获得飞跃性发展，科学技术获得长足进步。原本通过企业创办学校的“半工半读”教学模式已不能满足工业时代“标准化、规模化”的需要，社会迫切需要大量掌握一定劳动技能的标准化劳动力。在这一历史背景下，要求教育普及与发展，扩大教育规模，增加教育内容，提高教学效率和教学质量。1985 年，《中共中央关于教育体制改革的决定》的颁布成为职业教育发展的一个里程碑，明确提出要大力发展职业技术教育，逐步建立起一个从初级到高级、行业配套、结构合理又能与普通教育相互沟通的职业技术教育体系。

在这一背景下，职业教育得到了快速发展。然而，在传统学科教育思想和体系的影响下，职业教育理论知识过分强调学科的系统性和完整性，淡化了职业知识的实践性和行动性，形成了以抽象的职业理论知识、单一的学校学习为主，以实习为辅的培养模式，使职业教育渐渐远离了企业和市场。此时，职业教育校企合作形式发生了根本性的转变，学校自成体系，主导教育，一切从学校的利益出发，被动地与企业合作。其主要采取班级授课制的人才培养方式，公平、高效地培养人才，既满足了机器大生产对人才的需求，也保证了知识传授上的延续性和系统性。

20 世纪 50 年代至 80 年代，在计划经济体制的影响下，中国的校企合作不是独立利益主体间的主动合作，而是由一个所有者组织的非独立利益主体间的指令性合作。这种计划经济下的校企合作方式简便，责任明确，合作关系松散，易合易分，对开展一些重大项目研究起到了积极作用，但校企合作难以形成各自相互需求、协调发展的运行机制，特别是难以形成相互促进的良性互动机制，此时的校企合作模式主要是政府推动型。

20世纪90年代至今，随着改革的不断深入，社会主义市场经济体制的逐步建立，国际竞争的日趋激烈，对企业、高等院校的生存和发展提出了新的挑战，高职教育主动纳入社会主义市场经济之中，校企合作进入一个新的阶段。此阶段校企合作多为市场驱动型。1991年，国务院《关于大力发展职业技术教育的决定》提出，要“提倡产教结合、工学结合”，明确了职业教育要实行产教结合培养模式。1992年国家组织实施“校企联合开发工程”，通过校企联合，建立国有大中型企业与高等院校之间密切而稳定的交流、合作制度，逐步形成校企合作发展的运行机制，标志着职业教育培养模式变革的开始。

进入21世纪后，尤其是2002年全国职业教育工作会议和《国家中长期教育改革和发展规划纲要（2010—2020年）》颁布实施以来，我国的职业教育结合经济发展趋势和市场经济特点，坚持“以服务为宗旨，以就业为导向”的教育方针，积极探索学校办学与企业发展的关系，探索职业教育人才培养的新模式，确立了产学研结合是发展高等职业教育的必由之路。

三、校企共同体发展阶段

2006年以来，随着我国职业教育规模快速扩张，高职教育的质量建设逐渐成为政策关注点，高职教育发展由规模扩张转为内涵发展。如2006年，教育部出台文件《关于全面提高高等职业教育教学质量的若干意见》，明确提出“把工作放在提高质量上来”。同年，教育部和财政部启动了“国家示范性高等职业院校建设计划”，立项建设100所高职示范校，随后2010年进一步推进示范院校建设计划，立项建设100所高职骨干校。国家教育“十二五”规划纲要（2010年）明确指出，“大力发展职业教育……

把提高质量作为重点，推进教育教学改革”。《现代职业教育体系建设规划（2014—2020年）》指出了当前职业教育人才培养模式相对陈旧等质量问题，并将现代职业教育体系作为质量建设的重要抓手，对现代职业教育体系的建设目标、基本构架、重点任务、制度保障和措施等作出系统部署。

2015年以来，在我国高职教育内涵建设成就的基础上，我国进一步推动高职教育创新和特色发展，进入了中国特色的高职教育品牌建设期。2015年，《高等职业教育创新发展行动计划（2015—2018年）》明确提出，通过品牌建设，人才培养结构更加合理，人才质量持续提高，服务“中国制造2025”的能力和服务经济社会发展的水平显著提升，促使高等教育结构优化成效更加明显，推动现代职业教育体系日臻完善。同时，该计划还提出要进行职业教育综合改革顶层设计，启动实施中国特色高水平高职院校和专业建设计划。

但无论是我国职业教育在内涵建设阶段，还是创新和特色发展阶段，工学结合、校企合作仍是一个职业教育办学规律之所在，是解决培养目标与企业需求、教学过程和生产过程、课程内容与职业标准对接不紧密，导致毕业生岗位适应性弱的重要法宝。然而与发达国家相比，特别是与我国社会、经济发展的需求相比，我国校企合作机制不够健全、驱动激励机制缺乏、合作运行机制不畅等成为突出问题。以校企共同体为突破口的改革，成为职业教育发展的必然选择。2008年以来，杭职院秉持“融善”核心理念和“校企合作双赢，以企业赢为先”原则，深刻把握高职教育办学规律，在全国首创性地提出和实践“校企共同体”办学模式。在全国高职界引起广泛关注的“敲墙运动”及由此带来的职业教育理念的深刻变革。

2017年国务院办公厅颁布《关于深化产教融合的若干意见》指出，受体制机制等多种因素影响，人才培养供给侧和产业需求侧在结构、质量、水平上还不能完全适应，“两张皮”问题仍然存在。深化产教融合，促进教育链、人才链与产业链、创新链有机衔接，是当前推进人力资源供给侧结构性改革的迫切要求，对新形势下全面提高教育质量、扩大就业创业、推进经济转型升级、培育经济发展新动能具有重要意义。2019 年国务院颁发的《国家职业教育改革实施方案》指出，要“厚植企业承担职业教育责任的社会环境，推动职业院校和行业企业形成命运共同体”。2019 年，《关于实施中国特色高水平高职学校和专业建设计划的意见》明确提出，要提升校企合作水平，与行业领先企业在人才培养、技术创新、社会服务、就业创业、文化传承等方面深度合作，形成校企命运共同体。

进入“十四五”时期，加快发展现代职业教育、增强职业教育适应性，促进职业教育供给与经济社会发展需求高度匹配，实现职业教育高质量发展，是党中央、国务院做出的重大战略部署。面对新一轮科技革命和产业变革的新形势，我国高等职业教育在办学特色与结构布局、管理体制与运行机制、办学模式与培养方式、经费投入与制度保障等方面还存在短板问题，需要加以解决。职业教育将进一步强化职业教育类型特色、完善产教融合办学体制、创新校企合作办学机制、优化专业群布局、深化教育教学改革、打造中国特色职业教育品牌等方面，推动现代职业教育高质量发展。而深化校企共同体建设，实现校企在人才培养、技术创新、社会服务、就业创业、文化传承等方面深度合作，仍是解决上述问题关键所在。

第三节　校企共同体的杭职实践

一、校企共同体的多元模式

按照校企共同体的理论架构，杭职院先后与杭州主导产业的头部企业共建了友嘉机电学院、特种设备学院、达利女装学院、吉利汽车学院、临江学院、西子航空工业学院、安恒信息安全学院、杭州动漫游戏学院、彩虹鱼康复护理学院等九个“校企共同体”。这些“校企共同体”既是学校的二级学院，也是企业的事业部门。“校企共同体”以合作双方的共同利益为基础，以资源共享优势互补为前提，以文化共融为抓手，以师资共育为核心，以课程共建、教学共管、基地共建为依托，探索走出了一条校企“共建、共管、共育、共融、共进”的创新发展之路。

杭职院校企共同体建设成为高职校企合作典范，被全国众多高职院校借鉴应用。其中，与达利（中国）共建的校企共同体（达利女装学院）在实践过程中取得了显著成效，特色鲜明、成绩显著，并取得了重大的人才培养效益，已达到国内领先水平。2014 年，“基于校企共同体的服装专业人才培养模式创新与实践”项目荣获国家职业教育教学成果一等奖。十多年的发展已然证明，“校企共同体”是杭职院发展的一块金字招牌。但在高职教育快速发展、校企合作深度蝶化的今天，止步于此则意味着快速的倒退。如何深化校企共同体发展，如何让杭职院的发展在“校企共同体”理念指引下蝶变升华，如何设置明晰杭职院未来的校企合作发展路径？基于此，杭职院在系统梳理、实践探索的基础上，提出了校企合作深化的“一个基本点”“三条基本原则”“五种基本模式”①。

（一）一个基本点

融入的深度决定职教的发展高度，向善的宽度决定育人的质量效度。“融”“善”是杭职人这十年来总结和追求的关键词，也是校企共同体发展的重要根基。基于此，杭职院提出用以指导办学发展、校企合作的校训，即“融惟职道、善举业德”。

校训，是一个学校的办学宗旨，是学校所有人和事发展的中心和逻辑起点。遗憾的是，放眼全国，校训雷同度非常高，有人做过统计，说高职

① 贾文胜，李海涛，梁宁森．基于校企共同体多元发展模式的创新与实践［M］．上海：上海交通大学出版社，2020.

院校校训中仅“厚德”“精（强）技”“创新”“奋进”这几个词的重复率就高达60%。杭职院的校训，正是在杭职人共同努力、共同思索、共同总结的基础上凝练而成，饱含着杭职人对高职教育的深刻认知，是杭职院的核心价值取向，也是校企合作发展所必须遵循的“基本点”。

作为一所区域性的高职院校，其办学主体主要有三个：学校、教师和学生。

所谓“融惟职道”，对学校而言，要真正走上职业教育的发展道路，办好一所职业院校，必须强调“融”，学校发展要融入区域发展，专业发展要融入产业发展，其融入的深度和广度决定其发展的高度。正如一棵树苗，只有把自己的根深深地扎进区域和产业的土壤，才能从区域和产业里汲取养分，让自己长成参天大树。

而对教师、学生而言，道理同样如此，教师是一种职业，而学生毕业走上社会以后，无论从事什么工作，也是一种职业，其职业生涯道路走得好不好、能走多远，关键就看能否很好地融入一个单位、融入一个团队、融入一种制度、融入一种文化，其融入程度越高，其职业生涯发展就会越好。

所谓“善举业德”，是指每个主体的追求都应以“善”为终极目标，即“善校”“善师”“善生”，正所谓“上善若水，水善利万物而不争”，“善”是中国传统文化的至高境界。

而“善”的核心不限于一个人有多少知识、财富和技能，也不限于一个学校有多少资源、设备，重要的在于其人格的塑造、品德的养成、素质的造就。正如上善医者，除了医术，更在医德；上善师者，除了教书，更在师德。

概而言之，就是要“融天地之精华，育上善学者，让每位学生都有人生出彩的机会”。“融惟职道”，更多强调的是技能培养；“善举业德”，更多强调的是文化育人。

另外，如果我们把这两句对应起来横着念，那就是“融善、惟举、职业、道德”，“道德”在底，强调“做人”；“职业”在中，强调“做事”；“善”在左上，强调“目标追求”；“融”在右上，强调“手段、途径、方法”。

也就是说，一个组织和个体，要实现“善”之目标，须以“融”之手段、途径、方法，通过做好“人”、做好“事”方能实现。

（二）三条基本原则

毋庸讳言，“逐利”是企业的本质属性，是企业界的公理。要真正调动企业参与职业教育的积极性，构建全面深度融合的校企合作关系，不仅不要“讳言”利益，而且要善于“直面”利益。基于此，提出校企合作中的“三条基本原则”。

一是“让利”原则，即“校企合作双赢，以他赢为律”。在校企合作过程中，如果我们发现企业是无利可图的、完全“输血”式的，我们宁可把合作等一等、放一放，因为这样的合作，往往不能持久，难以为继。

二是“重义”原则，即“以小利谋大义”。当“鱼”和“熊掌”、“义”和“利”不可兼得时，我们如何辨析“义”和“利”，如何最大限度地实现“义利并举”？我们认为，培养出经济社会发展、产业转型升级真正需要的高素质技术技能人才，是高职院校看不见、“无形”的“大义”，至于培养出来的人是给什么企业用，都没有关系。而在校企合作过程中，我们的师资、教学场所与企业共建共享，这些是可以用金钱加以衡量、看得见的、“有形的”，恰恰是我们的“小利”。要秉持“以小利谋大义”的原则，校企合作的格局才会高、视野才会宽、力度才会大、效果才会好。

三是“融合”原则，即“构建利益共同体，实现利益捆绑，是企业愿意参与校企合作的重要条件”。校企共同体要有相对独立的人财物，有相对独立的物理空间，甚至水电费都是单独计表；校企共同投入，你中有我，我中有你，不分彼此，利益共享，风险共担。只有这样，企业才能真正参与到合作中来，才能形成倒逼机制，真正用企业的生产实践来引领教学改革。

（三）五种基本模式

只要有利于企业积极性的调动，有利于校企深度融合，有利于更好地培育人才的校企合作，都应是我们追求和努力的方向。基于此，结合杭职院这些年的实践与思考，我们提出基于校企共同体的多元发展模式，即在校企共同体的基础上，结合产业、行业、企业和专业特点，提出政行企校模式、行企校模式、专企融合模式和企业托管模式。

模式一：校企共同体模式之友嘉机电学院、达利女装学院

友嘉实业集团是以数控机床、电子、工业设备三大产业为支柱的全球知名的跨国集团。友嘉实业集团与杭职院签订合作协议建立友嘉机电学院，在人才培养、专业建设、课程建设、技术研发、产品开发、课题研究等方面开展深度合作，形成互利共赢的“友嘉模式”。

杭州市政府主动为达利（中国）有限公司和杭职院牵线搭桥，经过磋商，合作双方本着“优势互补、资源共享、务实合作、共融共进”的原则，经双方协商于2009年1月共建杭职院“达利女装学院”。校企双方协商在达利女装学院的发展过程中共同管理、共建专业、共建项目化课程体系、共建“双师”结构的教师团队、共建校内生产性实训基地、共建校外顶岗实习管理模式以及校外实习基地管理机制，实现校内外办学资源集约化发展，并且面向杭州女装产业，合力打造全省的品牌专业、特色专业，使达利女装学院成为国内一流的女装生产技术教学基地和女装生产技术服务与推广基地。

模式二：政行企校模式之杭州动漫游戏学院

杭州要打造“动漫之都”，动漫游戏行业属于新业态，但发展势头很猛，政府的主导和引领作用明显；而企业都处于快速成长期，即使大企业

也往往无暇顾及人才培育，产业发展、企业需求与人才供给之间的矛盾突出。基于此，在市委宣传部的直接协调下，构建了由杭州动漫节展办、杭州动漫游戏协会、水晶石企业和学校四方参与共建的杭州动漫游戏学院。这里，特别突出政府在产业引领指导、校企合作协调的功能，突出协会在人才需求调研、人才规格匹配和人才标准制定的功能，进而使校企融合得以更加顺畅、高效。例如：企业投入600万元用于校内场地改造；《黑猫警长》导演戴铁郎出任名誉院长；入围杭州市产学对接重点突破学院，获资助480多万元。

模式三：行企校模式之浙江特种设备学院

随着经济社会的快速发展，城市化进程的不断加快，电梯拥有量剧增，电梯维保和改造人才奇缺。同时电梯属于特种行业，实行行业准入制度，且同类企业之间又有很多的技术壁垒，这就使得简单的一校一企的合作模式难以满足社会对电梯人才的需求。基于此，杭职院主动对接浙江省特种设备科学研究院（以下简称“省特科院”），引入企业，三方共同搭建行企校合作平台，目前全国十大电梯品牌已有六家入驻学校。从2014年到现在，短短几年时间，电梯专业从无到有，从有到优，目前已经成为全国最大的电梯培训基地，成果丰硕。如企业投入1400多万元建成拥有28部竖梯、6部扶梯的电梯培训中心；省特科院投入600多万元改造校内教学场所，并将占地79亩、投入2.6亿元的海宁特种设备培训基地委托学校管理；浙江省唯一特种设备上岗证办证机构、奥的斯华东培训基地落户学校；年培训5000多人次，培训收入1200多万元；开展“精准扶贫”，并获省委书记车俊批示。最值得一提的是，2017年，仅仅办了三年不到的电梯专业获批浙江省高职院校首批协同创新中心（全省仅7个），并牵头制定国家电梯人才标准。以浙江省特科院的行业优势，聚合六大电梯头部企业资源，共建行企校共同体，构建全新的电梯维保人才培育生态；共建电梯产业学院，打造三链对接、育训合一的育人生态体系；共建电梯产业研究院，培育发展型、创新型电梯人才，构建了“一体两院、同生共长”的电梯人才培养生态。

模式四：专企融合模式之西子航空工业模式、安恒信息安全学院、东忠软件学院

航空制造业，属于高端制造业，需求量尽管不大，但对人才质量、专业精准度要求高。西子航空是浙江唯一的航空工业企业，也是浙江先进制造业的龙头和代表。针对西子航空对企业技改升级和人才断档的迫切需求，杭职院在友嘉机电学院的基础上，以数控技术为重点和西子航空开展深度合作。专企融合，精准对接，辅之以“现代学徒制”培养模式，几年下来成效明显。如企业现有近300名员工中，来自杭职院的占比达20%；C919第101架次试飞时，现场观礼嘉宾中唯一的高职院校代表就是杭职院的学生；企业高度认可学生，主动出台三大优惠政策；西子航空董事长还在市委书记面前高度肯定杭职院的校企合作模式。

IT行业发展较快，各类企业均有自己的专长，找到一家企业覆盖杭职院信息工程学院的所有专业比较困难。因此，与主流企业构建三级学院开展人才培养，更加符合专业特点与行业发展趋势。为此，杭职院的信息安全与管理专业与世界网络安全500强企业——杭州安恒信息技术有限公司共建安恒信息安全学院，联合培养信息安全领域的专门人才；软件技术专业与中国服务外包50强企业东忠集团签约成立东忠软件学院，共同培养外包软件工程型人才。

模式五：企业托管模式之彩虹鱼康复护理学院

康复护理，主要针对高端人群的术后康复、养老护理等，是经济社会发展到一定阶段的新业态，其与传统的医院护理有很大区别。彩虹鱼康复护理院，就是在这一背景下杭州市政府引入的一家民营高端护理院，是引领这一产业发展的龙头企业。考虑到这些岗位的培养没有可资借鉴的模式、经验，因此校企之间采用“企业托管”模式。所谓“企业托管”，就

是打破学校现行的育人框架，以实现企业需求人才标准为指向，请课程建设专家和康复护理专家共同研究提出全新的人才培养方案，打破传统的课程、时空、手段限制，真正让企业引领培养符合标准要求的人才。尽管这是一次全新的尝试，但已小见成效。如企业投入120万元改造校内教学场所；实践教学全部依托彩虹鱼康复护理院；成为杭州市民政养老培训基地等。

二、校企共同体的运行机制

杭职院在全国首创校企共同体多元办学模式实践基础上，凝练形成了具有显著特色"管理共同体领导""师资共同体互补""专业共同体建设""产学研共同体创新""资源共同体互助""文化共同体交融"等六大机制。

（一）管理共同体领导机制

院校企共同体的理事会结构，按照企业出任理事长校方副理事长、企业人数多于校方（一般是4∶3）的原则安排，保证企业对共同体的"主体发言权"和责任担当。二级学院院长、副院长双方协商交叉选派；达利女装、特种设备学院院长分别由企业老总直接兼任，学校选派执行院长、常务副院长或副院长。

（二）师资共同体互补机制

基于校企共同体，各二级学院相继建立校企"双专业负责人制"：各学院聘请企业工程师、技术人员为学院兼职教师，企业也根据需求或聘请学院专业教师担任相关部门副总经理、副总管，或根据学院要求安排专业教师下企业锻炼增长实践能力；通过企业技师和学校教师"一对一"结对互助基础上的课程共建、企业锻炼，逐步实现双方的"身份互认、角色互通"。通过师资共同建设，杭职院培养出一支多层次、高水平的兼职教师队伍，基本形成了专业课理论教学以校内专任教师为主、实践部分以兼职教师为主的教学模式。兼职教师资源库总人数近800人，其中52%的人员是来自校企紧密合作企业的行业企业专家、技术人员和能工巧匠；兼职教师承担的课时占总专业课时的50%。组建了25个教师（师傅）团队，其中12个团队为校级教学团队，全校29个专业（方向）有27个专业聘请了企业兼职专业负责人。

（三）专业共同体建设机制

一是由企业提出最新岗位需求和标准，商定人才培养方向，增设相关专业，共同制定课程体系。例如，随着近年国外知名女装品牌抢滩国内市场，达利女装学院理事会对服装产业面临以生产为主向研发和销售两个终端转型升级的趋势作出分析，对店长、导购等营销人才奇缺信息作出预测，达利女装学院及时增设“时装零售”专业方向。二是课程体系与企业岗位深层联通，校企双方共同组建课程开发团队。学校教师主要负责课程的整体设计、体系性知识的讲解、对企业教师实践指导的提炼总结等工作；企业教师主要从事教学项目的选择、经验型知识的讲解传授以及对学生实践操作的专门指导和作品点评。专业教师与企业教师共同完成课程教学设计、教材编写、课堂项目选取、教学组织实施和教学成果评价。

（四）产学研共同体创新机制

包括建设合作培训中心或共同培训员工和学生，建设合作研发平台，建设合作生产项目。友嘉实业集团为友嘉机电学院提供设备50台（套），价值3000多万元，用以装备校企双方共建的先进机械制造中心、机床维修中心和数控精密制造中心。友嘉集团还配备20位常年驻校的技师，协助友嘉学院的培训、维修和生产工作。企业“出人、出钱”的动因，是“三个中心”承担着真实的制造和维修任务。

（五）资源共同体互助机制

第一，把企业资源支持和学院专业设置对接。友嘉集团把友嘉机电学院作为集团一个重要的事业部，纳入集团整体规划和全球化发展战略，委派企业技师常驻学校帮助教学、提供价值数千万的机电设备、负责所有设备的维护与更新、出资500万元在学院建设“工具博物馆”；学院通过专业的对应和调整，为友嘉集团的设备维修、员工培训、员工补充提供专业帮助和专门服务。第二，推动企业资源和学院工作双向“融入”。动漫艺术学院校企共同体按企业生产要求改造教学场所，学校出场地和部分设备，普达海集团出资600余万元，共建集教学、生产、研发功能于一体的教研实训基地。第三，学校资源的“开放”与企业需求的结合，营造校企团队合作环境。

（六）文化共同体交融机制

杭职院校企共同体的文化交融，走过由表及里、逐步深化的三个阶段。首先是表层“主动贴近”。如学校把达利集团“达己达人，利人利己”核心价值观和各个集团的司徽、企业色元素等蕴涵企业文化的表述及象征等，装潢在各学院大厅和融入学院大楼装修中。企业生产规范、作业流程表等在各学院教室、实训室墙上随处可见。其次是中端“互相体验”。学院按照企业员工培训的方式，请企业老总对师生进行行业及企业发展史、奋斗史及企业理念、企业文化的讲座；学院领导在不同场合经常为教工分析企业生存发展面临的艰难和压力，同时通过座谈会、教学反馈、评比企业兼职优秀教师等方式，使企业管理层理解师生对教学质量的感受。最后是走向“相互交融”。企业重大工作会议学院管理层悉数参加，企业把一些研发项目直接交给学院承担；教师则在实践中深切感受到有主导行业的主流企业为背景，给自己思维方式、教学方式、课题争取、研发能力带来明显拉动效应，关注企业动态、结交企业朋友、服务企业需求、赢得企业满意的思维品质和行为方式，在杭职院已蔚然成风。

第二章

校企共同体迭代升级的理论基础及实践路径

第一节　共同体理论

一、对共同体的理解

共同体理论最早由法国哲学家让 - 雅克卢梭（Jean - Jacques Rousseau）在1762年出版的著作《社会契约论》（Social Contract Theory）中提出，共同体是人们通过订立公共契约建立其灵魂是群体共识[①]。作为社会学的基本概念，德国社会学家斐迪南·滕尼斯（Ferdinand Tönnies）的著作《共同体与社会：纯粹社会学的基本概念》（Gemeinschaft und Gesellschaf：Grundbegriffe der reinen Soziologie）中区分了“共同体”和“社会”两个概念，但同时也指出它们是不同性质的联系，本质意志产生“共同体”，是现实的和有机生命的结合；选择意志产生“社会”，是思想的和机械的形态。共同体按照连结纽带的不同可分为血缘共同体、地缘共同体和

① 王帆，黄春梅．从卢梭到马克思：近代共同体思想的发展历程［J］．南昌大学学报（人文社会科学版），2019（6）：14 – 23.

精神共同体，强调群体中个体共同的精神意识以及对特定社群的归属感和认同感[①]。滕尼斯指出在共同体内，尽管有种种的分离，仍保持着结合；而在社会中，尽管有种种的结合，却保持着分离。但它们并不是完全对立的，共同体的组织结构呈现垂直的等级制度，表达对权威或敬畏力量的服从，而社会的组织结构是横向的自由结合[②]。

马克斯·韦伯（Max Weber）在其著作《社会学的基本概念》（Basic Concepts in Sociology）中提出，在个别场合内、平均状况下或者在纯粹模式里，如果而且只要社会行为取向的基础，是参与者主观感受到的（感情的或传统的）共同属于一个整体的感觉，这时的社会关系称为“共同体”。如果而且只要社会行为取向的基础，是理性（价值理性或目的理性）驱动的利益平衡，或者理性驱动的利益联系，这时的社会关系称为“社会”。共同体可以建立在各种形式的感情、情绪或传统基础上，是“斗争”最极端的对立面，是“参与者的共同归属感”。另外，社会常常只是相互冲突的利益之间的妥协[③]。学者区分共同体与结合体关系的标准是参与者的价值取向：主观感受抑或客观利益动机驱动。

齐格蒙特·鲍曼（Zygmunt Bauman）在其著作《共同体：在一个不确定的世界中寻找安全》（Community：Seeking Safety in An Insecure World）中指出，“共同体”捉摸不透，除了含义还有一种感觉（feel），是温暖舒适的场所。该书译者欧阳景根认为此词所指过于广泛，指社会中存在的、基于主观或客观的共同特征而组成的各种层次团体、组织，既包括小规模社区自发的组织，也可指更高层次的政治组织，还可指最高层次的国家共

---

① （德）斐迪南·滕尼斯．共同体与社会：纯粹社会学的基本概念［M］．林荣远，译．北京：北京大学出版社，2010：52，58－62.

② 于佳立．从传统到现代：人类共同生活基本结构的变迁——读斐迪南·滕尼斯《共同体与社会》［J］．南方论刊，2017（9）：26－31.

③ （德）马克斯·韦伯．社会学的基本概念［M］．胡景北，译．上海：上海人民出版社，2005：65－67.

同体、民族共同体；既可指有形的共同体，也可指无形的共同体。他提出共同体主义（Communalism）的两大渊源是美学共同体和道德共同体，两种完全不同的共同体模式一旦互相崩溃，分离出的突出的矛盾，将被歪曲为要通过严密推理才能解决的哲学问题和困境，而不是社会矛盾的产物①。学者以参与者的特征维度对共同体加以界定，这些特征包括种族、观念、地位、身份、任务等方面，这些参与者也是利益相关者，具有共同的利益追求，必会形成共同的精神。

保罗·霍普的《个人主义时代之共同体重建》（**Rebuilding Communities in An Age of Individualism**）认为，不同形式的共同体是人类生活中所必需和重要的组成内容。他强调公共精神的建设，认为公共精神是一种对待他人的基本观点或态度，这里的“他人”，不仅指家人或朋友，而且还指邻居、同事，乃至陌生人；表现为不计个人得失，为了他人的利益能够随时准备参与更多的地方共同体活动；既包括思想，也包括行为②。他指出，“我们完全可以保留这两种理论传统的核心概念——自由主义的自主性和共产主义的共同体，自主性、多元性和共同体是人类获得幸福的前提条件”。公共精神体现在不计较个人得失，为了他人的利益能随时准备参与各种共同体活动的品质、行为。

萨乔万尼（Thomas J. Sergiovanni）认为，涉及科层组织为代表的正式组织和学习共同体的区别时，用社会契约和社会盟约来区别社会和共同体概念，认为社会的主要特征是理性主导且具备规则意识，而共同体的特征是共享价值和观念且基于规范意识③。可见，共同体的构建需要共同的目

① （英）齐格蒙特·鲍曼．共同体［M］．欧阳景根，译．南京：江苏人民出版社，2003：5，82－83.

② （英）保罗·霍普．个人主义时代之共同体重建［M］．沈毅，译．杭州：浙江大学出版社，2010：7，146.

③ Thomas J. Sergiovanni. Building Community in Schools［M］．San Francisco：Jossey－Bass，1994：48.

标以及道德观念来联结，而人们希望在社会中建立共同体。

二、共同体概念的延伸

2012 年党的十八大首次提出“倡导人类命运共同体意识”，从生命或命运的角度思考共同体，显示出利益相关者风险共担、荣辱与共的一体化关联，超越了一般意义上的共同体类型及价值要求，又是诸多共同体精神和特质的集结与辩证统一①，“命运共同体”这一哲学概念得到广泛关注，是以命运或生命的视角检视共同体，旨在凸显利益相关方的紧密相连、荣辱与共、存亡攸关②。此后，政治、经济、文化、教育等多个领域都开始沿用共同体这一概念，并形成了政治共同体、经济共同体、文化共同体、教育共同体、职业共同体、利益共同体、学习共同体、科研共同体等 100 多种共同体新定义，成为哲学社会科学研究的重要命题。

共同体正在不断发生嬗变，其演变延伸的过程，正是共同体不断发展的过程。党和国家高度重视职业教育的发展，习近平总书记在全国教育大会上明确提出“要高度重视职业教育，大力推进产教融合，推动职业院校和行业企业形成命运共同体”。教育部等六部门联合印发了《职业学校校企合作促进办法》(教职成〔2018〕1 号)，引导解决校企合作中的重点、难点和热点问题③。2019 年 2 月，国务院印发的《国家职业教育改革实施方案》(国发〔2019〕4 号) 提出：厚植企业承担职业教育责任的社会环境，推动职业院校和行业企业形成命运共同体，产业与职业教育由“融入”向“融合”深化，鼓励校企共同研究制定人才培养方案，及时将新技术、新工艺、新

---

① 王泽应．命运共同体的伦理精义和价值特质论［J］．北京大学学报（哲学社会科学版），2016 (5)：5－15

② 马廷奇．命运共同体：职业教育校企合作模式的新视界［J］．清华大学教育研究，2020，41 (5)：118－126.

③ 刘锦峰．职业教育校企命运共同体：应然追求、实然困境和必然路径［J］．当代教育论坛，2021 (5)：88－94.

规范纳入教学标准和教学内容，推动职业院校和行业企业共生发展①。2022 年新修订的职业教育法明确规定要坚持产教融合、校企合作，提升技术技能人才培养质量。由此，这已经从国家规划和立法的层面提出校企深度合作，职业教育也呼唤构建校企共同体、校企命运共同体等整合机制，可以是结合了利益共同体、精神共同体，乃至生命共同体的更深层次、多维度的形态。

第二节 校企共同体迭代升级理论基础

一、"官产学"研究和三螺旋理论

"官产学"研究是高职院校校企共同体研究的理论基础，其概念最早被提出是在 20 世纪 80 年代末，这个来自日本的观点在中国本土化后，被赋予了更为丰富的含义，明确强调了知识经济体系下政府—产业界—高校三者合作伙伴关系的建立。

政府、产业界（行业）和高等教育机构（包括其科研机构）的深度合作。在供给侧结构性改革推动下，高等院校及其科研院所成为技术和人才的供给方，企业则是技术和各类人才的需求方。政府通过政策推动进行宏观调控，架构中介组织，提供公共服务，搭建平台促进校企交流与合作，通过合理配置资源，达到各类生产要素的高效组合。"官产学"合作是"产学研"合作的延伸和拓展，政府需要对"产学研"合作进行监督和保障，帮助建立规范有序的合作机制，帮助双方意见和思想的统一，构建良好的激励和制衡机制，具体表现在政策引导、立法保障和项目引导等

① 王松. 利益共同体到情感共同体：职业教育校企深度合作的着力点分析 [J]. 中国职业技术教育，2021 (1)：64 - 68.

多种形式[①]。由此，“官产学”研究成为政企校合作的理论基石，衍生了校企共同体研究。

知识经济时代创新驱动，从高校顶层设计到创新链与人才链、产业链等有机衔接，再到融入区域创新体系，资源整合与共享等都是高职院校校企共同体面临的挑战。如产业结构需要演变升级，产业融合、产业集聚和产业扩散要不断变化，企业产品技术管理等也需更新换代、迭代改进。在这样的大背景下，校企共同体也需不断的迭代升级。

1995 年，纽约州立大学社会学教授亨利·埃茨科威兹（Henry Etzkowitz）和阿姆斯特丹科技发展学院的教授罗伊特·雷德斯多夫（Loet Leydesdorff）提出“三螺旋理论”（Triple Helix Theory，THT），指出大学或学院、产业界、政府三方在创新过程中密切合作，相互作用，两两互动，同时每一方都保持自己独立身份的螺旋型互动关系模式[②]。三螺旋研究主要集中在三个方面：机构范围如何相互作用、区域创新动力进化机制以及测度指标体系。在学院、产业界和政府互惠互利的前提下，“合作”是三螺旋模式的基础和核心价值，资金流、技术流、知识流、信息流、人才流、政策流在三方之间螺旋互动[③]，而且还出现了三方之间行为和功能的重叠可能，从中形成新的三边网络和混生组织。

知识创新和高技术产业促使合作主体更加多元化。在三螺旋理论指导下，为了实现知识创新，并将成果市场化和产业化，政府、产业界（行业）和高校不断拓展三方合作层次、范围、深度和影响力，螺旋式演变形成了多方的长效合作机制甚至是有机系统，打破了以前各行其道的单一模

① 叶鉴铭．校企共赢我们在路上——“校企共同体”实践研究［M］．北京：光明日报出版社，2012：27－28.

② （美）亨利·埃茨科威兹．三螺旋：大学·产业·政府三元一体的创新战略［M］．周春彦，译．北京：东方出版社，2005：2.

③ 苏竣，姚志峰．孵化器的孵化——三螺旋理论的解释［J］．科技进步与对策，2007（3）：2.

式，而是更紧密地结合在一起。除了发挥本职功能外，政府、产业界和高校还交叉扮演彼此角色。如高校是知识经济生产力要素，产生新知识、新技术、新方法，为产业服务，同时也是创新的组织者和联络者，通过创建平台，搭建组织结构，执行制度规定，多方沟通交流，达到资源和信息的共享，促进知识技术的迭代更新和广泛应用，实现技术服务和科研成果的转化，更重要的是获得自身不断壮大所需的资金人才等资源。企业获得技术创新、管理创新所需的技术和人力资源，从而发展壮大推动区域经济；政府通过创办科技园、创业园、高新区等，有效配置资源，搭建促进校企共同体迭代升级的合作平台，提升创业就业人数，发展区域经济、增强区域综合实力。在三螺旋理论的影响下，大学、企业和政府在校企共同体建设和迭代升级中各自达到了目的和需求。

二、利益相关者研究和合作博弈论

利益共赢机制是校企共同体维系的关键要素和内生动力。政行企校各方在校企共同体中存在利益博弈。政府聚焦长远利益和宏观战略价值，主张经济的稳定发展和社会长治久安；行业企业聚焦行业前景、技术更新、人才储备和资金收益，获得可持续发展；高职院校聚焦高质量人才培养、资源汇聚和内涵式发展。合作主体都体现近期利益和长远利益的集合，校企共同体首先是利益共同体，是利益相关者们通过较为完善的利益机制使多方实现利益的最大化。

“利益相关者”（Stakeholder）理论最早出现在20世纪60年代，斯坦福大学研究所尝试对利益相关者的内涵进行界定，认为这类群体支持组织运转，是不可或缺的部分，企业要达到盈利目标需要使各利益主体团队考虑各方需求，实现共赢。1984年，弗里曼（R. Edward Freeman）在其著作《战略管理：利益相关者方法》（A Stakeholder Approach）中阐述了其概念，认为利益相关者是指能够影响组织目标实现或能够被组织实现目标过程所影响的所有个人和群体[①]。该理论进一步强调让利益相关者共同参与，进行组织战略管理的制定和实施，企业追求的是参与各方的整体利益。1997年，米歇尔（Mitchell）和伍德（Wood）等学者在前人理论的基础上，提出利益相关者理论的要素是如何确定其为利益相关者以及阐述利益相关者的特征，通过属性计分法解决了分类问题。校企共同体的利益相关者包括三种类型：确定型利益相关者，如高职院校、企业，是共同体中的核心成员；预期型利益相关者，如教师和学生，教师是校企共同体的具体参与者和执行者，学生则是受教育方；潜在型利益相关者，如国家和地方教育行政部门、行业协会、中介机构[②]。

国内外学者布莱尔（Blair）、多纳德逊（Donaldson）、杨瑞龙、潘海生等都对利益相关者理论核心内涵展开探讨，从实施方、共有方及联结机制等方面概括要义。利益相关者理论运用在高职校企共同体中，视角清晰，无论是人才培养、专业建设、师资建设还是资源等其他建设都要吸纳利益相关者融入校企共同体中。从利益相关者理论视角明晰校企共同体参与主体的利益诉求，构建主体间合作伙伴关系甚至是合作生态系统，思考分类治理逻辑和运行机制，协调各方利益，达到共赢发展。确定型利益相关者应深入合作，构建利益均衡机制、激励机制和监督机制，是维系校企共同体的关键纽带；预期型利益相关者要激发教师参与校企合作的热情，赋予参与过程中决策权和相关奖励政策的倾斜，听取学生的诉求和建议并反馈，保障合法权利；潜在型利益相关者中政府机构、行业协会、中介机构等应积极争取获得政策、资金、技术等多方支持。

---

① 胡赤弟，田玉梅．高等教育利益相关者理论研究的几个问题［J］．中国高教研究，2010（6）：15－19.

② 高树平，刘阳．利益相关者视角下校企命运共同体的利益机制分析及其建构［J］．教育与职业，2020（13）：19－25.

基于利益相关者理论，构建校企共同体并推动其迭代升级需要把彼此矛盾的相关者利益统一起来，在利益冲突或利益整合的过程中进行高效决策，是多主体内在博弈的过程，博弈论为该问题提供了可参考的有效方法和策略。

约翰·冯·诺依曼（John Von Neumann）最早创立了博弈论（Game Theory），又称对策论，它主要研究决策主体（个人或组织）在特定条件制约下以及各自行为互相作用时，依靠掌握的信息，如何决策达到均衡，使自己的利益或效用最大化。该理论被广泛应用于社会、经济、科学等各个领域。学校和企业在角色定位、运行机制、利益追求等方面存在较大差异，他们的合作属于跨界属性整合，博弈的内容包括合作组织、合作理念、合作利益、合作矛盾和合作政策等方面。校企共同体是一个不同组织、不同目标、不同性质的组织间的合作，其运行模式和达成度是多方博弈的结果。基于合作博弈论分析校企共同体及其迭代升级，思考组织的协同整合，寻找合作发力点；理念的调试整合，体现平等、利他和共赢；制度保障政策配套，校企文化的融合等，培植共赢合作基础和利益平台，成为共同体建设的动力①。

在校企共同体中各方主体都有其自身优势，高职院校及其科研机构具有人力资源的培养和技术开发的优势；行业企业拥有工业化制造技术、产业化市场开拓、市场需求调研及资金筹措优势；政府则拥有政策出台、资源整合、资金划拨等优势。通过资源共享和优势互补，多方主体通过合作博弈达到系统集成。共同体内部同时存在着具有帕累托改进性质的分配规则②，即每个成员都能获得比未加入校企共同体时更多的收益。

---

① 杨进，张健．职业教育校企双主体合作的问题、博弈与整合策略［J］．中国高教研究，2017（3）：88－91.

② 叶鉴铭．校企共赢我们在路上——“校企共同体”实践研究［M］．北京：光明日报出版社，2012：65.

俞慧刚（2020）以博弈论为分析工具，建立了校企共同体建设复杂利益关系的博弈整合模型，阐明了参与博弈的利益相关者融入合作共同体的基础是利益结合点，通过合作博弈签订合作协议，以协议为约束条件进入非合作博弈过程，在其中考虑提高合作的净收益水平，减少合作心理影响下的利益冲突，经过多次博弈整合，实现利益相关者间的利益分配趋向于均衡①。顾建民等指出产教融合的程度也是知识相互依赖的吸引力与各合作主体间时间成本、知识融合成本等的排斥力之间的博弈。校企共同体的迭代升级更是合作博弈到非合作博弈动态平衡的过程，企业与高职院校一定要根据自身的需求，选择适合自身发展的合作模式，努力提升产教融合水平，保障企业额外的合理收益，提高共同体迭代升级的更新效率。

三、共生概念和集群理论

自德国植物学家德贝里（Anton de Barry）提出“共生”概念至今已有 143 年，其被广泛应用于生物领域后，20 世纪中叶又开始在社会科学领域生根发芽。共生理论有三要素：共生单元、共生关系和共生环境。共生单元顾名思义是构成共同体的基本单元，其特征由决定内在性质和变化规律的质参量因素和显现外部特征的象参量因素构成；共生关系是共生单元相互作用、相互依存或结合的形式，体现了共生单元相互间物质、信息、能量的作用方式和作用强度，并能促进共生单元演变升级，具备更强生命力；共生环境是促进共生单元间发生共生关系并进行能量、物质、信息等传递的环境或载体②。职业教育校企共同体的迭代升级就是高职院校和企业这些共生单元实现共同适应、共同成长和共同发展的过程，是完成校企

---

① 俞慧刚．利益、心理与决策行为：高职教育校企合作复杂利益关系的博弈整合［J］．职业技术教育，2020（26）：18－22.

② 赵晓芳．职业教育校企命运共同体：理论逻辑、内涵特征与行动路径［J］．职业技术教育，2021（25）：69－74.

双方关系重组，深化教育改革，增加双方创新活力，提升竞争力的进阶过程。

校企共同体内朝着迭代升级目标迈进，其共生单元也受到“场域”限制，场域与共生环境有一定联系，前者不仅指外在的环境或空间领域，还包括按照某种特定逻辑共同建成的存在客观关系的网络。共生单元中的高职院校处于文化生产场域中的教育次场域，而行业企业则处于物质大生产场域[①]，在不同场域中，运行模式、利益追求、治理体系均有所不同，如何推动校企共同体迭代升级，需要突破传统场域的限制，高职院校人才培养和企业人力资本的投资方向一致，进一步深化产教融合，将高职教育的功能向产业界延伸，重塑分化后的教育场域和经济场域，达到职业教育与区域经济的融通发展，为构建基于共生单元的生态环境奠定基石。

哈佛商学院教授迈克尔·E. 波特（Michael E. Porter）的集群理论（Cluster Theory）指出，“集群”是特定的领域里相互联系的公司和机构在地理上的集中，集群包括一群对竞争起重要作用的、相互联系的产业和实体[②]。市场主体的竞争优势不是仅靠产品的竞争，更是生产系统的优化竞争，衍生到集群，其竞争力源自组织对现有资源的吸收和利用，源自新资源的创造和争取，体现了集聚能力、分工协作能力和知识共享能力等。这个理论的假设分别是资源是不对称地分布于产业中的企业间；与资源不可移动性相关[③]。

校企共同体即为一个创新集群，由高职院校、行业企业、科研机构、政府和中介组织等组成，这些集群要素的功能和目标呈现相互依赖、相互

---

① 赵晓芳．职业教育校企命运共同体：理论逻辑、内涵特征与行动路径［J］．职业技术教育，2021（25）：69－74

② 叶鉴铭．校企共赢我们在路上——“校企共同体”实践研究［M］．北京：光明日报出版社，2012：62－63.

③ 李钰．集群理论视角下职业教育实训基地资源整合的有效路径［J］．职业技术教育，2012（22）：44－48.

补充的特点。无论是人才培养模式中尝试并实现学校学习与工作岗位相结合，还是企业吸收学校输出人才、最新研究成果，通过技术改进和创新占领市场高地，抑或是政府承担校企共同体迭代升级所需的引领目标、协调监督、政策制定、资金配套、机制创新等，都需发挥集群组织的优势，克服校企合作、产教融合中自发、分散、浮于表面等困境，实施跨系统、跨行业、跨区域资源整合，革新集群网络和运行模式，制定推动集群—校企共同体发展的利益驱动机制、利益配置机制，运用政策杠杆深化科技体制改革和企业制度改革，探索投资主体的多元化。

四、战略联盟构建和协同创新理论

管理学家罗杰·奈格尔（R. Nigel）等最早提出了战略联盟（Strategic Alliance）概念，它是指由两个或两个以上有着对等经营实力的企业（或特定事业和职能部门），为达到共同拥有市场、共同使用资源等战略目标，通过各种协议、契约而结成的优势互补、风险共担、要素水平式多向流动的合作伙伴关系①。

运用组织理论对战略联盟的形成、联盟体的控制和联盟的组织学习三方面深入探讨，研究其运行机制、结构因素、联盟各方的行为模式、多元主体间的互动关系、影响战略联盟绩效的因素以及评估绩效。高职院校与产业（企业）建立联盟关系，凸显竞争优势，对价值链各环节产生加值效应。传统意义上的校企合作，如技术转让、实训基地建设等已经不能满足学校高素质技术技能型人才的培养，已经无法适配市场经济的飞速发展，构建校企共同体有效实现企业与学校资源共享、利益共赢、风险和责任共担，完成特定战略目标。共同体促使主体间合作关系保持长期稳固，各主

---

① 叶鉴铭．校企共赢我们在路上——“校企共同体”实践研究［M］．北京：光明日报出版社，2012：63－65.

体在保持自身独立性的前提下，通过缔结契约或投入股份等形式建立联盟，实现多赢目标，产教融合联盟就是基于此建立，但联盟的决策程序、运行机制、互动机制构建等还不完善，院校间差距明显。

协同创新理论能较精准地体现校企共同体构建的方式和目的。其中“协同”是高效的手段，在共同体中利益相关者为了实现共同愿景或目标，达到创新资源共享、成员和共同体利益的最大化，运行、协调过程中难免会出现各类问题，协同包含网络构建、治理方式、资源整合等，是较有效的方式和方法。协同的过程是组成创新利益相关者联盟，通过复杂非线性活动和联结多元创新要素，最终实现创新[①]。协同创新的优势在于通过主体合作、协调、补充，打破人力、物力、信息等多要素壁垒，进行协同发展[②]，实现单个要素无法达成的整体推进效应。校企共同体的构建不仅仅是为了简单的要素整合、资源整合，更重要的是以协同合力实现突破，增强各参与主体的综合实力。

创新则是协同的目的，力图实现三个层面的目标：一是国家宏观层面，达到解决社会创新，促进人与人、组织和组织、人与环境的和谐发展方法论体系形成；二是联盟层面，实现协同主体间的共赢，共同体突破组织部门间的壁垒障碍，获取利益，提升价值；三是参与主体层面，实现自身的价值和利益最大化，共同体中各协同参与主体在自身存在短板无法应对外界挑战或压力时，寻求其他主体帮助，创造更大价值[③]。

基于该理论，校企共同体迭代升级过程中各方参与主体迫切需要解决一些重要问题、共性问题、关键问题和突出问题，投入高、风险高、周期

---

① 安小米，白文琳，钟文睿．支持协同创新体能力构建的知识管理方案设计［J］．科技进步与对策，2015（6）：136－141.

② 郭福春，徐伶俐．高职院校专业群视域下的专业建设理论与实践［J］．现代教育管理，2015（9）：111－114.

③ 白文琳．基于协同创新理论的政府大数据治理框架的构建——基于G省的案例研究［J］．2022（2）：52－64.

长和回报效率低等难题一直困扰高职院校协同创新，搭建多方协同技术平台，构建协同创新中心有利于突破瓶颈，“校企联动，政府推动”模式[①]在组织创新、有效治理、改革发展中具有优势，依托社会中介机构，联系科研院所，凭借优势专业和特色专业深入行业产业领域，迈出通向成功的一步。

第三节 校企共同体迭代升级的实践路径

“双高计划”“提质培优行动计划”以及2022年新职业教育法的颁布，标志着我国高职教育迈入了提质培优、增值赋能的高质量发展新阶段。教育部加快推进不同层次职业教育纵向贯通、促进不同类型教育横向融通，加快现代职业教育体系建设。其基石就是遵循人才的成长成才规律，制定切实可行的规制体系，体现可持续性和前瞻性，构建集“政、行、企、校”等为一体的职业教育校企共同体，进一步推进高素质技术技能人才的培养，为区域经济贡献职教力量。

职业教育校企共同体是以政府、行业、企业和学校等多方主体的利益汇合点为基础，通过强化共同利益追求和责任意识，促进共同价值取向和文化追求，在机构共建、资源共享、人才共育、项目共研、文化共融等方面形成命运密切相连，实现你中有我、我中有你的深度合作模式，在义利统一、情理交融、开放包容、互融共生等方面有效联结和深度耦合，促进四链的有机衔接[②]。

---

①② 刘锦峰．职业教育校企命运共同体：应然追求、实然困境和必然路径［J］．当代教育论坛，2021（5）：88－94．

一、校企共同体要素升级

（一）校企合作层次升级

校企共同体迭代升级需要大力推动产教融合，在空间布局上，高职教育与产业布局实现同频共振（建设产教融合型城市）；在产业发展上，教育链、人才链和产业链、创新链实现有机融合（发展产教融合型行业）；在人才培养上，校企双主体育人成效显著（构建产教融合型企业）。

宏观层面，加强政府统筹层次和能力，打破产业和职业教育的空间隔阂，将高职教育纳入产业发展规划、产业激励政策和乡村振兴政策与规划，推进高职教育与产业布局的有效融合。构建信息制度体系，搭建信息共享服务平台，发布行业人才需求和就业报告、产业结构动态调整情况报告、产业发展与专业建设谱系图。微观层面，创新高职院校产教融合模式，推进教育链和产业链等深度融合，思考“技术”“链”“创新”等方面存在的不足，高职院校与本科院校、行业企业合作，搭建技术创新平台，强调后续的应用开发和成果转化，建立产教联盟，培养高素质技术技能人才。另外，三级标准体系的建设，也有助于推动校企共同体迭代升级和产教融合高质量发展。国家层面完善国家资格框架一般性标准；区域层面制定并完善具体职业的详细标准，如职业技能等级证书、职业资格证书等；院校层面加强制定具体职业教育和培训标准。

在学校快速发展过程中，办学水平得到大幅提升，师资力量更加雄厚，对于合作企业的选择范围也更广泛，高水平企业甚至业内头部企业也愿意同高水平职业院校建立长期的、全方位、深层次的合作，校企合作逐渐由“学校推动”转向“市场拉动”，由“点对点”转向“面对面”，由

"硬性单一"转向"柔性多远"[①]。

（二）合作主体更加多元

职业教育校企合作不仅仅是一个教育问题，而且是一个经济问题[②]。校企合作表面上是校企之间的合作，实际上涉及政府、社会、市场等多元利益主体之间构成的治理环境的变革。传统职业院校"求合作"模式已经无法适应经济结构转型对职业教育发展的要求，共同体建设被视为校企相互依赖关系深化乃至校企双方变成命运与共、发展与共的过程。实践中，职业院校所面临的职业教育难题已不仅仅是自身问题，而是已经演变为只有通过跨界合作才能解决的问题。当然，仅仅依靠校企之间的自愿合作、自发合作是不够的，这就预设了政府或社会组织介入共同体建构的必要性。其一，政府或社会组织介入能够防止市场配置资源低效率或市场机制失灵，为校企合作创设必要的政策和社会环境；其二，政府介入可以保障校企双方责权利统一以及利益关系的整合，尤其是为企业参与职业教育创设激励机制[③]。以政府、行业、社会组织、企业和学校等多方主体组成的校企共同体成为解决职业教育问题的新模式。

（三）价值认知形成共识

校企共同体是以价值共识为纽带的，承载着学校、企业以及政府、行业和社会组织不同主体对如何实现职业教育持续、高效与优质发展的价值认同，形成一个"职教共识"。校企双方主体在追求共同利益的基础上，在不断的合作中，逐步实现教育共识，以"服务教学"向"校企共赢"发展；由"松散联盟"向"实体嵌入"发展；由校企合作向校企共同体

---

① 唐金花．"互联网＋"背景下高职校企合作模式的转变［J］．黑龙江高教研究，2018（12）：122.

② 石伟平，郝天聪．产教深度融合校企双元育人［J］．中国职业技术教育，2019，（7）：93－97.

③ 马廷奇．命运共同体：职业教育校企合作模式的新视界［J］．清华大学教育研究，2020，41（5）：118－126.

转变促进“产教融合”。从“共利益”转向“共发展”，逐步消除相互之间基于利益、价值差异的“门户之见”，寻找利益整合的共同点，凝聚校企合作共识点，在利益共同体的基础上，逐步形成情感共同体、文化共同体和责任共同体。

（四）共同体实体建设升级

校企共同体迭代升级，实现产教融合的路径多样化，为了培养适应和引领现代产业发展的高素质人才，高职院校、地方政府、行业协会、企业等多元主体协同构建现代产业学院是多方利益主体共建、共管、共享的培养培训机构，具备科学有效的运行机制和稳定有序的管理构建，两类不同性质的组织（非营利性的高职院校和营利性的企业）在特定区域或经济领域，通过人员相互交流、制度相互匹配、服务相互供求，功能获得相互提升。校企共同体是这两类组织间实现资源交易和转化的平台，这些资源包括教学资源、科研资源、人才资源和技术开发成果等。

组织的种类可以是正式组织或非正式组织，正式组织如校内实体组织（类似二级学院）、混合所有制形式，设立独立法人机构，由董事会管理；非正式组织由二级学院代管，且寻求政行企校多元合作方。将政策资源、信息资源、知识资源、人力资源、教学资源和资金资源进行汇聚，面向产业（企业）需求的人才培养方案、能力导向的课程体系、企业师资和学校师资的混编，从人才培养到教育教学等都发生了明显的变化，建立了生态圈。

其基本要点是构建适宜生长的生态环境，解决产业与专业的耦合问题。产业方面，研究现状、演变升级的趋势和变化，深入了解区域支柱产业、新兴产业、传统产业的升级改造、产业转移和集群。专业方面，通过教学资源重组，改造升级专业或跨专业重组；或根据产业变化承接产业转入而新建专业，以及应对产业转出的挑战，充分发挥优势专业和特色专业的作用。政企校都能从产业学院建设中受益。企业能够快速实现转型升级、快速形成竞争优势；经济社会和谐发展，满足现代化过程中居民素养要求，提升城市整体格局；低成本优质办高职教育，提升服务能效。

通过共建产业学院，落实校企“双元”育人，将企业技术标准引入人才培养体系，实现由“单向引入”到“共建融入”，使教育与产业需求适切；学校教师与企业技术人员互融互通，共同打造基于校企共同体的“双师型”教学创新团队，创新工学结合人才培养模式，培养学生的学习能力、实践能力和创新能力。

二、共同体内部功能增强

（一）技术创新成果凸显

为增强技术创新能力，扩大科技成果转化力度，将教师科研建在产教融合、校企共同体之上。校企共同体形成了以企业为主体、市场为导向、产学研深度融合的技术创新体系，学院与企业深度合作，建立企业发展研究中心，将企业生产经营中遇到的热点、难点问题，作为教师科研技术攻关项目，与企业共同开展应用型研究，切实帮助企业解决问题。同时，职业院校教师应研究企业的发展现状、面临的现实问题、未来的发展趋势，根据企业的需求量身定制应用型和技能型培训课程，大力提高企业培训的效果，促进企业人力资源的发展。

（二）合作育人质量提升

校企双方以命运共同体为架构合作培养人才，可使专业精准对接产业、课程设置精准对接企业岗位，实现校企课岗互融、文化互融、实训与教学相融，最终实现校、企、学生共赢。在校企共同体人才培养实施过程中，校企双方共同制订人才培养方案，共同开发课程体系，也将课程标准对接企业岗位标准，实现师资互通、场所互通、文化融合。职业院校可根据企业需求，定向调整课程体系、教学标准、专业方向。企业实习实训可以充分调动学生的积极性，并使学生提早接触企业文化，增强对企业的认同感。“培养准员工”的企业诉求调动了企业的积极性，企业导师可以根据实际工作需求，以“做中学”的教学理念有针对性地对学员进行培训。校企共同体人才培养对企业而言，培养出来的学生直接胜任工作岗位，快速创造经济效益，削减了新员工培训的开支。

（三）学校内部治理优化

如今的高等职业教育治理存在缺“理性”、缺“逻辑”、缺“精神”等问题，理性体现在办学定位、规格（工程型还是技术型）、属性（是否体现双轨制和现代职教体系）；逻辑体现在是否回归本业，即行业、企业、职业、专业、学业；精神指技术精神、职业精神、工匠精神、劳动精神、劳模精神和大师精神等。

基于共生理论，高职教育要“基于价值管理共生组织文化”，体现“融合”战略，校地、校企、产教、区域、城乡五维融合，遵从全域发展的价值逻辑，搭建治理框架，从治理逻辑、体系、能力、成本、环境等要素思考治理方式，追寻政府、行业、企业、学校、社会等主体共同的价值。

三、共同体对外功能扩展

（一）文化传承使命在肩

校企共同体使校企文化的互动与融合成为可能，校企文化共融，以学校文化为主体，以企业文化为主导①。校企命运共同体是以相互尊重、开放包容的态度对待不同合作主体，在物质方面互通有无、取长补短，在精神方面求同存异、互学互鉴。在文化融合的基础上，拓展文化传承功能，响应总书记号召，积极弘扬与践行“劳模精神、劳动精神、工匠精神”，

① 叶鉴铭，周小海．试论“校企共同体”的共同因素及其特征［J］．学术交流，2010（3）：198－201.

打造以工匠精神为指引的校企命运共同体，传承传统工匠精神，创新与发展新时代工匠精神，成为新时代工匠培养的摇篮。

（二）服务对象更加广泛

职业教育作为与企业发展和社会发展关系最为紧密的教育类型，共同体主动服务区域经济产业发展，培养高技术技能人才，担起技术研发和技术推广的重要使命，服务国家重大战略需求，助力脱贫攻坚战略，进入后扶贫时代后，积极服务乡村振兴，建立城市与农村职业教育的协同关系，进入乡镇、农村，为当地农业农村农民带去新的活力。

四、校企共同体迭代升级的院校实践

为增强职业教育适应性，杭职院在校企共同体的合作对象、服务对象和主要功能等方面进行跃迁升级，如图 2－1 所示。校企共同体的合作对象从主流企业到主流企业与头部企业并重；服务对象从市区政府到市区政府和乡镇政府并重；拓展技术创新和文化传承功能，将科技服务企业升级转型和工匠文化传承等作为校企合作新的内容，将科技创新链、人才链、教育链的关键环节有机衔接，促进技术、人才、设备、资本等优势资源互补与共享利用，促进技术研发激励及成果转化。

探索产教融合办学新路径。创新构建了“一体两院”（“一体”为校企共同体，“两院”为产业学院和产业研究院）高素质技术技能人才培养生态，创新实践“实战共同体”人才培养模式，通过政行校协同共建育人平台，创新校地“政产学研”合作机制，通过课程和教材改革、教学创新团队建设、产学研训基地建设等举措，统合社会资源，协同开展高素质技术技能人才培养，将学生由学校单一培养的“学校人”转化为多主体在实践情境下共同培养的“实践人”，打造“政、行、企、校”高度融合助推产业创新发展的新典范、新标杆。

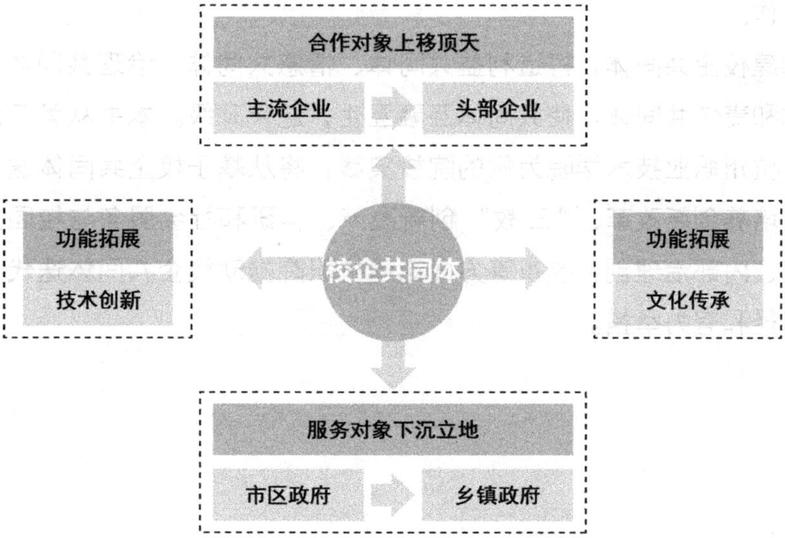

图2-1　校企共同体跃迁升级示意图

校企合作产教融合走深走实。深入推进产教融合校企合作迭代升级，华为云计算学院、联想工业互联网、方圆生物安全研究中心相继开工建设；与安恒信息科技有限公司签署战略合作协议，共建“杭州数智工程师学院”，探索混合所有制二级学院办学模式。与杭州医药港管理办公室合作共建杭州医药港学院杭职产教融合基地。与新华三集团深化合作，探索打造全国职业教育数字化转型范本。“杭海龙渡湖时尚产业学院”揭牌成立，杭职院受聘海宁市时尚产业顾问单位；与吉利共建机械行业吉利汽车产教协同人才培养联盟，杭职院当选副理事单位；与杭州全速网络共建“互联网设计产教科创基地”，与市卫健委等以“政行企校”联合共建杭州康复护理职业教育联盟；杭职院电梯实训基地被认定为省级产教融合示范基地与虚拟仿真实训基地，同时被推荐为国家级虚拟仿真实训基地。与温岭市科技局共建温岭技术转移中心，与浙江省知识产权中心签订合作协议，“现代职业教育研究中心”入选市哲社重点研究基地，“杭州市产教融合研究院”入选市哲社研究培育基地。与临平区政府、安吉县乡镇等开展校地合作。

构建校企共同体，打造利益共同体、情感共同体、治理共同体、文化共同体和责任共同体，使共同体互融互生，迭代升级。本书从第三章开始即为以杭州职业技术学院为例的院校实践，将从基于校企共同体迭代升级的人才培养创新改革、“三教”创新改革、科研和社会服务与校园文化创新改革、内部治理创新改革等方面论述杭职院推动校企共同体迭代升级的实践路径和有力举措。

第三章

基于校企共同体迭代升级的人才培养创新改革

构建校企共同体是增强职业学校人才供给适应性的基本路径。在育人模式上，职业教育坚持工学结合，强化教学、学习、实训相融合，鼓励行业、企业参与职业教育的专业教材开发，将新技术、新工艺、新理念纳入职业学校的教材，共同建设高水平、专业化、开放共享的产教融合实习实训基地。随着我国经济由高速增长阶段转向高质量发展阶段，新技术、新产品、新模式、新业态不断涌现，需要一大批具有创新意识、实践能力和进取精神的高素质技术技能人才，帮助企业解决生产实践一线所面临的技术难题、工艺难题，将大量创新成果转化为现实生产力。校企命运共同体把企业生产实践或技术革新项目作为人才培养的重要载体，能够更加高效地响应产业发展需求变化，不断适应经济社会对技术技能人才结构、规格和质量的要求。

2017 年，国务院办公厅发布的《关于深化产教融合的若干意见》指出，要推动学科专业建设与产业转型升级相适应、强化企业重要主体作用、推进产教融合人才培养改革①。2020 年，中共中央办公厅、国务院办公厅联合印发《关于深化教育体制机制改革的意见》，强调职业教育要健全行业企业参与办学的体制机制和支持政策，支持行业企业参与人才培养全过程②。《中共中央关于制定国民经济和社会发展第十四个五年规划和二〇三五年远景目标的建议》明确提出要“增强职业技术教育适应性，深化职普融通、产教融合、校企合作，探索中国特色学徒制，大力培养技术技能人才”③。2021 年 10 月，《关于推动现代职业教育高质量发展的意见》着眼于破除改革发展障碍、推动高质量发展，切实增强职业教育适应性，加快构建现代职业教育体系的步伐，为全面建设社会主义现代化国家提供有力人才和技能支撑④。基于校企共同体迭代升级的人才培养创新改革实践直接关系到现代职业教育体系是否能培养更多高素质技术技能人才、能工巧匠和大国工匠，具有重要意义。

第一节　专业群改革实践

专业群是由服务面向同一产业、课程基础相近并且优势互补、资源共享的不同专业或专业方向组成的集合⑤，具有联合性强、集体效应大、市场适应性强、资源利用合理等特点。专业群建设的理论依据源于经济学领

---

① 中华人民共和国中央人民政府．国务院办公厅关于深化产教融合的若干意［EB/OL］．http：//www. gov. cn/zhengce/content/2017 – 12/19/content_ 5248564. htm.

② 中华人民共和国教育部．中共中央办公厅 国务院办公厅印发《关于深化教育体制机制改革的意见》［EB/OL］．http：//www. moe. gov. cn/jyb_ xwfb/s6052/moe_ 838/201709/t20170925_ 315201．html.

③ 中华人民共和国中央人民政府．中共中央关于制定国民经济和社会发展第十四个五年规划和二〇三五年远景目标的建议［EB/OL］．http：//www. gov. cn/zhengce/2020 – 11/03/content_ 5556991．htm.

④ 中华人民共和国教育部．中共中央办公厅 国务院办公厅印发《关于推动现代职业教育高质量发展的意见》［EB/OL］．http：//www. moe. gov. cn/jyb_xxgk/moe_1777/moe_1778/202110/t20211012_571737. html.

⑤ 徐梦文．产教融合视域下高职院校专业群建设研究——以 G 职业技术学院为例［D］．南宁：南宁师范大学，2020：1 – 56.

域中的产业集群理论，这一理论迁移到高等教育领域，产生了“专业群”理念——在区域经济发展背景下，高职院校建设专业集群，通过整合资源、节约成本，从而提高自身核心竞争力，并形成创新的办学理念和教育教学模式。

当前，高职院校高水平专业群建设主要面临的问题涉及专业群逻辑不清晰、缺乏灵活调整机制，产教融合深度不够、机制不畅通，“双师型”教师队伍水平不够高、结构不够合理，教学标准不完善、评价标准不完整，专业群发展保障不够、机制不健全等方面①。杭职院聚焦专业群建设问题精准发力、创新改革，为高职院校形成高水平专业群提供了“杭职方案”。

案例3-1：

专业数字转型升级服务杭州“5+3”产业集群发展

近年来，互联网发展的脚步不断地更新迭代，5G、人工智能、大数据、云计算等，都与我们的工作和生活息息相关。教育部印发了《职业教育专业目录》，优化和加强了数字领域相关专业设置，体现了职业教育数字化转型升级的理念。当前，浙江省委省政府正全力推进数字化改革，杭州市也提出“数智杭州·宜居天堂”的“十四五”发展目标。杭职院通过专业规划及动态调整，建设了一批与产业吻合度高、融合深入的优势专业，助推“校企共同体”迭代升级，努力打造与杭州同频共振、区域特色鲜明的“数智杭职、工匠摇篮”，成为国内“职业教育数智第一校”，为杭州加快“建设独特韵味别样精彩的‘世界名城’、打造展示新时代中国特色社会主义的‘重要窗口’”培养高素质劳动者和技术技能人才，为浙

① 韦大宇．高职院校高水平专业群建设的瓶颈与突破路径［J］．教育与职业，2021（17）：45－49.

江实现“两个高水平”培育“智慧大工匠”，奋力描绘新时代中国特色、世界水平职业教育新画卷。

一、主要做法

（一）瞄准区域产业需求，推进“高原—高地—高峰”专业群体系建设

杭职院按照“高原育生态、高地创平台、高峰建品牌”的思路，以“专业数智化、数字专业化”为抓手，紧密围绕杭州市“5+3”重点产业发展规划，包括文化、旅游休闲、金融服务、生命健康、高端装备制造等五大支柱产业，全力打造“2+3+X+N”专业群体系（见图3-1）。

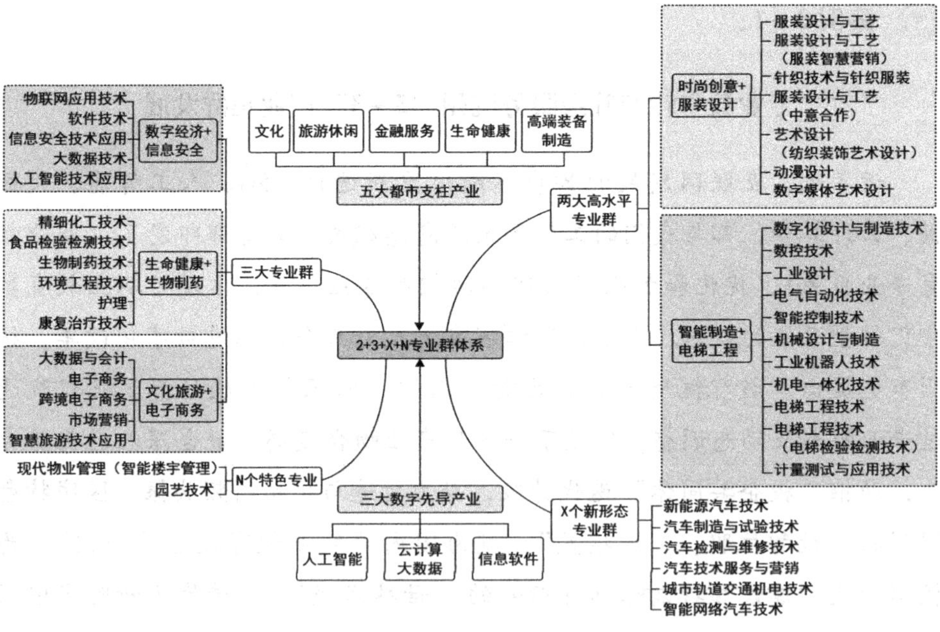

图3-1　“2+3+X+N专业规划”示意图

（二）服务“数字经济第一城”，开展专业数字化改造

杭职院以教育部职业教育新专业目录调整为背景，对接新一代信息技术与实体经济的深度融合的新业态、新模式、新技术、新职业等对技术技能人才培养的新需求，“转型一批传统专业”“淘汰部分落后专业”“发展职教本科层次专业”，重点向“数字化”“智能化”转型，积极发展大数据、云计算、智慧旅游、工业机器人、智慧电梯等新兴专业和方向，实现信息技术和专业融合发展。

（三）深化产教深度融合，开展校企双元育人

面向数字化，杭职院深化基于技术服务与科技创新的“校企共同体”迭代升级，锚定杭州数字经济发展，吸引众多高精尖企业主动“牵手”合作，加快了数字专业化与专业数字化变革的步伐，校企联手深度发挥各自资源，实现多方共赢发展。

二、成果成效

（一）专业群“数智化”升级迸发新活力

聚焦重大标志性成果建设，“数智化”升级迸发新动力，成效凸显。服装设计与工艺专业群紧盯杭州女装产业发展方向，与行业发展共生共融，重点服务杭州经济都市圈的纺织服装企业的“数智化”转型升级。企业以人财物等形式参与专业群“数智化”人才的培养，近两年，仅企业捐赠的“全成型”电脑横机等纺织服装行业当前最先进的智能制造设备就达到210万元。目前，达利公司的“数智化”版房主管和技术人员全部由服装设计与工艺专业毕业生担任。针织服装与针织技术的毕业生已经成为濮院（全国最大的毛衫产业集群）毛衫企业“织可穿”智能制造技术人才的首选。时装零售与管理专业的毕业生更是成为周边纺织服装企业在疫情期间直播电商的“香饽饽”，达利女装学院被共青团杭州市委授予“中国（杭州）青年电商主播培训基地”（见图3－2）。

图3－2　达利产品研发中心

（二）专业群“数智化”转型呈现新格局

杭职院围绕“数智化改造”的要求，开展工作任务与职业能力分析，全面梳理专业转型路径，参照中职、本科的新专业目录，结合高职新专业目录，形成“中职—高职—本科”一体的数智化专业体系，按照“增、转、强、停”的原则，“十四五”期间计划至少完成30%的专业数智化转型。结合华为云学院和安恒信息安全学院的发展，强化大数据应用技术、信息安全技术等数字类专业的建设，开设智能控制技术专业等新专业7个，调整旅游管理（智慧旅游）方向等专业方向5个，优化专业定位13个。

案例3－2：

开发、融入行业标准，构建类型特色鲜明的电梯专业教学新形态

国务院《国家职业教育改革实施方案》提出，要推进标准在职业教育质量提升中的基础性作用。在“1＋X”证书制度的背景下，各高职院校需要探索专业教学标准和职业等级标准的融合。但是，我国高职院校的标准开发水平不足，基于职业标准的职业教育课程开发和教学融合也有待增进，这导致了职业院校产学脱节、人才培养质量与岗位需求不符等一系列问题。因此，提升高职院校参与职业标准开发的参与度，根据职业标准开发课程内容和新形态教材，使专业教学标准与职业岗位相对应，通过标准引领，倒逼教师、教材和教法的全面变革。

杭职院电梯工程技术专业群按照专业设置与电梯产业需求对接、课程内容与电梯职业标准对接、教学过程与电梯生产服务过程对接的要求，联合行业、企业开发各类标准，规范电梯专业职业院校的专业设置和课程设置，推进电梯工程技术专业群教学标准、课程标准、顶岗实习标准、实训条件建设标准（仪器设备配备规范）建设等，推进电梯工程技术专业教学资源建设。通过标准的融入、引领，使教学形态更加具有职业教育类型特征。

一、主要做法

（一）整合行企校三方资源，协同开发电梯人才培养标准

凝聚行业、企业、院校的专家，设立“标准体系”专项经费预算，每年提供50万元用于“标准体系”实施建设。作为编写组组长单位，杭职院牵头完成人社部《电梯安装维修工作国家职业技能标准》（国家最高标准），参与起草中国特种设备安全与节能促进会牵头的团体标准《物联网采集信息编码与数据格式》、中国电梯协会牵头的团体标准《电梯安装、改造、修理和维护保养作业人员培训规范》、中国职业技术教育学会职业教育装备专业委员会牵头的《高等职业学校电梯工程技术专业实训教学条件建设标准》；主持人社部《电梯安装维修工作国家职业培训教程》开发，完成由浙江省人社厅委托的“电梯安装维修技能等级（1至5级）”考核题库命题工作。在“电梯标准出杭职”的影响下，电梯三巨头（美国奥的斯、瑞士迅达、芬兰通力）齐聚杭职院，打破了电梯行业常见的互不协同布点的壁垒。

（二）注重标准融入，将职业技能和行业标准融入教学、行业

一是将职业技能标准融入电梯专业人才培养，重构教材、课堂，倒逼

教师提升理论实践一体化的教学技能，开发“学训合一”的课程体系。二是与奥的斯等国际一流企业合作，引入企业资源，开发基于国际标准的教学包，提升教学质量水平。按照国际标准完善电梯安装维修基地硬件建设，并依托奥的斯、迅达、通力等国际知名企业构建技能培训体系，开发技能培养模块，培养具有国际视野的电梯专业人才。三是联合杭州西奥电梯有限公司、杭州市特种设备检测研究院制定并实施了教育部《电梯维修保养》《智能网联电梯维护》“1+X”职业技能等级证书，明确各院校电梯人才培养职业技能培养方向。四是专业群联合杭州西奥电梯有限公司开发了新形态教材《电梯结构与原理》；主持编写了人社部电梯安装维修工国家职业技能培训教程5本（基础、初级、中级、高级、技师高级技师）。五是主持开发人社部《电梯安装维修工》技能等级鉴定标准，引导社会从业人员职业技能学习目标；主持完成了人社部电梯安装维修工职业技能等级鉴定国家题库；参与制定了国家市场监督管理总局的《电梯维修作业人员考核大纲》，明确了国家从业人员的准入要求；参与完成人社部的维修电工职业技能等级鉴定国家题库编写，推动了电梯安装维修工国家职业技能培训更加规范。

（三）提升辐射能力，依托电梯职教集团推广电梯职教标准

杭职院电梯工程技术专业群牵头成立电梯职业教育职教集团，成员单位包含学校、企业和行业组织。通过职教集团推广《电梯维修保养》《智能网联电梯维护》“1+X”职业技能等级证书在中高职院校应用，并依据教育部电梯工程技术专业电梯专业课程标准及各教学、实训室建设标准，指导开设电梯工程技术专业的职业院校开展电梯人才培养。

二、成果成效

（一）标准引领和标准融入使人才培养更加符合企业需求

电梯专业群结合行业人才培养需求，将标准融入人才培养全过程，

行、企、校共同开发教材、课程及考核标准，实现了电梯教学内容与标准要求同步，学生的职业技能要求更加明晰，尤其是职业素养也被有力地纳入人才培养方案，使电梯专业培养的学生职业能力更加全面，深受企业欢迎。学生获国家级（行业）大赛奖项共51人次，毕业生就业率达98%。

（二）形成一种育训结合的职业教育人才培养新模式

行业和职业标准的融入倒逼专业的人才培养改革，将行业标准、职业技能等级标准等要求有机融入专业人才培养方案，使专业“1”和“X”的有机衔接，改变了学历证书和技能证书两张皮的问题，整合了企业、学校和行业的优势资源，打造了结构优良的师资队伍，优化了课程设置和教学内容，创新了教学组织、教学方法，提升了学生能力评价的科学性，增强了人才培养的适应性、针对性，实现了电梯专业学生的个性化培养和综合能力的提升。

（三）以“技能标准”为导向，形成一系列教学资源

在构建电梯维修保养职业技能等级标准的基础上，课程教学资源建设进一步丰富，立项主持国家级专业教学资源库1个，形成了契合专业群课程体系重构需要的16个模块化课程教学资源包，开发了新形态教材三本：《电梯结构与原理》《电梯检测技术》《电梯营销》，教材按基础知识、初级工、中级工、高级工、技师高级技师分类编写，涵盖实际岗位工程技术427项工作任务，确保各项技术技能递进式培训的开展，并为各类信息化培训手段的开发提供了核心脚本。教材内容覆盖日常维修保养工作的各项技能点与知识点，包括维保工艺手册、电梯事故分析报告、电梯大数据分析报告、实训手册等。融入教育部《电梯维修保养》《智能网联电梯维护》“1+X”证书技能标准，联合企业共同开发VR教学课程、电梯风险教学中心及国际电梯教学资源库。

（四）标准应用于电梯行业，电梯行业人员从业要求更加规范

所开发的电梯行业、职业标准是进一步规范电梯安装维修工的职业岗

位能力要求，对从业人员的理论知识和技能要求进行了更加明确的规约，弥补了我国电梯安装和维修保养领域职业标准的缺失，规范了全国电梯安装维修工职业教育、培训和职业技能鉴定行为，促进了电梯职业人力资源市场的发展和从业人员素质的提升，保障了电梯行业的高质量发展及电梯使用公共安全。

案例3-3：

服装专业群“岗课赛证创”课程体系创新构建

“课岗证赛”融通背景下的专业群课程体系建设是一种不同于传统教学模式的新型人才培育方式。课、岗、证、赛融合是指职业教育与岗位要求之间的相互融合，学生通过课程学习考取所需职业资格证书，参加专业技能大赛，掌握未来工作岗位所需具备的专业能力。通过“课岗证赛”融合模式的应用，学生更容易获得相关资格证书，在职业技能竞赛中成绩优异，同时获得了企业的认可。杭职院依托与全球知名丝绸女装企业——达利集团共建的校企共同体体制机制优势，率先试点“1+X”证书制度改革，实现“岗位基本能力”和“岗位拓展能力”培养双线并进，对接X证书标准实施课证融通，以赛促学、以创新促变推进课程互融，创新重构了“岗课赛证创”五位一体的专业群课程体系。

一、主要做法

（一）岗课融通，以岗促教

以“岗位是开展一切职业教育的逻辑起点”为主线，遵循“由岗至教”逻辑顺序分立课程，培养复合型高素质技术技能人才。遵循“宽基础、精技能、重复合”原则，对接“知识+素养+技能”岗位基本能力与拓展能力要求，服装设计与工艺专业对应服装制版师、服装设计助理、服装跟单员等岗位，开设《基础女装制版》《流行女装设计》等专业核心课程；时装零售与管理专业对应服装导购、服装陈列师、新媒体营销专员等岗位，开设《服装销售技巧》《服装陈列》等专业核心课程；针织技术与针织服装专业对应毛衫设计师、电脑横机工艺设计师、品质控制员等岗位，开设《针织服装设计》《针织毛衫工艺设计》等专业核心课程；艺术设计（纺织装饰）对应面料花稿设计师、服饰品设计师、软装设计师等岗位，开设《服装纹样与款式》《创意配饰设计》等专业核心课程。递进式开设以满足就业岗位对职业生涯成长的需求，实现岗位基本能力与拓展能力的双向并进。

（二）证课融通，以证促学

以考促学、考训结合，对接“1+X”证书制度重构课程体系，实现专业课程与企业认证的共生共长。学院成立“1+X”证书试点工作领导小组，对证书的知识、技能体系进行解构、重构，将其知识、技能需求转化为学生的素养、能力要求，课程体系紧密对接职业技能等级证书的标准与行业企业技能标准，开发《印花面料花型设计与工艺》《陈列设计》等进阶式课程7门，开展分段、分层教学，促进人才培养方案与职业技能认证体系互嵌共生、互动共长，实现课证融通。“1+X”证书制度进阶式培养与个性化学习有效提升学生职业技能水平和就业竞争力，进一步拓展学生职业发展空间。成功申报首批“1+X”职业技能等级证书试点院校，4名教师获得种子师资培训证及考评员证，“1+X”技能等级证书获得率高达100%。

（三）赛课融通，以赛促能

实施“金顶针”拔尖人才培养计划，培养学生实践创新、团队协作、自主学习、解决实际操作问题的能力。以国家级女装工业工程实训基地为基础，依托虚拟仿真实训中心和三位一体特色资源中心，建成曹桢女装高定工作室、陈发版型研发工作室等六个“大师工作室”，实行“导师制”

个性化培养模式，组织学生参加各级职业技能大赛。对接国家级、省级等高级别职业技能大赛标准，分层分级梳理大赛培训目标，形成职业技能培训选拔机制，融世赛国赛标准于课程教学，通过以赛促教，实现职业技能和职业素养互融互促“双提升”。承办省级国家级的各类服装技能大赛，搭建展示学生技能的秀场平台，激发学生的学习成就感，让每个学生找到展示自己的舞台。学生入选世界技能大赛十进五种子选手1人、获全国技能标兵2人、国家级竞赛一等奖12项。

（四）创课融通，以创促变

依托“双创孵化”平台，重构课程内容模块，创新理念全面融入专业课程，培养学生科研能力和实践创新能力。深挖行业创新点，依托礼服高级定制、霓裳汉服研发、丝绸文创产品设计等16个特色工作坊，引入17家服装行业典型企业，跨专业组建模块化教学团队，融创新要素于项目化课程教学中，通过开展初级产品研发项目、创意产品研发和中小微企业的产品研发项目，引导学生勇于尝试、敢于探索，提升学生的创新能力与个性化“立地式”研发能力，形成完善的创新思维和意识，培养“敢创新、懂设计、能制作、会营销”个性化高素质人才。共享科研平台与教学实训场所，将师生创新科研成果转化为优质教学资源，使科研平台成为服装类专业技术技能创新的孵化器，助推服装类创新型技术技能人才的培养。

二、成果成效

通过“岗课赛证创”课程体系的创新实践，重构教学内容，有效弥合课程体系与岗位需求匹配度上的分野，提高了学生的首岗胜任能力和可持续发展能力。获省教学成果特等奖1项、全国纺织工业联合会教学成果一等奖2项；入选国家课程思政示范课程1门、省课程思政示范课程2门、省精品在线开放课程3门。据统计，2019—2021年达利女装学院专业群培养了一大批高素质技术技能人才，毕业生就业率98.68%，用人单位满意率98.18%，高端就业持续保持年增长150%；为产业培训员工3.1万余人次。

案例3-4:

专企融合，构建高水平产教融合实训基地

杭职院信息安全技术应用专业培养了一大批高素质数字经济安全卫士，其中5人获得全国大赛一等奖，4人获杭州市D类人才，1人获得全省“十佳大学生”荣誉称号，受到省委书记袁家军亲切接见，事迹刊发于《人民日报》；学生专业志愿者为世界互联网大会、G20杭州峰会、西湖论剑网络安全大会等提供坚实的信息安全保障，多次获得政府嘉奖和表彰。

一、主要做法

(一) 专企融合，构建校企协同育人模式

在深化产教融合、校企合作的大背景下，实践了“一个专业立足一个龙头企业、服务整个行业”的“专企融合”实践实战模式。“专企融合”是从专业与企业合作层面建立的一种校企合作组织形式，有利于形成校企协同育人机制，推进校企深度合作；有利于专业精准对接产业需求，深化产教融合，缔结校企合作的利益共同体。

(二) 产教融合平台，构建实战育人模式

实践是技术技能人才培养的逻辑起点，实战是实践的根本属性和本质要求。构建以“实战组织、实战师资、实战平台、实战教法和实战课程”为主要特征的实战育人模式。强化实境培养，共建新型网络“攻防一体”实训室、“校中厂”(网络安全检测中心)、“厂中校”(护网网络靶场和网络攻防演练基地)；强化实战操练，共建“实践教学、实训与生产”融为一体的实训课程体系，形成“寓赛于教、赛教结合、以赛促教、以赛促

学、赛教相长”的一体化实训教学模式。引入安恒公司威胁情报分析、态势感知和大数据安全三大平台，实现了网络安全最新动态的实时联动。

（三）实践演练，构建职业素养育人模式

在经济增长方式由粗放型向集约型转变的大背景下，技术技能人才培养需要由学校单一培养的“学校人”转化为多主体在实践情境下共同培养的“职业人”。“职业人”的培养需要构建基于实践共同体的实践场，构建基于工匠精神的实践文化，构建基于合作共赢的实践机制。“实践人”培养的有效实施，需要通过行政部门之间权利的让渡实现实践空间的融合，通过政策综合改革实现观念的转变，通过调动职业教育综合改革实现实践工具的优化。

二、成果成效

（一）育人模式示范全国，理论成果丰硕

杭职院与浙江省教育厅职成教教研室联合发起成立浙江省信息安全产教融合联盟，联盟会员近100家，推动浙江省中高职院校开展校企合作。发表相关学术论文100余篇，其中，一级、SCI、EI检索期刊论文10余篇，核心期刊40余篇，专著5本，1篇论文在国内顶级期刊《教育研究》上发表。

（二）学生培养国内领先、省内一流

5人获全国大赛一等奖，4人获杭州D类人才资格，1人获得全省“十佳大学生”荣誉称号，受到省委书记袁家军亲切接见，事迹刊发于《人民日报》。近5年，专业群招生录取分数线全部在本科线以上；专业对口就业率超80%，毕业起薪近6000元。学生获国家级技能大赛奖项16项、省级60项，技能竞赛成绩在浙江省名列前茅；第十五届“振兴杯”全国青年职业技能竞赛学生组计算机程序设计员赛项和第十六届“振兴杯”全国青年职业技能竞赛学生组网络管理员赛项，杭职院分别包揽前三名（金奖）和获1金2铜，被授予“全国青年岗位能手”荣誉称号。

案例3－5：

深耕“校企共同体”，不断擦亮产教融合之“达利现象”金名片

专业群是政府、企业、学校等各利益主体为了提高技能人才培养规格与区域产业经济的适配性，按照岗位能力的知识逻辑进行组建的学校教学运行和管理的集群组织，不仅需要学校内部不同组织之间的协同配合，还需要政府、产业链、企业群等相关主体的共同参与①。

根据杭州女装产业发展对技术技能人才的实际需求，2009年，杭职院国家高水平专业群——服装设计与工艺专业群依托学校与国际知名丝绸女装企业达利（中国）公司共建的“校企共同体”——达利女装学院，以“双高”建设为引擎，坚持新发展理念，不断深化产教融合、校企合作办学特色，坚持产学研用一体化，加快提升学校内涵建设水平和综合办学实力，不断擦亮全国职教界“达利现象”金名片。13年来，达利女装学院立足一个企业，面向整个行业，形成一套完备的管理制度体系，走出了一条具有杭职特色的产教融合、校企合作之路，为地方经济社会发展提供全方位科技、人才和智力支持（见图3－3）。“达利现象”成为全国高职校企合作的一张金名片。

一、主要做法

（一）厚积十年再出发，校企共同体开启新征程

2019年，在达利女装学院成立十周年之际，杭职院与达利（中国）有限公司签署了《新十年校企战略合作协议》，并揭牌成立校企共建的“纺织服装工程创新中心”（见图3－4）。校企双方将共同聚焦人才培养定

① 任聪敏，陈宇．基于互利共生理论的高职专业群现代化治理体系的内涵、发展策略与实施路径［J］．中国职业技术教育，2021（28）．

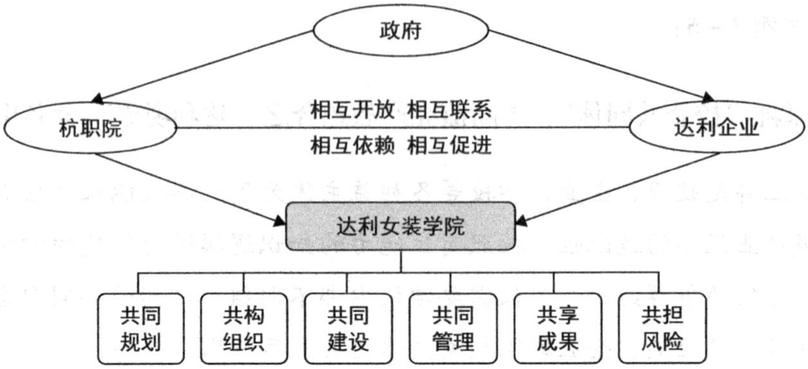

图3－3　校企共同体（达利女装学院）办学模式示意图

位“精”准、产学研平台筑“高”、技术革新与创新引领能力拔“尖”三个方面再创新高。

图3－4　签订达利女装学院新十年战略合作协议

（二）立足一个企业，校企聚力双赢再结新硕果

2019年10月，达利（中国）有限公司被教育部等四部门认定为首批全国职教教师企业实践基地；2019年12月，达利（中国）有限公司被浙江省发改委认定为浙江省首批产教融合型试点企业；达利女装学院被浙江省教育厅立项为省级产教融合示范基地（见图3－5、图3－6、图3－7）。

中华人民共和国教育部

Ministry of Education of the People's Republic of China

信息名称：教育部等四部门关于公布省批全国职业教育教师企业实践基地名单的通知口

信息索引：200A10-04-2010-0023-1　生成日期：2019-10-11　发文机构：教育部等四部门

发文字号：教师函〔2019〕9号　信息类别：教育综合管理

内容概述：教育部等四部门公布《首批全国职业教育教师企业实践基地名单》的通知.

教育部等四部门关于公布首批全国职业教育
教师企业实践基地名单的通知

附件

首批全国职业教育教师企业实践基地名单

（排名不分先后）

图3－5　达利公司被认定为首批全国职教教师企业实践基地

浙江省教育厅

浙教办函〔2019〕365号

附件3

浙江省高等学校省级产教融合示范基地
（第二批人才培养类示范基地）立项名单

序号	基地名称	学校名称	合作企业	负责人
22	达利女装学院	杭州职业技术学院	达利国际集团（达利中国有限公司）	徐高峰

图3－6　达利公司被认定为浙江省产教融合示范基地

浙江省首批产教融合型试点企业名单公示

发布日期：2019-12-16　来源：省发展改革委社会处　浏览次数：1018

序号	企业名称	备注
1	物产中大集团股份有限公司	
2	浙江省机电集团有限公司	
3	浙江省轨道交通运营管理集团有限公司	
4	浙江交工集团有限公司	
5	万向钱潮股份有限公司	
6	浙江吉利控股集团有限公司	
7	达利中国有限公司	
8	中策橡胶集团有限公司	
9	杭州安恒信息技术股份有限公司	

图3－7　达利公司被认定为浙江省首批产教融合型试点企业

2020 年 7 月，达利女装学院和达利（中国）公司共同申报“基于校企命运共同体的产业学院体制机制研究”获教育部“产教融合”专项课题立项（见图 3 -8）。

附件3

全国职业教育教师企业实践基地
“产教融合”专项课题研究项目一览表

（排名不分先后）

序号	项目名称	项目发起单位
1	面向新一代信息技术领域职业教育教师企业实践基地建设研究与实践	中软国际（中国）科技有限公司
2	职业教育软件技术类专业“双师型”教师企业实践标准及课程标准研究	中软国际（中国）科技有限公司
3	校企一体化体制下教师企业实践基地建设的探索与实践	中国中铁股份有限公司
……		
59	基于校企命运共同体的产业学院体制机制研究——以达利女装学院为例	达利（中国）有限公司
60	高职教师企业实验基地运行机制构建探索与实践	春秋航空股份有限公司
61	产业学院——培养有企业基因的专业人才摇篮	春秋航空股份有限公司

图 3 -8　校企共同申报教育部“产教融合”专项课题

2020 年 10 月，达利女装学院校企共同申报的“基于产教融合的‘现代学徒’培养探索与实践”等成果获得全国纺织工业联合会教学成果奖一等奖 2 项，二等奖 4 项，三等奖 5 项（见表 3 -1）。达利女装学院已经连续 5 届获得一等奖，并再次作为唯一教师代表发言。

表 3 -1　达利女装学院“纺织之光”2020 年度中国纺织工业联合会教学成果奖获奖一览表

序号	项目名称	等级
1	服装设计与工艺专业“三线驱动”个性化人才培养模式的改革与实践	一等奖
2	基于产教融合的“现代学徒”培养探索与实践	一等奖

续表

序号	项目名称	等级
3	对接企业新产品研发的高职院校创新人才培养模式的创新与实践	二等奖
4	全面发展视阈下“一二课堂”协同育人的探索与实践	二等奖
5	基于“五融四点三维”的高职服装专业群课程思政教学改革的探索与实践	二等奖
6	“校企共建、双向兼职、创新服务”提升女装专任教师育人能力的研究与实践	二等奖
7	以基于市场产品学期项目为载体的针织毛衫一体化人才培养改革	三等奖
8	高职时装零售与管理专业创新创业教育改革研究与实践	三等奖
9	以培养工匠精神为目标的“曹帧服装技能大师工作室”人才培养模式改革与实践	三等奖
10	基于“学期项目”的高职服装设计与工艺专业课堂教学改革与实践	三等奖
11	基于《服装产品表达》省级精品在线开放课程与实训教学的混合式模式	三等奖

（三）面向整个行业，成为当地纺织服装企业“数智化”升级新动力

服装设计与工艺专业群紧盯杭州女装产业发展方向，与城市发展共生共融，重点服务杭州经济都市圈的纺织服装企业的“数智化”转型升级。目前，达利公司的“数智化”版房主管和技术人员全部由服装设计与工艺专业毕业生担任（见图3－9）。

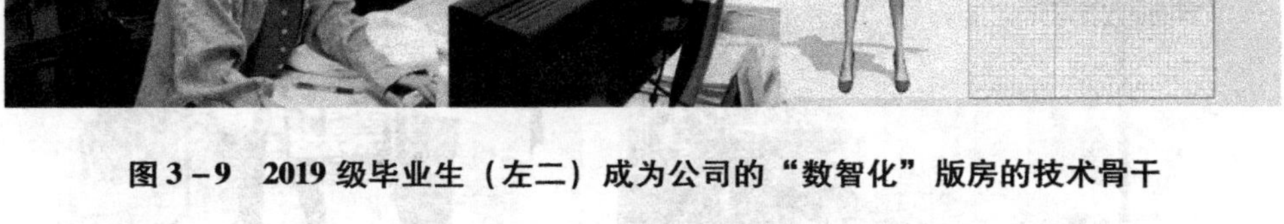

图3－9　2019级毕业生（左二）成为公司的“数智化”版房的技术骨干

针织服装与针织技术的毕业生已经成为濮院（全国最大的毛衫产业集群）毛衫企业“织可穿”智能制造技术人才的首选（见图3－10）。

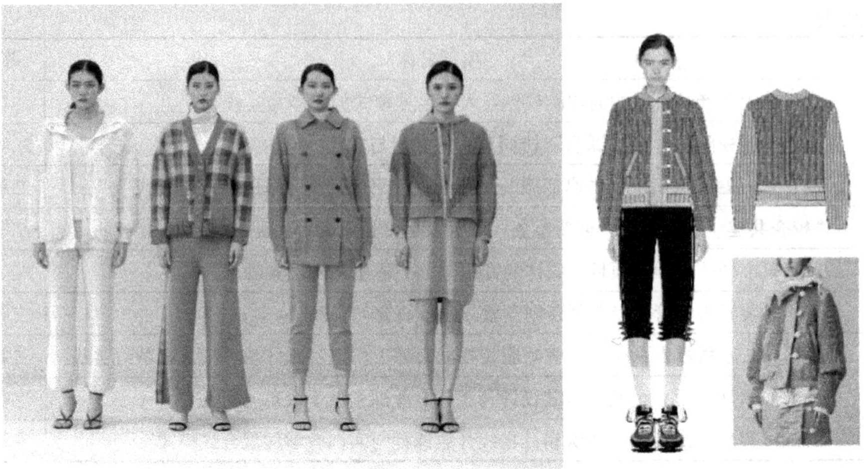

图 3－10　在校学生用“全成型”横机为企业开发设计制作时尚毛衫

时装零售与管理专业的毕业生更是成为周边纺织服装企业在疫情期间直播电商的“香饽饽”，学院 2020 年被共青团杭州市委授予“中国（杭州）青年电商主播培训基地”。同时，企业也以人财物等形式参与专业群“数智化”人才的培养，两年时间，仅企业捐赠的“全成型”电脑横机等纺织服装行业当前最先进的智能制造设备就达到 210 万元（见图 3－11 至图 3－13）。

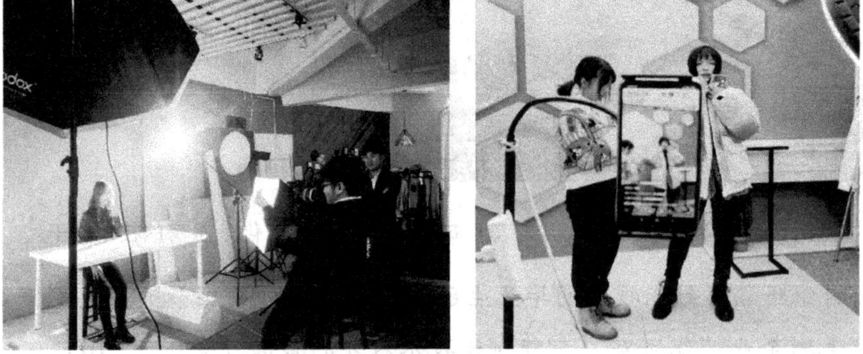

图 3－11　2020 届毕业生服务纺织服装企业在疫情期间的电商直播活动

图 3－12　共青团杭州市委授牌主播培训基地

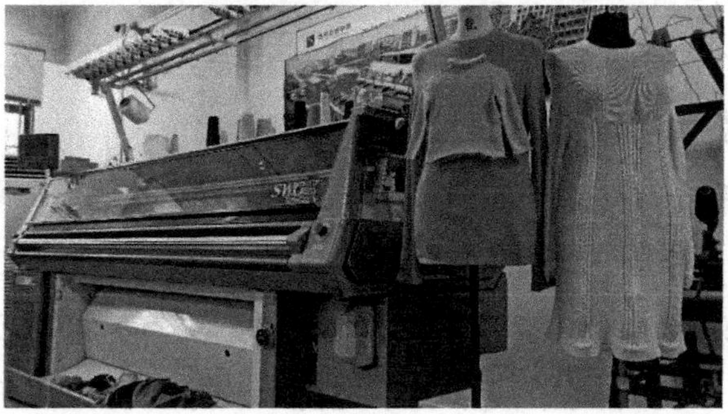

图 3－13　企业捐赠全成型电脑横机（105 万元）

二、成果成效

（一）校企双方整合各类资源，利用好人才政策和科技创新政策，挖掘市场潜力，实现校企双方合作共赢

深化产教融合，促进教育链、人才链与产业链、创新链的有机衔接，是当前推进人力资源供给侧结构性改革的迫切要求，对新形势下全面提升教育质量、扩大就业创业、推进经济转型升级、培育经济发展新动能具有重要意义。助力企业申报全国职教教师企业实践基地、浙江省首批产教融合型试点企业，利用好国家、省、市各类人才政策和科技创新政策资源，

实现校企双方合作共赢。

（二）深化创新驱动，紧跟科技创新和产业迭代升级的步伐，进一步做好人才培养，推动产业走向智慧化、智能化、大数据化

服装设计与工艺专业群与企业一道，坚持以重大现实问题为主攻方向，聚焦团队研究目标，重点突破标志性的科研成果，促进科研成果的转移转化；不断优化“融入钱塘新区”“融入杭州”两篇职教文章，紧扣“数智杭州·宜居天堂”和新区打造杭州钱塘科学城战略目标，全面提升服务区域产业升级和杭州经济社会发展能力水平，助力地方打造高支撑高质量发展的新引擎。

（三）专业群要推动促进教育和产业体系人才、智力、技术、资本、管理等资源要素聚集融合、优势互补

服装设计与工艺专业群建设过程中突出“区域性”，强调为杭州经济社会发展服务；突出“职业性”，强调走类型发展道路；突出“高等性”，强调“融”文化核心理念，深化“校企共同体”办学模式，走出了一条校企利益与共、文化相通、成果共享的高职教育“校企共同体”多元发展模式。

第二节　人才培养模式改革实践

高等职业教育人才培养模式是在现代职业教育理论的指导下，依据当下的社会发展状况而制定人才培养目标和规划，在遵循客观教育规律的前提下开展教学设计及实施，并在高等职业教育过程中呈现出具有一定目标要求的人才培养方式[①]。深化产教融合、校企合作是职业教育人才培养的

① 李秀绒．教育供给侧改革背景下高等职业教育人才培养模式研究［D］．长春：长春工业大学，2018：1－44.

特色模式。在校企合作人才培养模式的运行过程中，一方面，企业的丰富生产资源能够被转化为高职院校开展专业课程教学的重要教育资源，促进学校教育体系不断完善，进一步满足企业不断提升的人才需求；另一方面，以校企合作为主要形式的人才培养模式能够降低企业在科研、员工招聘及培训等方面的成本，有效提升企业在市场中的竞争力。校企合作的高技能人才培养模式符合职业教育供给侧结构性改革的需要，是提升毕业生就业竞争力的必由之路，也是确保企业获得充足优质人才的重要保障①。

校企合作的人才培养模式备受重视，但仍存在一些发展困境。例如，合作没有达到深层发展的阶段；高职院校的专业课程设置还没有全面体现校企合作的特点；高职院校在开展校企合作人才培养模式时，将关注重点放在企业身上，反而疏忽了新教育政策的科学指导力量等②。还有研究者提出，高职院校校企合作人才培养模式还存在诸多困境，例如，校企双方难以找到利益平衡点，无法实现校企双赢；政府主导力度不够，监督和管理制度不健全；教育理念比较传统，校企双方难以实现优势资源互补等③。近年来，杭职院不断创新校企合作人才培养模式，形成“一体两院”的电梯类技术技能人才育人生态格局、深化纺织服装创新型技术技能人才培养“双元模式”、采用“导师制”多渠道培养女装技术技能拔尖人才等。

案例3－6：

一体两院，同生共长：电梯类技术技能人才培养生态构建与实践

随着我国经济快速增长和城镇化发展，电梯产业井喷式发展。中国电

① 陈慧，韩忠培，陈瑶．论基于校企合作视角的高职院校高技能人才培养模式［J］．教育与职业，2019（16）：44－47.

② 任宏．高职院校校企合作人才培养模式的发展困境及解决路径［J］．创新创业理论研究与实践，2021（11）：116－118.

③ 徐叶军．高职院校校企合作人才培养模式的发展困境及解决路径［J］．教育与职业，2018（4）：41－44.

梯产量和保有量全球第一，浙江电梯产业份额全国第一。美好生活离不开电梯，电梯事关公共安全。高素质电梯技术技能人才严重紧缺成为制约产业发展的瓶颈。鉴于电梯类专业面向特种设备行业，行业有法律强制持证上岗限制，电梯企业之间技术排他性强，导致电梯类技术技能人才培养资源难以融通，人才培养主体单一；由于院校和行业企业的育训资源相互独立，导致学生入行难、上手慢，培养规模小、专业服务终身职业技术技能成长的能力弱；由于高水平多功能人才培养平台缺乏，科技引领不足，导致服务电梯产业高端的人才培养不足。

基于校企共同体，杭职院与企业共建产业学院、技术研究院，形成“一体两院”育人生态格局（见图3－14）。学校基于生态系统理论，以行业资源撬动企业资源，共建行、校、企共同体，构建行业引领、多元主体协作的育人生态格局；共建电梯产业学院，构建三链对接、育训合一的育人生态体系；共建电梯产业研究院，构建多维一体、科技引领的育人生态平台；构建了“一体两院、同生共长”的电梯人才培养生态。

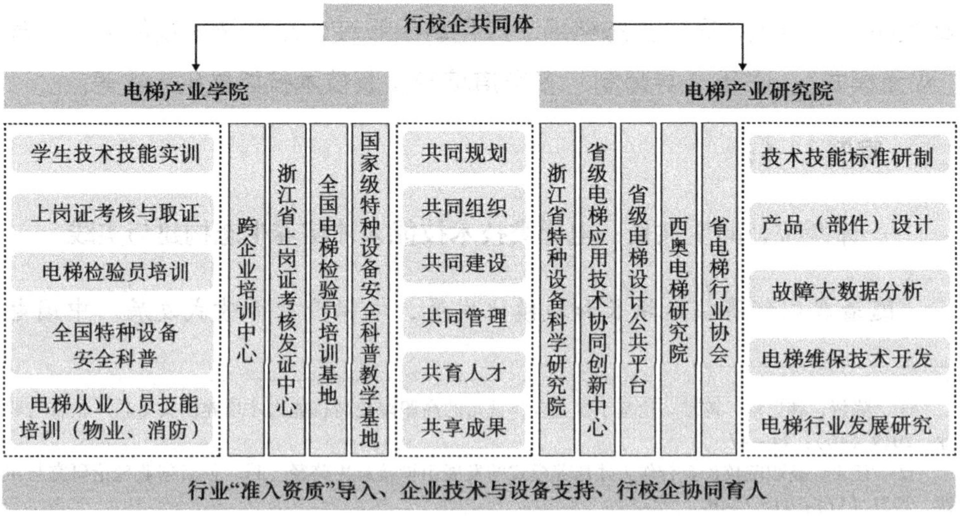

图3－14　基于“一体两院”育人生态格局示意图

一、主要做法

（一）聚集多方资源，共建行业引领、多元协同的育人机制

与浙江省特科院、奥的斯电梯共建行校企命运共同体，行校企深度融合，整合六大电梯头部企业的资源，在校内建成国家级生产性实训基地，浙江省电梯应用技术协同创新中心牵头建设国家电梯专业教学资源库；20余名企业能工巧匠常驻学校任教，构建了“行业引领、企业常驻、育训并举”的育人机制。

（二）聚焦专业发展，构建三链对接、育训合一的培养模式

行、校、企共建产业学院，打造以电梯专业为龙头，机械设计与制造、机电一体化、工业机器人技术等为骨干专业的电梯专业群。重塑教学实施路径，实现“井道就是教室、教室就是井道”的课堂革命，围绕产业链，打造两大实训平台（专业群共享型实训平台和产教融合型实训平台），构建两大机制（基于育训结合的实践教学模块构建机制和基于“供需协调、共建共享”的资源融通机制），提升学生岗位胜任力，实现人才培养模式多样化。

（三）聚合多元主体，创新思政融入、全程贯通的培养路径

融“安全意识、工匠精神、遵章守规、创新思维”等思政元素于育人全过程，《电梯检测技术》成为特种装备领域唯一的国家级课程思政示范课程，形成了“3134”人才评价体系，行、校、企三方评判，核心素养一票否决，学校学历证书、行业上岗证书、企业能力证书三证融合，与企业薪酬层级体系匹配的四级能力体系。合格毕业生以中级工资水平入职企业，实现高质量就业。

（四）聚力服务支撑，打造多维一体、科技牵引的培育平台

行、校、企共建集技术研发、社会服务与人才培养功能于一体的产业研究院，打造高水平人才培养平台。共建教学科研创新团队，联合开展技

术攻关、技术服务、科技成果转化，丰富教师与学生实践经验，提升整体实践能力，为行业发展提供有力支撑。

（五）聚智谋高致远，优化螺旋进阶、循序提升的培养生态

行、校、企共同开发电梯维修保养“1+X”技能等级标准，将行业规范、新技术、新工艺融入课程，打造“书证融通”课程体系，优化螺旋进阶、循序提升的育人生态体系，共建电梯产业学院，打造可持续技术技能人才成长平台。落实5年一周期的教师全员下企业锻炼6个月制度，做到“一师一岗”（每位教师联系对接一个企业典型岗位）、“一师多案”（每位教师承担多项企业生产实践项目与技术攻关），提升一线技术师傅参与教学的积极性，确保人才链与电梯产业链精准对接，人才培养和产业需求全方位融合。

二、主要成效

（一）人才培养与社会服务引领全国，形成“技能标准出杭职、人才培养看杭职”的育训高地

一是国字号成果丰硕。入选“双高计划”建设专业群、国家教学名师和教学团队，主持国家专业教学资源库，建成国家级生产性实训基地，牵头（参与）制定国家职业技能标准7项，主编出版国家规划教材6本。学生实现体面就业。学生获国家级大赛一等奖7项，毕业生就业率100%，专业对口率超86%，学徒班留企率超90%，企业满意度达95%，就业三年后升任主管的学生比例达30%。

二是社会服务全面拓展。面向电梯行业，年培训收入超5000万元，年培训人次超4.85万人次，完成全国50%以上的电梯检验员培训，承担了全省90%以上的电梯上岗资质考核。完成老旧小区电梯改造加装5000余台，参与G20杭州峰会、世界互联网大会等电梯安全保障工作。面向13个省市的275名贫困生开展扶贫培训，获全国职业院校决胜脱贫攻坚“先

进集体”称号。

（二）资聚和平台建设全国领先，打造了资源高效配置的“行业窗口”

一是资源集聚能力显著。学校托管资产2.6亿元、占地76亩的省特科院海宁尖山基地；整合企业投入3500万元，建成全国一流的校内生产性实训基地。建成电梯设计公共平台、应用技术协同创新中心等省级平台，成为业内的电梯改造技术方案输出中心。

二是“行业窗口”效应凸显。电梯维修保养“1+X”证书试点全国办公室、全国电梯检验员培训考证基地、奥的斯华东区培训中心、西奥电梯全国培训中心等入驻学校，打造了资源高效配置的一站式服务“行业窗口”。

（三）培养模式示范全国，在同类专业中成为“职教样本”

理论成果发表于权威期刊《教育研究》，相关成果在国家教育行政学院、全国现代学徒制交流大会等做经验交流、成果推广。实践成果辐射100余所具有同类专业的职业院校，吸引全国900多所高职院校考察学习。承办各类师资培训100余场。时任浙江省委书记车俊来校视察，并给予高度评价；时任省长、副省长两次批示肯定。中央电视台、光明日报等20余家主流媒体对本成果进行了深度报道。

案例3-7：

研学共融，精准培养，深化纺织服装创新型技术技能人才培养“双元模式”

中小微企业的经营遍及社会生产生活的各个角落，关乎千千万万个家庭的就业和民生。习近平总书记强调：“要千方百计把市场主体保护好，为经济发展积蓄基本力量。”我国中小微企业量大面广，是稳经济的重要基础、稳就业的主力支撑，是保市场主体的重要对象，是提升产业链供应链稳定性和竞争力的关键环节。然而，受外部环境复杂性不确定性加剧、国内疫情多发等影响，市场主体特别是中小微企业困难增加，迫切需要进一步纾困解难，实现平稳健康发展。

杭州现有约18个时尚产业集群（基地）和产业区。其中包括杭州首个时尚数字体验中心、国内首个实质性运转的跨境电商产业园区、智能穿戴产业研发链、家纺布艺小镇、纺织服装生产制造集群、横村镇针织产业名镇等。杭城高速发展的时尚产业催生了对纺织与服装等专业技能型人才的巨大需求。

国家高水平专业群——服装设计与工艺专业群大力提升服务小微纺织服装企业能力，面向杭州中小微纺织服装企业，建设服装产业技术服务中心，为杭州市时尚产业培养一流的纺织服装技术人才，深化纺织服装创新型技术技能人才培养“双元模式”（见图3－15）。

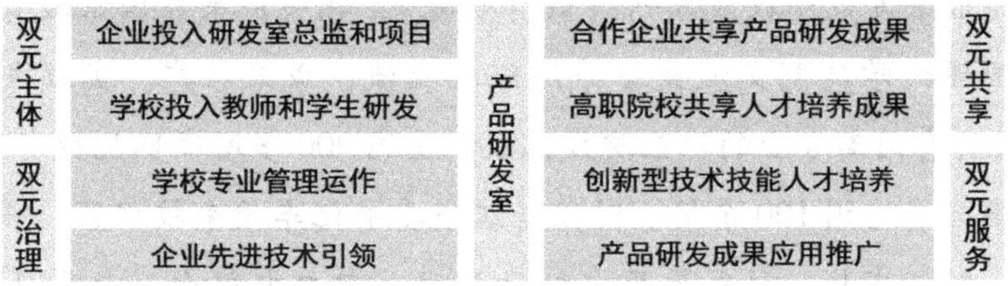

图3－15　纺织服装创新型技术技能人才培养“双元模式”

一、主要举措

（一）研学共融，精准培养

在“服装设计与工艺专业群”以“职业教育引领产业发展”理念的引导下，联合企业共建“一个中心、多点布局”纺织服装技术创新中心（下设6个新产品研发室），针对企业与市场需求，精准培养，深化了纺织服装创新型技术技能人才培养的“双元模式”（见图3－16）。

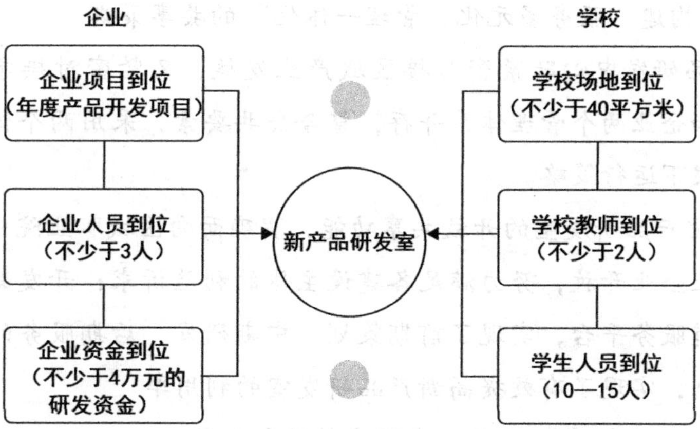

图3-16 组建6个新产品研发室，创新产教融合新机制

（二）构建“企业购买服务、校企协同共建”的共管策略

1. 2020年，企业向产品研发室每年投入50万元经费，与杭职院共建共管。

2. 学校组建以专业教师为主体、企业师傅参与的研发团队，大大降低了企业产品开发成本。强化校企合作，引入企业真实产品研发任务开展真题实作，以服务收入换取企业新技术支持，建立起“输血”与“造血”功能互为补充、构建教学、科研、社会服务一体化的人才培养机制，有效解决人才培养能力滞后，创新能力不强等问题（见图3-17）。

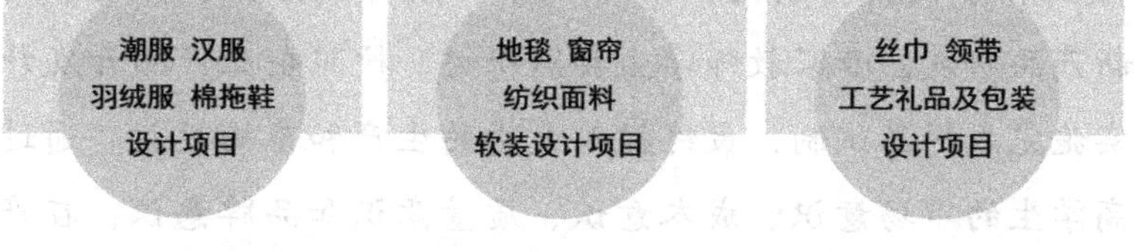

图3-17 企业购买服务、校企协同共建研发室

（三）构建“服务多元化、管理一体化”的共享策略

1. 产品研发中心既紧密对接区域产业发展，又紧密对接学校专业建设，学校和企业两个管理体系并存，整合公共要素，采用两个体系在统一的管理构架下运行策略。

2. 强化产品研发室的开放共享功能，明确面向区域职业院校、应用型本科、行业企业开放，努力满足各建设主体的利益诉求；开发新产品研发中心多渠道服务平台，实现了前期策划、中期研发、后期服务的新产品研发共享机制，实现了有效提高新产品研发室的利用率。

（四）“双元模式”运营，实现产教融合共赢

1. 创新提出并实践职业院校与行业企业共享的“双元主体、双元共享、双元治理、双元服务”的“双元模式”（见图 3－18）。

图 3－18 服装创新型技术技能人才培养的“双元模式”2020 年度研讨会

2. 企业和学校共同制定产品年（季）度开发方案、计划和进度，分组实施新产品研发，专家教师学生共同研讨，按照企业产品开发计划和质量标准实施完成样品试制，最终投入大货的生产和市场投放。通过新产品研发提高学生的市场意识、成本意识、质量意识和品牌意识，在产品开发的过程中汲取企业文化，养成良好的职业素养。

二、成果成效

（一）校企共建纺织服装工程创新中心，在人才培养定位“精”、产学研平台筑“高”、技术革新与创新引领能力拔“尖”方面不断发力

“对接企业新产品研发的高职院校创新人才培养模式的创新与实践”获得2020年度中国纺织工业联合会“纺织之光”教学成果二等奖（见图3－19）。

图3－19 学生参观面料展会并与自己设计的作品合影

（二）纺织服装创新型技术技能人才培养的“双元模式”培育了大批创新型技术技能人才

1. 研发室2018届学生程奕维，注册“killwinner”品牌开发潮服，年销售额近2亿元（见图3－20）。

2. 研发室2019届学生白方方在得物APP中，3天成交订单10万单，打破了得物销售历史纪录。

图 3-20　工作室学生创潮牌品牌 killwinner（2021 年新款）

（三）基于“中心”的人才培养提升了毕业生就业质量

新产品研发室成立以来，纺织服装专业招生录取分数线逐年提高，已列全省第四；年均初次就业率达 98%，专业对口率达 85.5%，远超全省平均水平。毕业生留杭率超 60%，位列在杭高校第一。毕业生就业起薪达 4100 元/月，基本实现体面就业。

（四）通过深化产教融合强化与当地经济社会发展的同频共振

1. 企业参与积极性高，高校服务能力显著提升。企业累计投入新产品研发 400 余万元，产品研发室累计为各中小微企业开发产品 1000 余款，针织样片 2000 余件，面料纹样 2000 余款，合计 5000 余款。平均占企业研发项目投入市场比重的 26%，产值达 3000 余万元。

2. 出版教材 16 本，参与主持编写教育部针织技术与针织服装专业教学标准，开发“纺织服装类产品研发课程”18 门，开发了 16 部系列产品研发项目教材。完成 400 余个教学视频的建设。1500 人/年接受了新产品研发课程的培训。

3. 参与国家重要研发项目。助力杭州纺织服装产业在全国的领先地位。参与了 G20 峰会国家领导人服装面料款式设计，对接小微企业的新产品研发室研发成果促进了杭州纺织服装产业在新技术方面的应用与推广，提升了杭州纺织服装产品的国际影响力。

案例3-8：

个性化培养，因材施教：深化“工作室导师制”培养拔尖创新人才

基于“校企共同体”的服装专业工作室个性化人才培养模式改革和实践，是杭职院对高职教育校企合作体制机制创新之“校企共同体”理论研究与实践应用的一项成果。国家高水平专业群——服装设计与工艺专业群充分发挥时尚女装技术技能人才培养高地优势，依托全国技术能手大师工作室、全国教学名师工作室，发挥名师名匠的榜样引领作用，采用“导师制”多渠道培养精湛技艺、研发能力扎实的女装技术技能拔尖人才。

一、主要做法

（一）项目以达利产品研发为主体，服务服从于个性化人才培养要求

1. 明确工作室的教学定位是个性化人才培养。工作室紧跟企业需求，确定了“立体造型为主、会设计、懂工艺”的人才培养目标，明确工作室的教学定位是个性化人才培养。在校企共同体的框架下，工作室依据企业的产品研发需求，通过个性化教学，以工作室负责人独具的人格魅力和独到的专业素养，培养一批对服装立体造型感兴趣的学生，提升学生的服装空间造型能力和服装创新能力，以及综合职业能力。

2. 工作室研发项目以达利产品开发为主，服务服从于教学要求。工作室坚持“服务一个企业、注重多维度个性化培养”，以服务达利天猫店“CB”品牌的产品开发为主要任务，结合大赛指导、人才培训、学术交流等多维度项目，对学生实施能力培养及技能训练，通过多种途径提高学生综合职业素养（见图3-21）。学生在工作室进行产品研发技能实训，提高职业能力，培养职业素养。

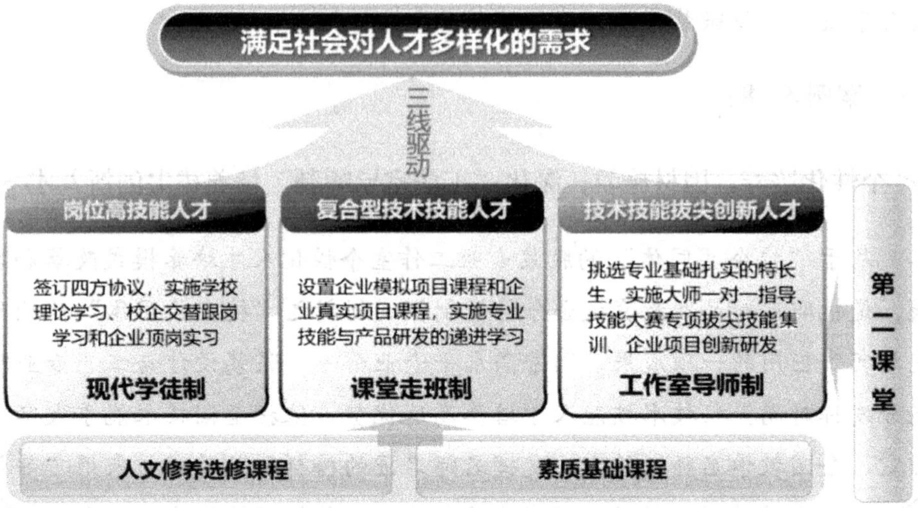

图 3－21　服装设计与工艺“三线驱动”个性化人才培养模式

（二）针对学生特长制定培养方案，项目通过分解便于学生参与和完成

1. 针对学生特长，制定个性化培养方案。教学模式实行工作室制，教学方式方法灵活、多样。人才培养模式主要实行学生个性化培养。工作室根据每位学生的特长，为其制定个性化培养方案，然后结合工作室实际研究课题或产品开发项目组织丰富多彩的课题（项目）攻关或相关教学活动。

2. 分解真实项目，便于学生参与和完成。基于校企共同体的工作室，有自己独特的优势，让学生参与真实课题（项目）不仅成为可能，而且固化为工作室进行个性化人才培养的一项基本举措。由于与企业的长期合作和磨合，学校教师已经完成了角色互换，学校教师既是学校专业教师，又是企业的技术员工。因此，工作室接到项目后，由工作室负责人指定一位对该项目擅长的团队教师负责该项目，并在充分考虑工作室特殊教学组织形式的基础上，对项目进行整体教学设计；然后，由该教师落实若干位教师和学生组成项目组；在指导教师的带领下，项目组成员一起参与项目的分析，并由教师分解复杂的项目，尽量分解到足够具体、足够细致，再根据每位学生的特长及在工作室学习时间的长短，由学生在教师的指导下独立完成各切块项目。学生在分头完成项目的过程中，指导教师及时关注项目的进展情况并分阶段集中学生进行项目进展汇报和总结，查找问题，及时发现问题并改进完善，确保项目的顺利进行（见图3-22）。

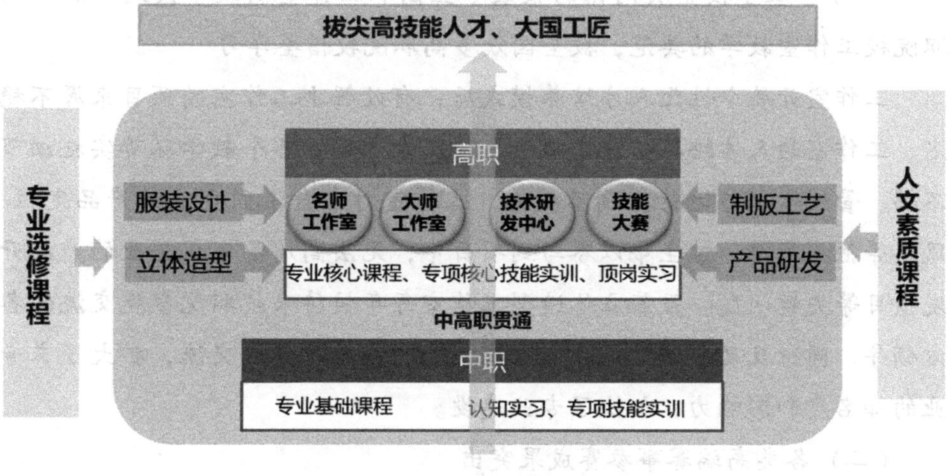

图3-22 工作室导师制培养模式

（三）引入企业员工考核办法，学生考核重能力重素养

工作室制人才培养模式下对学生的考核，引入企业对员工考核办法，对学生考核重能力重素质。服装立体造型工作室在实施工作室制人才培养模式后，克服应试教育考试模式“在考试内容上，重知识轻能力；在考试过程中，重结果轻过程；考试方式比较单一，经常是一张试卷；对考核结果不作分析，缺少信息反馈”等弊端，对考试方式进行改革，以进一步发挥考试所特有的评定、检测、诊断、反馈和激励等功能，实行项目绩效考核。即按课题（项目）对学生进行考核，既有过程考核，又有终结考核。如，将项目划分为若干个子任务，每个子任务完成后，指导教师即对学生

进行阶段效果评价；整个项目完成后，工作室成员共同参与对该项目参与人员进行最终评价。

引入企业对员工的考核方式，就是让学生真切感受企业管理的严格细致，从而促使其在学校期间就能自觉加强自我约束。

二、成果成效

（一）“基于校企共同体的服装专业高职工作室制教学模式”成为高职院校工作室教学的典范，被全国众多高职院校借鉴学习

工作室开展个性化人才培养模式后，有效解决工作室的项目来源不稳定、工作室的人才培养功能发挥不足、探索工作室各个教学环节实施细节不够、管理体制与运行机制不健全，工作室对来自不同企业的产品定位、风格等把握不准，学生难以参与到项目中，无法高质量完成企业的产品开发项目等关键问题。服装立体造型工作室每年接待来杭职院参观交流的各方领导、同行及兄弟院校师生上百次，通过经验、学术交流，扩大了本专业的知名度和影响力，加快了专业建设。

（二）各类高端赛事参赛成果突出

服装设计与工艺专业近七届学生参加职业院校学生技能大赛，获国家级金奖 12 项，全国纺织服装专业学生职业技能标兵 4 项。2020 年朱敏敏同学在第十一届全国职业院校学生服装制版与工艺技能大赛中获得了一等奖的第一名，并获得“最佳创意设计奖”，获得了“服装制版师”技师（国家职业资格二级）证书和全国纺织学生技能标兵称号，在第一届职业技能大赛中，再创佳绩获得全国第六名，顺利进入国家队，拿到“高级技师”证。

（三）教师深度参与企业产品研发，实践技能显著提升

以基于校企共同体的工作室为平台，依托合作公司的人力资源优势，校企共同实施团队教师能力提升计划，教师与企业的联系与沟通加强了，

并以项目为载体，以校企合作为纽带，使教师在工作室的“立地式”的研发工作中不断提高自身的应用和创新能力。

(四) 毕业生就业单位好，工作反响佳

工作室学生张霞、王佳凤、岳艳等同学分别被各院校录用为专业教师，并在2019年的教师服装专业技能大赛中分获绍兴地区和杭州地区第一名（见图3-23、图3-24）。

图3-23 全国职业院校学生服装制版与工艺技能大赛一等奖证书

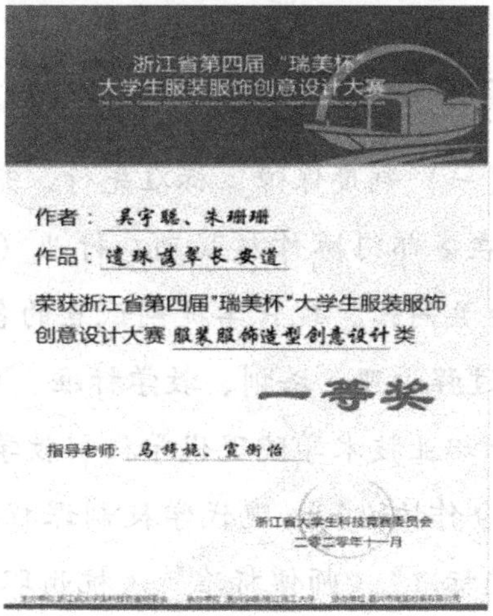

图3-24 浙江省大学生服装服饰创意设计大赛一等奖证书

案例3-9：

新活力，新作为：依托“校企共同体”深入推进现代学徒制育人改革

为促进行业、企业参与职业教育人才培养全过程，实现专业设置与产业需求对接，课程内容与职业标准对接，教学过程与生产过程对接，提高人才培养质量和针对性，国家启动现代学徒制改革。中国特色现代学徒制本质特征是“为党育人、为国育才”，育人目标是“大国工匠、能工巧匠”，实施基础是“多元协同、校企双责”①。杭职院成为第二批全国现代学徒制试点单位，学校依托校企共同体优势着力推进现代学徒制人才培养模式改革。探索建立“企业主体、学校主导”的校企共同体合作育人机制，尝试“招生即招工，入学即入职”“先招生、后招工”等多种联合招生机制，全面推进了现代学徒制人才培养模式。人才培养成效显著，引得企业争相投入，学徒班也成为学生和家长的“第一选择”，现代学徒制相关研究成果丰硕，基于校企共同体的现代学徒制人才培养模式改革成为全国示范。

一、主要做法

（一）制度保障，标准先行，充分保障现代学徒制管理规范

在多部门协作与联动、行业（企业）共同参与下，建立和完善基于“校企共同体”现代学徒制试点的各类标准，包括针对学徒培养的招生招工、过程管理、培训、教学标准、质量评估等方面的制度与标准，出台了《杭州职业技术学院现代学徒制教学管理实施办法（试行）》《现代学徒制试点合作协议》《现代学徒制课程标准》《岗位标准》《毕业出师标准》《学徒标准》《师傅标准》《杭州职业技术学院学徒制考核评价办法》，明

① 胡新岗，黄银云，沈璐．中国特色现代学徒制的时代意蕴、推行逻辑和优化路径［J］．教育与职业，2022（21）：102－106．

确了学校、企业、学生三方责权利，明确师徒管理要求，规范教学管理过程，签订师徒协议，加强师徒考核和激励，建立健全现代学徒制的支持政策和配套措施，形成现代学徒制的长效机制。

（二）真实环境，跟岗培养，构建产教融合型学徒培训平台

一是设立了学徒培训中心。在合作企业生产岗位新增“培训”功能的基础上，依托合作企业资源优势，建立专门设置用于学徒岗位基础能力培训的学徒培训中心，确保现代学徒制中“教与学”主要在企业真实的生产环境中进行。学徒培训中心选择一名工艺主管担任车间主任，专职负责学徒基础技能培训，学校教师担任车间副主任，主要负责与基础技能配套的理论教学。二是开辟了“0号工位”。如西子航空工业学院的“0号车间”，特种设备学院的跨企业电梯学徒培训中心在跟岗培养阶段，每个生产车间设置一定数量的“0号工位”，由选拔结对的师傅进行工位实践培养。

（三）招生招工一体，专项激励，提升学徒留任率

一是实施“招生即招工”“先招生、后招工”等多种联合招生机制。由学生报名，学生企业双向选择，通过测试和面试，企业确定招工人选，举行拜师仪式、开班仪式并发放录取通知书。二是通过各种激励措施提升“学徒留任率”，如参与现代学徒制培养的学徒，毕业后正式入职企业的，分三年返还两年学费；毕业后服务企业满三年的学徒，可以享受企业提供的无息住房贷款；待学徒毕业后，若签署正式劳动合同，工作表现优秀的学徒试用期可缩短。

（四）互兼互聘，双向交流，打造校企互聘共用的师资队伍

出台了《现代学徒制师资管理办法》《现代学徒制师傅标准》等管理与激励制度，企业选拔了优秀高技能人才担任师傅，建立了行业师资库，明确师傅的责任和待遇，定期考核，同时享受带徒津贴。目前在库师傅超过1000人。仅电梯工程技术专业就建立了由教授级高工3人、高工84人、博士后2人、博士8人、博导2人组成的学徒制的企业专家队伍。

（五）标准融入，双主体育人，推进教学形态改革

一是校企共同确定人才培养规划，制定人才培养方案，将行业企业相关的职业资格标准融入课程内容，开发现代学徒制课程。例如，电梯工程技术专业构建了“梯级递进、学岗融通”课程体系（见图3－25），在四大工作任务基础上，以七大电梯模块为载体，重点建设《电梯维修与保养》等专业骨干课程，实施技能阶段化培养（电梯维保、电梯装调、电梯大修三个阶段）。

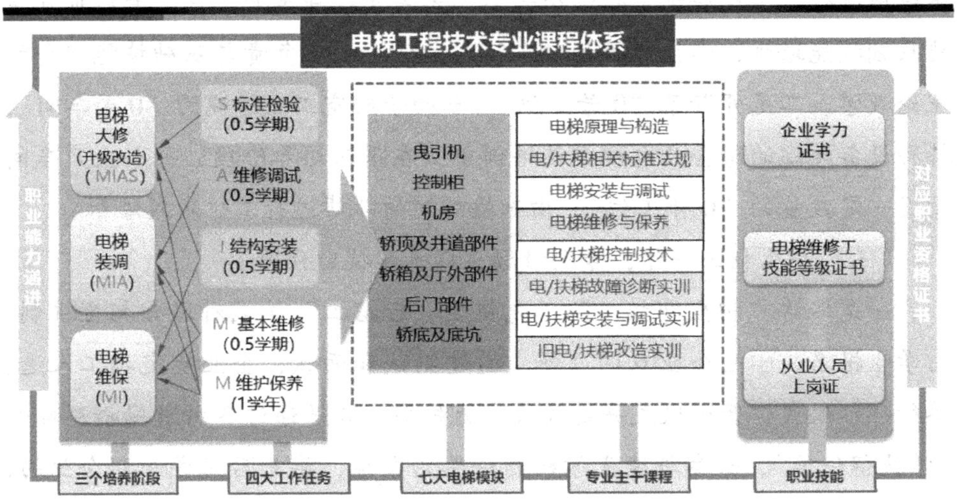

图3－25　电梯工程技术专业学徒制课程体系示意图

二是实施小班化、导师制、实训环节分组分批实施、双师合作授课等形式多样的教学模式改革，采用看板教学法、可视化教学法、模型教学法、错误案例剖析法等，实现教法改革。

二、成果成效

（一）企业认可：学徒培养成为企业争相合作的“首选路径”

学校现代学徒制人才培养质量得到合作企业的高度认可，学生留企率

均达50%以上，企业争抢毕业生。学生技术技能水平提升显著，学校与西子航空工业有限公司共同培养的学生直接参与C919国产大型客机101架机的重要零部件生产，其中一名学生受邀参加C919国产大型客机首飞现场观礼，成为全国唯一有学生参与C919大型客机项目的高职院校。该案例入选《中国高等职业教育人才培养质量年度报告》，并被教育部职业教育与成人教育司司长王继平点名表扬。

（二）学生认可：学徒班成为学生和家长的"第一选择"

经过现代学徒制培养的学生，其职业技能、职业素养以及工作经验方面都有了大幅的提升，明显优于非学徒制班的学生，受到雇主企业普遍欢迎，就业竞争力显著提高，薪资水平居同类学校前列。体面就业引得学生与家长争相报名参加现代学徒制试点班，成为学生与家长的第一选择。

（三）同行认可：杭职院的现代学徒制人才培养模式改革成为"一面旗帜"

学校领衔发起成立全国现代学徒制研究中心，大力推动现代学徒制研究。近三年，教师开展现代学徒制相关研究百余项，其中市厅级以上课题超过50项。学校以"现代学徒制"为主要研究方向的"现代职业教育研究中心"被立为杭州市重点哲学社会科学研究基地。相关成果在全国推广，现代学徒制"杭职模式"在全国高职高专校长联席会议年会、山东省现代学徒制工作推进会、杭州市全市中职教育现代学徒制试点工作培训会等会议作报告百余场，向全国100多所学校作专题介绍和推广，累计接待全国200余所院校前来考察学习。

（四）内涵提升：现代学徒制倒逼"三教改革"，杭职院内涵建设全面提升

现代学徒制人才培养倒逼"三教改革"，学校内涵建设全面提升，学校"校企共同体"金字招牌进一步擦亮，学校发展进一步凸显高、强、特。近两年，学生获省级及以上技能大赛奖项超过150项；开发校级在线

精品课程98门，建有省级以上在线开发课程22门；建设智慧课堂40门，其中8门被评为浙江省高职院校“互联网+教学”优秀案例；培育开发新形态教材100本；主持或参与制定国家或行业标准达12项；获省部级（行业）以上教学成果奖11项；教师获省级以上奖项21项；常驻学校企业兼职教师达78名。

第三节　国际化合作办学改革实践

改革开放40多年来，中国职业教育国际化经历了从单向“引进来”到逐步“走出去”的过程。中国的职业教育国际化起步于学习和引进德国、澳大利亚和英国等发达国家的先进经验与办学模式，并在此基础上探索适应本土发展需求的路径。

2020年6月，《教育部等八部门关于加快和扩大新时代教育对外开放的意见》中指出，职业教育领域，中国将在借鉴“双元制”等办学模式、引进国外优质职业教育资源方面取得政策突破，鼓励有条件的国内职业院校与企业携手参与国际产能合作。同时，着手打造“一带一路”国际技能大赛等品牌赛事，扩大国内有关技能赛事的国际影响力。实施职业院校教师教学创新团队境外培训计划。2022年4月20日，第十三届全国人民代表大会常务委员会第三十四次会议对《中华人民共和国职业教育法》进行了修订，新修订的职业教育法鼓励职业教育领域的对外交流与合作，支持引进境外优质资源发展职业教育，鼓励有条件的职业教育机构赴境外办学，支持开展多种形式的职业教育学习成果互认。加快推进职业教育国际化，以开放促改革发展、全面提升职业教育人才国际能力具有战略意义。

近年来，杭州职业技术学院在“一带一路”倡议背景下，积极推动办学“走出去”。推进对非合作，创新打造“校校企”“政行企校”联动等人才培养模式，在国际化合作办学培养人才方面取得了新进展。

案例3－10：

推进对非合作，服务“一带一路”建设

职业教育对外开放办学是教育发展的基本规律。“一带一路”倡议背景下，高职教育“走出去”不仅是解决企业“走出去”过程中技术人才严重短缺等问题的重要抓手，还是推进中国优质职业教育资源对外输出共享，提升中国特色职业教育国际影响力、促进中外文化交流的重要载体。中国和南非均为发展中大国和新兴市场国家，在重大国际事务和热点问题上有着广泛共识，在经贸合作和文化交流上有着深度的合作。2018 年，习近平主席与拉马福萨总统擘画了深化中南交流合作蓝图。作为以技术技能培养为特色的公办高职院校，杭职院主动融入国家战略，着眼于服务“一带一路”建设和中资企业“走出去”发展，紧抓中非合作的有利契机，大力推进对非职业教育交流与合作。通过整合政府、行业、企业、学校多方资源，搭建“一学院一工坊一学堂”平台（见图 3－26），推动优质职业教育资源面向南非等“一带一路”沿线国家输出，探索“技能＋文化”校企双元联合培养提升所在国劳动力素质的新路径，解决“走出去”中资企业、当地企业可持续发展对高素质技术技能人才的需求问题，向国际职业教育界发出“中国声音”，展示“中国形象”，输出“中国模式”。

一、主要举措

（一）开展留学生教育，打造留学教育品牌

2018 年，学校启动实施南非留学生项目，首批招收 19 名电梯专业南非留学生，创新实施“技能＋文化”的校企双元联合培养模式（见图 3－27），学生一半时间在学校学习专业和文化知识，一半时间在合作企业实习实践。留学生毕业后直接签约杭州海兴电力科技股份有限公司南非分公

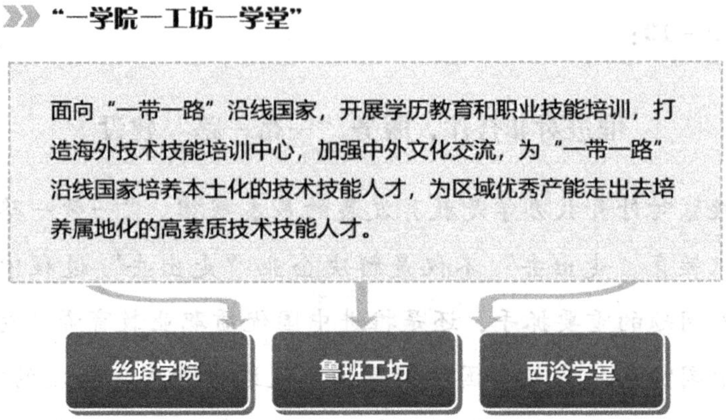

图 3-26　搭建"一学院一工坊一学堂"的走出去办学路径

司，既有效解决了留学生的就业问题，也解决了南非中资企业境外员工用工难、文化融合难等问题。该项目获南非工业和制造培训署署长亚当斯的高度评价。

图 3-27　留学生"技能 + 文化"校企双元联合培养示意图

（二）建设海外"丝路学院"，助力优质产能输出

2019 年 9 月，杭职院作为浙江省高职院校代表陪同时任浙江省省长袁家军出访南非，出席"一带一路"浙商行（非洲站）系列活动之中国

（浙江）—南非（东开普）经贸交流论坛。在袁家军省长和东开普省长奥斯卡·玛布雅尼的共同见证下，杭职院分别同南非东开普中心技术职业教育培训学院和南非沃特苏鲁大学签订合作备忘录，启动“丝路学院”建设。双方高校围绕汽车检测与维修、机械制造、电气自动化、市场营销、旅游管理等专业开展合作。

（三）承接援外培训项目，提升国际服务水平

积极承接商务部、国家国际发展合作署、浙江省商务厅等援外培训项目，制定相关管理制度，完善援外培训运行机制，逐步将援外培训打造成对外服务品牌项目。面向肯尼亚、赞比亚等非洲“一带一路”国家产业界、教育界官员和院校教师开展技能培训，累计培训人数达260多人，广受好评。通过实施援外培训项目，为“一带一路”沿线国家经济社会发展和“走出去”中资企业培养了一批本土化人才（见图3－28）。

研修班学员学习剪纸

研修班汽车实操场景

研修班开班仪式

研修班理论课现场

图3－28　承接各类援外培训

（四）承办“丝路学院”校企对话会，共商校企合作新模式

2019年5月，杭职院承办了浙江省教育厅、浙江省商务厅召开的共建“一带一路”丝路学院校企对话会，与会单位共商校企合作新模式，探讨发挥浙江特色优势，通过政府、院校、中介机构和企业多方协作，“走出去”到“一带一路”沿线国家共建“丝路学院”，共同搭建“一带一路”国际化人才培养平台，有效缓解当前浙江企业“走出去”水土不服、跨国经营管理能力弱等问题，突破“走出去”国际化人才瓶颈。会上，浙江省教育厅、浙江省商务厅共同签署了《省教育厅省商务厅合作共建“‘一带一路’丝路学院”谅解备忘录》，杭职院与海兴电力股份有限公司签订了共建“丝路学院”意向。

二、成果成效

（一）荣获世界职业院校与技术大学联盟（WFCP）卓越奖

世界职业院校与技术大学联盟是世界高等职业教育领域最大、最具影响力的多边非政府国际组织，旨在支持促进各国间职业教育的交流与国际合作，分享和推广最佳实践案例，促进全球职业技术教育发展。2020年，杭职院荣获世界职教院校联盟卓越奖“促进学习与就业”项目铜奖，也是唯一入围该奖项类别的中国院校（见图3-29）。

图3-29 世界职教院校与技术大学联盟卓越奖、南非留学生项目获世界职业教育大会优秀案例

（二）入选浙江对非高等教育合作伙伴计划成员

为进一步深化对非交流合作，浙江省启动对非洲交流与合作计划，杭职院入选浙江对非高等教育合作伙伴计划成员，该计划旨在鼓励浙江省内院校拓展对非合作，切实帮助非洲提升能力建设。2020年9月14日，杭职院校长徐时清作为浙非高等教育合作伙伴计划成员单位代表受邀参加“疫往情深·浙非同行”部分非洲国家驻华使节浙江行交流会活动。

（三）南非留学生项目入选“2019中国（西安）世界职业教育大会优秀案例”

杭职院不仅为南非留学生提供了优质的管理和服务，还以就业为导向积极与南非的中资企业进行对接合作，15名留学生被海兴电力科技股份有限公司南非公司成功录用，真正实现了“留学+就业”的项目初衷，有效解决了在南中资企业的招工难问题。该项目学生中，1人获浙江省来华留学生政府奖学金，6人获杭州市来华留学生政府奖学金。项目入选“2019中国（西安）世界职业教育大会优秀案例”（见图3-29）。

（四）聚焦属地人才培养获得显著成效

杭职院主动作为，积极服务“一带一路”建设，依托校企合作的体制机制创新、资源聚合优势，积极推进对非合作，加快培养属地人才，服务中国企业海外经营、国际产能合作。学校培养的南非留学生80%被海兴电力科技股份有限公司南非公司成功录用，真正实现了“留学+就业”的项目初衷，有效解决了在南中资企业的招工难问题。

（五）着力推进职教成果的海外输出

杭职院着力推进“中文+职业技能”项目，助力中国职业教育走出去，提升国际影响力。开发了电梯、酒店管理等专业英语/双语留学生课程51门，开发了高职教育课程国际标准1项，双语课程和教材向外输出国家达2个，新增海外分校（丝路学院）境外招生25人。

（六）中非（尼日利亚）丝路工匠学院入选首批“一带一路‘丝路学院’”

2021 年 1 月，受教育部国际司委托，中国教育国际交流协会组织实施“未来非洲——中非职教合作项目”，杭职院入选首批试点院校，与尼日利亚 YABA 职业技术学院合作开启中非（尼日利亚）丝路工匠学院建设（见图 3－30）。

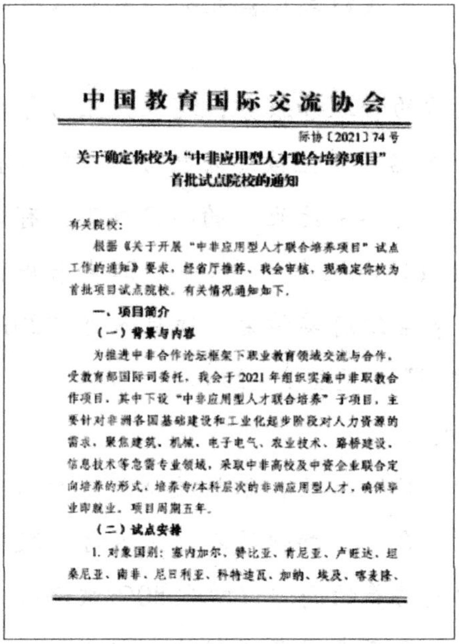

中国教育国际交流协会

际协〔2021〕74 号

关于确定你校为“中非应用型人才联合培养项目”首批试点院校的通知

有关院校：

根据《关于开展“中非应用型人才联合培养项目”试点工作的通知》要求，经省厅推荐、我会审核，现确定你校为首批项目试点院校。有关情况通知如下。

一、项目简介

（一）背景与内容

为推进中非合作论坛框架下职业教育领域交流与合作，受教育部国际司委托，我会于 2021 年组织实施中非职教合作项目，其中下设“中非应用型人才联合培养”子项目，主要针对非洲各国基础建设和工业化起步阶段对人力资源的需求，聚焦建筑、机械、电子电气、农业技术、路桥建设、信息技术等急需专业领域，采取中非高校及中资企业联合定向培养的形式，培养专/本科层次的非洲应用型人才，确保毕业即就业。项目周期五年。

（二）试点安排

1. 对象国别：塞内加尔、赞比亚、肯尼亚、卢旺达、坦桑尼亚、南非、尼日利亚、科特迪瓦、加纳、埃及、喀麦隆、

附件

首批项目试点院校名单

序号	院校名称	合作国别
1	天津轻工职业技术学院	埃及
2	重庆工程职业技术学院	坦桑尼亚
3	南京工业职业技术大学	肯尼亚/赞比亚
4	无锡职业技术学院	南非
5	江苏建筑职业技术学院	冈比亚/喀麦隆
6	杭州职业技术学院	尼日利亚
7	金华职业技术学院	卢旺达
8	浙江机电职业技术学院	肯尼亚
9	宁波职业技术学院	津巴布韦
10	潍坊职业学院	加纳
11	日照职业技术学院	加纳
12	成都航空职业技术学院	塞内加尔
13	四川建筑职业技术学院	塞内加尔
14	深圳职业技术学院	科特迪瓦

图 3－30 “中非应用型人才联合培养项目”首批试点院校的文件通知

2022 年 6 月，浙江省教育厅、浙江省商务厅公布了首批“一带一路‘丝路学院’”，杭职院中非（尼日利亚）丝路工匠学院成功入选（见图 3－31）。

浙江省教育厅
浙江省商务厅 文件

浙教函〔2022〕39号

浙江省教育厅 浙江省商务厅关于公布首批“一带一路‘丝路学院’”的通知

各设区市教育局、商务局、各高等学校：

为深入贯彻国家高质量推进“一带一路”建设的总体部署，我省启动了“一带一路‘丝路学院’”建设，重点鼓励高校与“走出去”企业携手，到“一带一路”沿线国家举办境外合作办学机构。2021年10月，省教育厅、省商务厅共同发布《关于推进“一带一路‘丝路学院’”建设的指导意见》，明确了“丝路学院”建设要求，并面向全省高校开展了“丝路学院”信息申报工作。经审核，现将我省首批29所“丝路学院”予以公布（见附件）。

各“丝路学院”要充分发挥技能培训、人才培养、国别研究、政策咨询、教育文化交流等作用，不断规范管理，努力提升服务“一带一路”质量，同时各校要依托“丝路学院”讲好“中国故

12		中贝丝路学院/中非（贝宁）职业技术教育学院	2016.01	贝宁
13	温州职业技术学院	温州职业技术学院亚龙丝路学院	2018.07	柬埔寨
14	浙江旅游职业学院	中俄旅游学院	2017.11	俄罗斯
15		中塞旅游学院	2019.07	塞尔维亚
16		中意厨艺学院	2020.11	意大利
17	杭州职业技术学院	中非（尼日利亚）丝路工匠学院	2022.01	尼日利亚
18	浙江商业职业技术学院	西班牙中餐学院	2019.12	西班牙
19		中尼商学院	2017.09	尼泊尔
20	浙江金融职业学院	浙金院·华立丝路学院	2021.01	泰国、墨西哥、乌兹别克斯坦
21	浙江经贸职业技术学院	中乌经贸丝路学院	2021.06	乌克兰
22		康博丝路学院	2021.04	马来西亚
23	浙江经贸职业技术学院、浙江机电职业技术学院	泰中罗勇丝路学院	2019.06	泰国
24	浙江建设职业技术学院	中菲“一带一路”建筑技能人才丝路学院	2019.05	菲律宾
25	浙江纺织服装职业技术学院	中罗丝路工匠学院	2019.09	罗马尼亚

图3－31　入选首批“一带一路‘丝路学院’”的文件通知

案例3－11：

“校校企”联动：在中菲院校合作中探寻酒店人才培养新模式

作为东盟主要成员国，菲律宾第三产业在国民经济中占据突出地位，旅游产业对酒店管理等专业的应用型人才需求较大。处在“后峰会、亚运会”发展期的杭州高端酒店业高素质技术技能型人才流失严重，人才培养与旅游业、酒店业发展需求之间存在突出矛盾。2019年杭州市政出台“人才生态37条”，实施全球大学生招聘计划，对来国（境）外来杭实习的学生，每月给予4000元补贴。

鉴于此，杭职院以服务国家“一带一路”倡议为目标，紧扣杭州城市国际化发展战略定位，聚焦菲律宾优质劳动力资源，对接杭州“后峰会、亚运会”时期承办国际会议、国际赛事、大型会展等对高端酒店管理服务

人才需求，以“学校主导、企业主体”为原则与杭州君悦酒店等国际高端酒店开展深度合作，面向“一带一路”沿线国家搭建留学生培养教育平台。

一、主要做法

与杭州君悦酒店等一批高端酒店合作，面向菲律宾八打雁州立大学、菲律宾唐·博斯科大学等高校，开展酒店管理专业留学生教育。创新实施“文化＋技能”校企联合双元定制培养模式，通过校企联合定制化的“小班化”培养，实现从来华留学到就业的“直通”，为杭州打造国际会展之都、赛事之城提供人才支持。

（一）以促进就业为导向，创新人才培养模式

依托杭职院“校企共同体”办学体制机制优势，有效整合政府、行业、企业、学校多方资源，采用“文化＋技能”的校企联合双元培养教育模式。在内容上，项目理论和实践课程按照君悦酒店岗位标准高端定制，融入中国文化、企业文化相关内容，实施精准培养。在教学上，引入君悦酒店行业标准和管理流程，由杭职院旅游酒店管理专业优质师资和君悦大酒店高级培训师共同给学生授课。学生部分时间在学校接受文化、理论和技能学习，部分时间赴君悦大酒店接受顶岗实习。毕业后，学生可直接进入杭州君悦酒店工作，实现从来华留学到就业的“直通”。

（二）以汉语教学为载体，建设云端教学平台

疫情常态化背景下，立足杭州高端酒店业高素质技术技能型服务人才需求，联合杭州君悦酒店共同制定标准、设计教案，实施“中文＋职业技能”云端培训。制作酒店管理专业对外汉语（初级、中级、高级）微课系列视频，编写《酒店管理工业汉语》教材，面向菲律宾八打雁州立大学、菲律宾唐·博斯科大学等丝路学院等学生开展对外汉语教学。

（三）以文化交流为纽带，弘扬中国传统文化

依托学校国家级非遗教学资源库，开发金石篆刻、剪纸两门非遗课程

双语云端教学资源，使学生感受中华传统优秀文化的魅力；搭建中菲两国青年交流学习平台，以中菲传统文化为主题设计开展丰富多彩、多种形式的文化活动，举办中菲文化交流活动——“花好月圆，元宵甜”活动、才艺展示短视频大赛等，让中国传统文化走进菲律宾，加深两国青年间的相互理解与友谊，增进项目学生知华友华的情怀。

二、成果成效

（一）职教成果及文化输出覆盖面不断扩大

杭职院面向菲律宾八打雁州立大学、菲律宾唐·博斯科大学等丝路学院等学生开展的“中文＋职业技能”云端培训对外汉语教学累计培训量达620人/日。2020年11月，菲律宾留学生酒店管理汉语云端课堂开课仪式隆重举行，菲律宾唯一覆盖全国、用三种语言制作的电视节目《菲中新闻台》播出杭职院云端课堂开课仪式的报道。

（二）搭建形成了来华留学生就业“直通车”

杭职院与杭州君悦酒店等一批高端酒店、菲律宾八打雁州立大学等院校合作实施酒店管理专业留学生项目，“校校企”联合开展中菲高端酒店高素质技术技能人才定制培养。留学生经过在学校接受文化、理论和技能学习，赴君悦大酒店接受顶岗实习等方式快速了解酒店管理模式等。毕业后，学生可直接进入杭州君悦酒店工作，实现从来华留学到就业的“直通”。2021年，入选第四批“中国—东盟职业院校特色合作项目”。

案例3－12：

“政行企校”联动，推进国际化动漫人才培养

杭州是“动漫之都”“电商之都”，引领全国数字文化创意产业发展前沿。杭职院依托动漫设计中外合作办学项目和中国国际动漫节的节展资

源，探索“政府推动、行业引领、企业主体、学校主导”四方协同育人机制，通过“引进来”“走出去”双轮驱动、协同发展，创新了高职国际化办学，以国际化的视野、开放的办学理念，为杭州动漫游戏产业培养了一大批高素质技术技能人才，以高质量的人才输出服务杭州“动漫之都”建设。

一、主要做法

（一）精准对接，合作办学，协同共育国际化动漫设计人才

聚焦优质资源，精准“引进来”。紧扣区域主导产业升级需求，引进职教发达国家课程体系、管理模式，打造示范性的中外合作办学品牌。随着新技术、新产品的迭代升级和新型文化业态的持续涌现，对创意设计人才培养提出了前所未有的挑战。杭职院通过精准分析区域内主导产业的转型升级需求，以动漫设计专业与新西兰维特利亚学院合作办学项目为抓手，引进外方先进的教育资源和职业教育办学经验，重构“创意＋设计”国际化课程体系，形成兼顾本土化和国际化的先进教学方法，打造国际化人才培养高地。

（二）政行企校，四方联动，共推国际化“三教改革”

依托动漫设计中外合作办学项目和中国国际动漫节的节展资源，探索“政府推动、行业引领、企业主体、学校主导”四方协同育人机制，通过“引进来”“走出去”双轮驱动、协同发展，创新了高职国际化办学，以国际化的视野、开放的办学理念，为杭州动漫游戏产业培养了一大批高素质技术技能人才，以高质量的人才输出服务杭州“动漫之都”建设。

依托动漫设计中外合作办学项目，11 名中方教师赴新培训获得课程认证；与 8 名新方教师组建国际化教学团队，形成集体备课、“线上＋线下”授课、作业批改和个性化指导等课堂教学模式创新，三年期间编写新形态教材 4 本，专著 1 本，举办中新课程成果展 4 场。

依托政府、行业和企业资源，聘请《黑猫警长》导演戴铁郎、《铁臂阿童木》导演月冈贞夫教授先后担任学院名誉院长；定期为师生开设论坛和学术讲座，指导国际化专业建设工作；聘请合作企业50余位一线插画师、动画师、漫画家、平面设计师作为专业群的兼职导师团队，深入推进产教融合。

（三）双语教学，双师授课，打造高校教学课堂

项目内近40%的课程由新方教师进行授课，考虑到高职学生英语听说能力普遍较弱的实际情况，外教课程的教学采用双师或多名导师共同授课方式，新方英语授课，中方助讲为双语授课，视情况配备1—2名中方助教。

（四）项目驱动，产教融合，推进校企合作的国际化进程

着力引领共享，精准"走出去"，紧扣中资企业"走出去"和国际产能合作发展需求，以翻翻动漫集团等企业国际化项目合作为契机，引进国际标准与规范，让师生的作品"走出去"；通过国际化动漫人才培养、国际合作项目输出、海外专家访问交流、节展服务等助力杭州"动漫之都"建设。

二、成果成效

（一）输出高质量人才助力杭州"动漫之都"建设

杭职院以行业需求为导向，把握发展平台、找准专业定位、提升人才培养质量，推动学生作业向作品、作品向产品、产品向商品的转化。与知名设计公司及科研院所合作，将真实项目有机融入课堂教学，坚持把"课程作品"培育成"设计产品"，再孵化成"文创商品"，为杭州动漫、文创产业的发展注入新活力。2021年，杭职院"服务'一带一路'：高职院校国际化产教融合协同育人创新实践"获浙江省教学成果二等奖。

（二）培育了崇尚创新的国际化专业文化品牌

杭职院以赛促学，以展促教，以中国国际动漫节、米兰设计周——中

国高校设计学科师生优秀作品展、中国新星杯故事型原创漫画大赛等国际性节展和赛事活动为载体，拓宽国际交流合作领域，以赛促学，以展促教，培育崇尚创新的国际化专业文化品牌。2019年参加南非旅游产品设计比赛获银奖1组，铜奖2组；2020—2021年参加米兰设计周——中国高校设计学科师生优秀作品展获全国二等奖1项，三等奖4项。

本章小结

杭职院从专业群改革实践、人才培养模式改革实践和国际化合作办学改革实践三个方面出发，坚持问题导向、精准发力，实现了创新发展：在专业群改革实践方面，杭职院通过专业规划及动态调整，深耕专业数字转型升级，服务杭州“5+3”产业集群发展，建设了一批与产业吻合度高、融合深入的优势专业，助推“校企共同体”迭代升级。围绕电梯工程技术专业群和服装设计与工艺专业群两个特色专业群体，结合专业特色，不断深化产教融合、校企合作办学特色，坚持产学研用一体化。如电梯工程技术专业群按照专业设置与电梯产业需求对接、课程内容与电梯职业标准对接、教学过程与电梯生产服务过程对接的要求开发、融入行业标准，构建了类型特色鲜明的电梯专业教学新形态。服装设计与工艺专业群依托与全球知名丝绸女装企业——达利集团共建的校企共同体体制机制优势，率先试点“1+X”证书制度改革，实现“岗位基本能力”和“岗位拓展能力”培养双线并进，对接X证书标准实施课证融通，以赛促学、以创新促变推进课程互融，创新重构了“岗课赛证创”五位一体的专业群课程体系。

在人才培养模式改革实践方面，杭职院不断创新校企合作人才培养模式，形成“一体两院”的电梯类技术技能人才育人生态格局、深化纺织服装创新型技术技能人才培养“双元模式”、采用“导师制”多渠道培养女装技术技能拔尖人才。同时探索建立“企业主体、学校主导”的校企共同体合作育人机制，尝试“招生即招工，入学即入职”“先招生、后招工”等多种联合招生机制，全面推进了现代学徒制人才培养模式。

在国际化合作办学改革实践方面，杭职院在“一带一路”倡议背景下，积极推动办学“走出去”。一方面推进对非合作，创新开展“校校企”联动，在中菲院校合作中探寻酒店人才培养新模式；另一方面拓展实施“政行企校”联动，推进国际化动漫人才培养，在国际化合作办学培养人才方面取得了新进展。

第四章
基于校企共同体迭代升级的“三教”创新改革

“三教”改革则是校企共同体进一步深入发展的核心内容，是检验校企共同体建设成效的关键，“三教”改革同“校企共同体”建设是有效融为一体的，两者存在着相互促进、共同演进的逻辑关联。

第一节　教师队伍建设改革实践

国家对加快建成一支师德高尚、素质优良、技艺精湛、结构合理、专兼结合的“双师型”教师队伍有着明确的要求。杭职院高度重视高水平师资队伍建设，持续深化“人才强校战略”，按照“弘扬师德、分类施策、专兼职教师两手抓”的建设思路，实施“固本”和“借智”双轮驱动策略，完善绩效分配、考核评价、人才服务机制，加强组织领导、管理制度建设、考核检查、经费投入，激发教师队伍活力，全面推进高水平双师队伍建设，为高质量推进国家“双高计划”建设、实现“数智杭职、工匠摇篮”战略目标，加快建设国内一流、国际上有较大影响力的“高职名校”提供强有力的智力支持和人才支撑（见图4－1）。

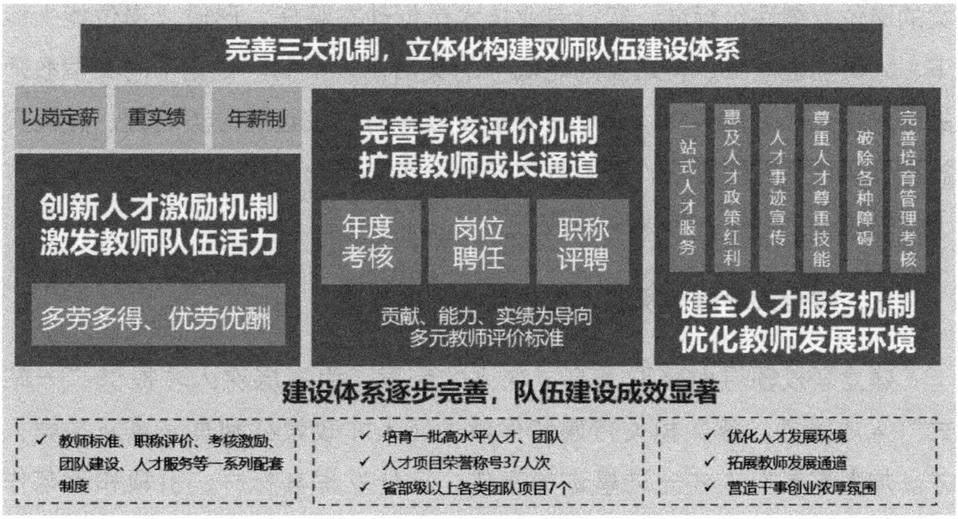

图 4－1　杭职院双师队伍建设体系示意图

一、创新人才激励机制，激发教师队伍活力

完善绩效工资分配制度，以教师分类管理为前提，以业绩贡献和能力水平为导向，优化重实绩、重贡献的薪酬体系，更多体现以岗定薪，充分体现多劳多得、优劳优酬。结合高层次人才引进及名师培育计划，探索实施年薪制改革，设立特聘岗位，按能力水平定底薪，按岗位要求定津贴，实现多劳多得、优绩优酬。

二、完善考核评价机制，扩展教师成长通道

破除“五唯”弊病，建立以贡献、能力与实绩为导向的多元教师评价标准。完善年度考核、岗位聘任、职称评聘三种综合评价的教师考核评价体系。完善教师职称评聘改革，深化教师评价改革，撬动学校体制机制改革创新，探索以“代表性成果”和实际贡献为主要内容的评价方式，将具有创新性和显示度的成果作为评价教师科研业绩的重要依据，建立分层分

类的岗位业绩评价标准，实行专业技术岗位动态聘任，形成“岗位能上能下、人员能进能出、待遇能高能低”的灵活用人机制。根据不同类型教师的岗位特点和工作导向，建立适应学校教师岗位设置的分类管理、分类实施和分类评价管理办法，鼓励教师结合工作岗位，发挥自身特长，从根本上杜绝用一把尺子评价所有教师。

三、健全人才服务机制，优化教师发展环境

建立学校领导对接联系高层次人才制度，为高层次人才提供“一站式”人才服务，落实相关待遇和保障，让人才政策红利真正惠及各类人才。加大高层次人才先进事迹的宣传，充分发挥其标杆、引领和示范作用，营造尊重人才、尊重技能的良好氛围，吸引更多高层次人才来学校工作。完善高层次人才引进后的培养、管理、考核相关政策和机制，破除限制高层次人才发挥作用的各种障碍，激发人才干事创业的积极性和主动性。

案例4-1：

领军人才引领，结构化打造高水平双师团队

为全面落实《国家职业教育改革实施方案》《深化新时代教育评价改革总体方案》等精神，提升教师团队协作能力，打造高水平结构化的教师队伍，杭职院立项建设了60个教学创新团队、科研创新团队、人生导师团队，分别围绕“三教”改革、解决实际科研（技术）难题、学生思想引领等方面，开展攻关研究，提升人才培养质量（见图4-2）。

图4－2　打造四类教师团队示意图

一、主要做法

（一）以“教学名师”为核心，打造教学创新团队

聚焦专业建设、课堂创新、专业交叉融合等教改热点，立项了15个教学创新团队，围绕平台课程教学、“三教”改革等开展教学改革与研究工作，首期投入经费150万元支持团队建设。

（二）以“学术带头人”为核心，打造科研创新团队

聚焦技术服务转化、科技创新、前沿领域探索等职教科研方向，立项了20个科研能力突出、能解决实际科研、技术难题的科研创新团队，首期投入经费200万元支持团队建设，提升学校自主创新能力和服务社会能力。

（三）以“技能大师”为核心，打造技能竞赛指导团队

围绕学生技能竞赛、科技竞赛、创新创业竞赛等领域，立项了15个学生竞赛指导团队，首期投入经费150万元支持团队建设。

（四）以“专家型辅导员”为核心，打造人生导师团队

聚焦立德树人根本任务和学生成长成才，立项了10个学生人生导师团队，从思想引领、职业规划、心理咨询等领域对学生进行全面教育引导，深化“三全育人”综合改革，首期投入经费100万元支持团队建设。

二、成果成效

（一）高水平业绩成果量质齐升

在教学创新方面，获浙江省教学成果奖特等奖2项、一等奖2项、二等奖3项。在职业院校教师教学能力大赛中，获得国赛二等奖1项、三等奖1项，获得省赛一等奖3项、二等奖2项、三等奖2项。在科研创新方面，立项纵向科研项目国家级2项，省部级34项，近三年科研到款总额5599.24万元。在技能竞赛方面，在2021年全国职业院校技能大赛中获得全国一等奖1项、二等奖1项、三等奖2项，省赛一等奖7项、二等奖9项、三等奖25项。

（二）创新团队建设成效得到认可

2个专业团队入选国家级职业教育教师教学创新团队，2个课程团队入选国家级课程思政教学团队，2个专业团队入选首批浙江省职业教育教师教学创新团队，1个教师团队入选首批浙江省黄大年式教师团队。

案例4-2：

深化评价改革，激发教师职业发展内生动力

为全面落实《国家职业教育改革实施方案》《深化新时代教育评价改革总体方案》等精神，深化人才强校战略，开展“师德为先，质量导向”的教师评价机制改革，从目标、制度、标准、流程上不断优化教师评价工作，构建了一套涵盖教师任职标准、教师考核、岗位聘任、职称评审、绩

效分配的评价改革制度。通过“成果导向、注重实绩、分类评价”打造了一支高素质、专业化、创新型教师队伍，激发广大教师教书育人、干事创业的积极性和主动性（见图4-3）。

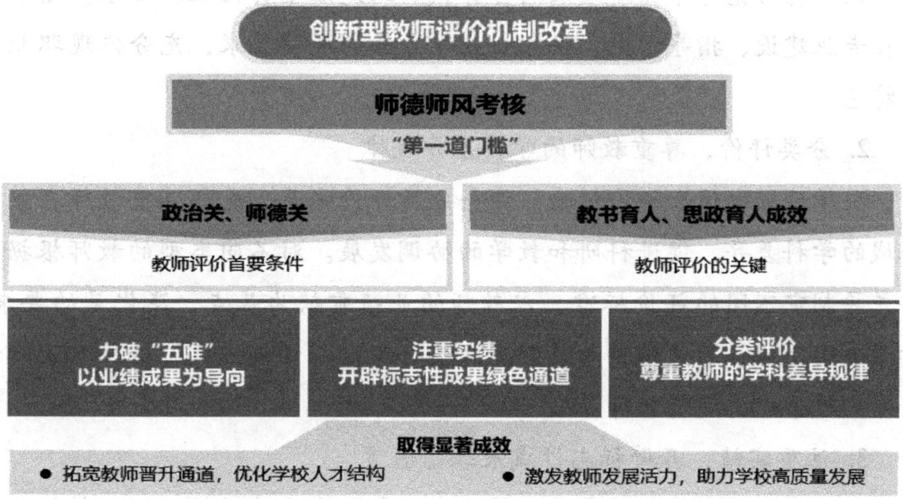

图4-3　学校创新型教师评价机制改革示意图

一、主要做法

（一）坚持严把师德师风考核，落实立德树人根本任务

杭职院始终将思想政治与师德师风考核作为教师评价的“第一道门槛”。一是将政治关、师德关作为教师评价的首要条件。构建校院两级思想政治与师德师风考核评价体系，对违法违纪、学术造假等品行不端行为实行“一票否决”。二是将教书育人、思政育人成效作为教师评价体的关键。加强评价指标的导向性设计，强化教师思政教育要求。

（二）坚持正确的用人导向，推进人才分类评价机制改革

1. 力破“五唯”，以业绩成果为导向

坚决破除“五唯”顽疾，教师评价以基于岗位的业绩成果为重点。在

职称评审中，一是扩大代表作的范围。代表作不限于论文，发明专利、成果鉴定、艺术作品、专著、教材等均可作为代表作送审。二是实施成果当量替代政策。发明专利、国家（行业）标准、专业教材、专著、横向到款、教学能力竞赛等业绩成果均可替代。三是注重其他业绩要求。增加教师在专业建设、指导学生、服务企业等方面的业绩要求，充分体现职业教育特色。

2. 分类评价，尊重教师的学科差异规律

科学设置岗位和评价标准，健全分类评价体系，充分尊重教师在学术场域的学科差异，促进科研和教学的协调发展。对不同类型的教师根据学科差异制定不同的评价标准，以教师的业绩贡献为基点，淡化量的要求，对于不同岗位、不同学科的教师分别实行不同的评价方式，从根本上杜绝用一把尺子评价所有教师。

3. 注重实绩，开辟标志性成果绿色通道

打通专门人才的职称晋升通道，在具备特定业绩的情况下，教师可不受论文、项目、业绩成果等条件限制，直聘高一级职称，直至正高职称。设立“卓越教学奖”，在教书育人方面作出突出贡献的教师，在职称评审中可不受论文、项目、业绩成果等条件限制，直聘高一级职称，直至正高职称。

（三）创新人才激励机制，激发教师队伍活力

完善绩效工资分配制度，以教师分类管理为前提，以业绩贡献和能力水平为导向，优化重实绩、重贡献的薪酬体系，更多体现以岗定薪，充分体现多劳多得、优劳优酬。结合高层次人才引进及名师培育计划，探索实施年薪制改革，设立特聘岗位，按能力水平定底薪，按岗位要求定津贴，实现多劳多得、优绩优酬。

二、成果成效

（一）团队发展，构筑教师专业成长“快车道”

由领军人才引领，凝心聚力分类打造“双师型”教师团队。杭职院培育了国家级职业教育教师教学创新团队2个、国家级课程思政教学团队2个、浙江省黄大年式教学团队1个、浙江省职业教育教师教学创新团队2个、杭州市优秀创新团队1个、校级教师团队60个，形成了“国家级引领、省级示范、市校辐射”的三级团队建设体系。通过团队建设，促进教师摆脱单兵作战的局限，实现成员间优势互补、相互借鉴和共同提高，实现“1+1>2”的倍增效应，构建教师成长成才的进阶式发展模式（见图4-4）。

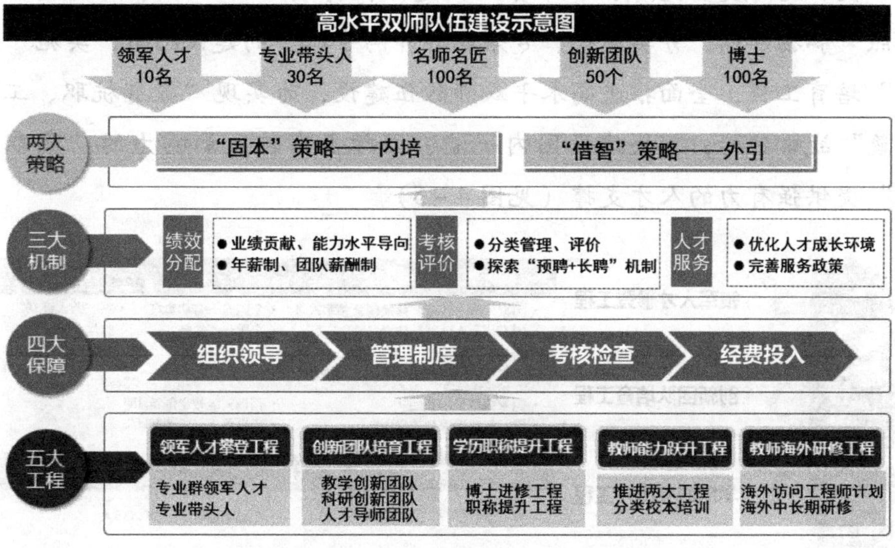

图4-4 高水平“双师”队伍建设示意图

（二）快速成长，形成教师队伍建设新格局

教师干事创业积极性高，成长迅速。近三年，杭职院教师入选国家“万人计划”科技创新领军人才、国家“万人计划”教学名师各1人、全国五一劳动奖章1人、全国优秀教师1人、全国技术能手1人、国家级课

程思政教学名师11人，省“万人计划”教学名师2人、浙江省有突出贡献中青年专家1人、省劳动模范1人、浙江工匠1人等。新增正高职称教师33人，副高59人，博士教师31人，专任“双师型”教师比例达到90.62%，形成了以“高端人才引领、存量师资激活、新生力量增效、兼职教师添色”的师资队伍新格局，杭职院入选2021年高职院校教师发展指数100所优秀院校。

案例4-3：

实施“五大”培育工程，全面提升教师队伍整体水平

杭职院高度重视高水平师资队伍建设，持续深化“人才强校战略”，按照“弘扬师德、分类施策、专兼职教师两手抓”的建设思路，实施“五大”培育工程，全面推进高水平双师队伍建设，为实现“数智杭职、工匠摇篮”战略目标，加快建设国内一流、国际上有较大影响力的“高职名校”提供强有力的人才支撑（见图4-5）。

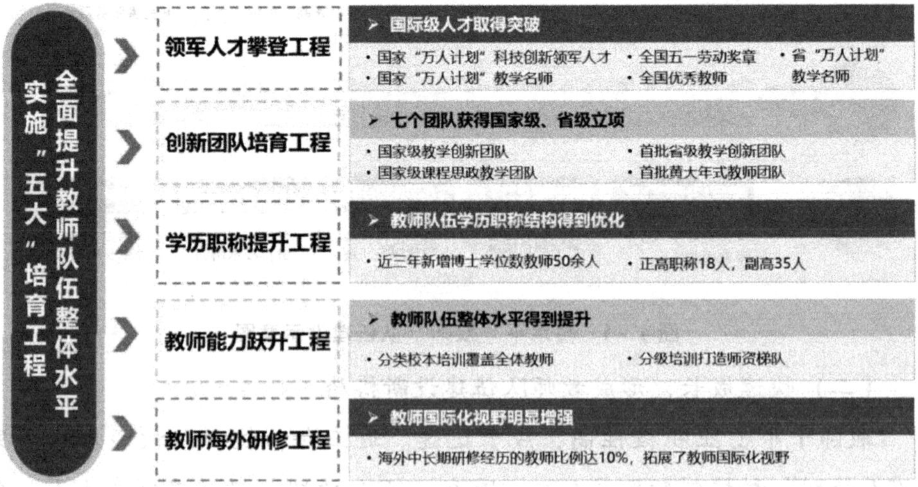

图4-5　师资队伍建设“五大”培育工程

一、主要做法

（一）瞄准一流，实施领军人才攀登工程

按照瞄准一流、强化培养、提高层次、占领高地的思路，培育教学科研成果突出、学术造诣深、德才兼备、能引领本专业（群）发展的专业群领军人才。培育理论基础厚、创新意识强、有发展潜力和培养前途的专业带头人或后备领军人才。

（二）整合资源，实施创新团队培育工程

建设满足职业教育教学和培训实际需要的高水平、结构化、跨专业的平台课程教学、试点教材教法研究等不同层级的教学创新团队；建设在各级技能竞赛、学科竞赛、创新创业竞赛等领域的学生竞赛中取得突破的学生竞赛金牌指导团队；建设科研能力突出、能解决实际科研、技术难题的科研创新团队；建设能在思想引领、职业规划、就业指导等领域对学生进行全面教育引导的人生导师团队。

（三）分层分类，实施学历职称提升工程

实施博士学位提升计划，鼓励教职工在职攻读博士学位，按期取得博士学位的，给予最高 20 万元奖励。实施教师职称提升计划，增加职称评审名额，完善职称评聘方案，构建以促进人才开发使用为目的，以职业分类为基础，以科学评价为核心的职称制度。

（四）结合专业，实施教师能力跃升工程

建立教师个人发展档案，实施教师职业生涯规划，分类实施校本培训。推进教师企业经历与学生工作经历工程。

（五）创新形式，实施教师海外研修工程

多途径推行“海外访问工程师”计划、专业访学等项目，以创新的形式拓展教师国际化视野。

二、成果成效

（一）国家级人才取得突破

杭职院教师入选国家“万人计划”科技创新领军人才、国家“万人计划”教学名师各1人，获全国五一劳动奖章、全国优秀教师、浙江省“万人计划”教学名师、浙江省有突出贡献中青年专家等省部级以上人才项目及称号23人次。

（二）教师团队获得国家级、省级立项

2个专业团队入选国家级职业教育教师教学创新团队，2个课程团队入选国家级课程思政教学团队，2个专业团队入选首批浙江省职业教育教师教学创新团队，1个教师团队入选首批浙江省黄大年式教师团队。

（三）教师队伍职称学历职称结构得到优化

近三年，新增正高职称教师33人，副高59人，博士研究生教师31人，打造了由952人构成的行业企业兼职教师库，构建了以“高端人才引领、存量师资激活、新生力量增效、兼职教师添色”为特色的师资队伍新格局。

（四）教师队伍整体水平得到提升

分类校本培训惠及全体教师，分级培训打造师资梯队，为教师可持续发展提供支持和保障。

（五）教师国际化视野明显增强

海外中长期研修经历的教师比例达10%，拓展了教师国际化视野。

案例4-4：

一名企业兼职教师蝶变成长之路

在由浙江省教育厅主办的浙江省高职院校教学能力比赛上，经过网络评审和线上决赛，特种设备学院的参赛作品“电梯曳引系统的检测与调

整”获得一等奖，并被推荐至国赛。教学能力大赛是一场意志与体力的斗争，参赛队员们跨过了寒冬，经历了酷暑，克服困难，放弃休息，全力备赛。团队中有一名兼职教师更是不简单，他就是常驻杭职院的奥的斯金牌师傅缪小锋。

从被质疑的实训兼职教师，到浙江省教师教学能力比赛一等奖获得者；从被嫌弃到同行赞誉的“金牌名师”，再到指导学生参加大赛多次得冠，缪小锋在成为一名幸福教师的路上，经历了太多。记得刚刚上课的时候，一节课的内容通常只花20多分钟就讲完了，明明已按照自己的思路，讲解得很清晰了，可是学生们却一脸茫然。缪小锋突然明白：自己完全不了解这些学生的思维方式，课上得真是太糟糕了。

痛定思痛后，缪小锋以一名专业教师的标准严格要求自己，通过各种培训不断提升自己，深度融入电梯工程技术专业的人才培养建设，不断尝试现代学徒制试点改革，积极参与电梯专业技能大赛及创新创业大赛指导工作，最终成为一名荣获教学能力大赛一等奖的优秀教师。

一、主要做法

（一）实施“引匠入校”工程，打造精技能、强教学的兼职教师队伍

发挥电梯工程技术专业群大批企业技师常驻学校的天然优势，建设一支“水平高、能力强、教学优”的兼职教师队伍。通过学历教育提高其理论水平，鼓励并支持常驻教师考取教师资格证，提升教学水平。制定《企业兼职教师教学能力认证标准》，定期开展TTT培训（企业、培训师培训），提升企业技术人员课堂教学能力。制定《电梯工程技术专业群常驻学校兼职教师管理办法》，完善对企业技师教学实效的考核，对教学优秀的教师，通过企业捐建的“电梯教育基金”给予奖励。电梯专业群兼职教师近3年参加TTT培训人员达100 %，兼职教师整体理论水平大幅提升，其中缪小锋培训考核为优秀，并获得特种设备学院兼职教师教学能力大赛

一等奖。

（二）制定相关政策制度，“教师下企业，技师进课堂”

制定《电梯工程技术专业群常驻学校兼职教师管理办法》，完善对企业技师教学实效的考核，对教学优秀的教师，通过企业捐建的“电梯教育基金”给予奖励。制定《金牌师傅评定办法》等激励办法、提升一线技术师傅参与教学的积极性。通过政策文件的制定，兼职教师的积极主动性不断增强，责任心不断提升。缪小锋近3年考核3次均获得金牌师傅荣誉称号。

（三）加强理论学习，坚守育人初心，勇担教育使命

在理论学习方面，通过多次政治理论学习，增强了兼职教师的历史使命感。从专业建设角度，发挥兼职教师丰富的企业经验，加强与专业教师形成优势互补，进一步推进现代学徒制试点改革，不断完善小班化、可视化教学制度。从课堂教学方面，兼职教师从开始的不管学生，到现在的严格管理，不断践行优化教学制度。从单纯的技术技能传授到创新思维、思政教育、工匠竞赛等的融入教学，使学生由被动学习转变为积极向上的主动学习，获得学生的一致好评。

二、成果成效

（一）学生综合职业技能增强

近3年来，10余名兼职教师积极参与职业院校学生技能与创业大赛，共同指导学生获国家级竞赛奖23项72人次，其中，缪小锋老师指导的大赛获得省级以上大奖就多达10余项，与专任教师、学生共同授权专利7项，其中发明专利2项，获全国青年岗位能手1名，多次被国家级和省级媒体报道。

（二）专兼职教师互补队伍整体水平提升

近3年来，我校有2名兼职教师成功助力国家课程思政示范课程团

队，3 名兼职教师成功获批杭州市技能大师工作室，2 名兼职教师参加省级教师教学大赛，分获一等奖和二等奖各 1 项，打造了具有卓越教学能力、岗位实战能力和技术研发能力的“双师型结构化”高水平师资团队。

杭职院发挥电梯工程技术专业群大批企业技师常驻学校的天然优势，建立了覆盖电梯产业链的专业兼职教师资源库，建设了一支以缪小锋为代表的“水平高、能力强、教学优”的兼职教师队伍。

案例 4－5：

文化引领革新为先匠心铸魂——国家课程思政教学团队的成长与蜕变

杭州是国内著名女装产业集群地，服装设计与工艺专业群围绕学校服务杭州发展的办学定位，以女装的设计与制版为培养特色。《服装立体裁剪》课程团队将课程建设与教师培育相结合，同向发力，同向而行，将教师个体发展和团队建设相结合，校内专职和校外兼职相结合，紧紧围绕纺织服装产业个性化、生态化、智能化、品牌化的新发展深入开展教学改革，培育出国家课程思政教学团队。

一、主要做法

（一）厚植家国情怀，发挥“传帮带”作用，形成“青年教师—骨干教师—专家型教师”发展梯队

课程团队从服装技师国家职业标准、时装技术世界技能大赛标准及女装企业岗位标准入手，按照企业项目开发流程进行教学实施。引进企业产品项目，突出创新理念，培养学生敢为人先的革新意识，铸就时代精神；优雅细致，提升服装的品牌价值。课程团队根据企业对人才培养的新要求，重点培养学生“设计呈文化底蕴，开发敢突破创新，制作显技艺精湛”的高技能人才。充分发挥“传帮带”的作用，凝聚一批骨干教师，带

好一帮青年教师，逐步形成“青年教师—骨干教师—专家型教师”梯次发展路径。

（二）培育匠心铸魂，健全“双岗双责”制度，组建“身份互认、角色互换”的实战型双师课程团队

随着杭州女装产业的转型升级，“女装e都”对企业提出了更高的要求，服装设计要求将传统经典文化与现代时尚文化有机结合，提升在国际服装界的话语权。课程团队建立校企“双向兼职、双方培养、双重身份、双重保障”的双师培养机制，按照“双岗双责”制度，组建了一支高水平的“身份互认、角色互换”的混编实战型双师教学团队。根据培养目标，制定“文化引领、革新为先、匠心铸魂”课程思政建设思路，通过立体裁剪、工艺制作诠释“一针一线”的工匠精神，建立学生技能及职业素养成长曲线库。

（三）名师名匠引领，深化特色学徒制培养，助推学生实现“作品—产品—商品”的靶向转化

课程团队充分利用时尚女装技术技能人才培养高地优势，发挥名师名匠的榜样引领作用，通过深化特色学徒制培养改革，团队教师根据学生个性发展因材施教，以企业产品研发为载体，多渠道培养精湛技艺、研发能力扎实的女装技术技能拔尖人才，以达利集团为主，近3年为企业研发制作女装产品300余款。

二、成果成效

（一）推动师生专业创新能力大幅提升

课程团队在教学实施过程中，引导学生学习杭州的丝绸文化，在设计中融入旗袍文化元素（文化引领），带领学生申请外观专利（革新为先），样衣制作达到企业验收的标准（匠心铸魂），极大地提升了师生的专业创新能力。在旗袍“非遗”传承人韩吾明先生的带领下师生共同制作了“世

界最大旗袍”，成功申报吉尼斯世界纪录，凸显了师生文化、革新和匠心。

（二）课程思政教学改革喜获多项“国字号”成果

课程团队以《服装立体裁剪》课程为载体，团队的建设及课程思政改革形成了特色案例，成为学校教学团队建设及课程思政改革的重要成果之一，成为双高专业群课程思政建设的样本，在杭职院进行推广复制，荣获中国纺织工业联合会教学成果二等奖，融入课程思政的项目化教材《服装立体裁剪》入选“十三五”职业教育国家规划教材，立项国家课程思政示范课，团队成员荣获国家思政教学名师称号。团队教师多次在校内开设优质公开课、课程思政改革示范课，学生评教常年位列分院第一。

（三）课程团队教学理念与教改成果辐射全国

近年来，常州纺织服装职业技术学院等近200个院校的师生和社会学习者线上选课学习，使用范围广泛。近5年来课程团队成员在各类会议上作“课程建设”讲座40余次，推广课程思政建设方案，疫情期间，浙江新闻等多家媒体发布了该在线课程实施案例，社会反响强烈。

第二节　教材改革实践

在校企共同体的基础上，杭职院教师与企业授课教师不断研讨、共享资源，收集到企业进行顶岗实习的学生对教材开发的建议，以真实工作环境和任务为依托，精心设计课程案例，用职业岗位要求引领知识技能和学习态度，探索和实践校企合作进行教材开发，力求体现理论的适度性、实践的指导性、应用的职业性和内容的实用性。

一、组成教材编写团队，教材内容与岗位要求相衔接

坚持课程目标对接岗位要求，教学内容对接工作任务，评价标准对接岗位能力，聘请行业协会、企业、研究院所和职业院校专家，组建由具有

国际水准的行业骨干和学校教学骨干组成教材编写团队，开发新形态教材，如三位一体新型活页教材、工作手册式教材和职业技能培训教材。教材编写团队在教材编写过程中精心选取典型案例，以先导案例引出工作任务，通过任务分析确定知识要点、技能目标，采用任务驱动，以完成具体的工作任务为主线将专业知识合理地引申出来，通过完成相应的项目内容达到职业能力培养的目的。教材编写强调理论联系实际，把学生应用能力培养融汇于教材之中并贯穿始终，突出职业素质培养的特点。准确选取典型案例，使教师更容易进行基于工作过程的教学方案设计，使学生在学习的过程中目的更加明确。通过学习不仅使学生掌握了必要的理论知识，而且通过完成相关的技能操作提高了学生的动手操作能力，学习的内容就是工作的内容，实现学校和企业无缝对接。

二、行企校共建，优势资源“系统集成”

聘请行业协会、企业、研究院所和职业院校专家，组建由具有国际水准的行业骨干和学校教学骨干组成资源协同开发团队，共同开发建设，确保教学资源素材取之于行业企业，用之于人才培养。对标“助学”功能，建立和推行“规范定义学分、课程学习积累、校际自主认可、重复学分冲抵”的学分积累与转换制度，鼓励和帮助学生通过资源库进行自主学习，在线完成课前预习、课中答疑及课后作业、测评，达到一定学习效果即可获得相应学分，赋予了自主在线学习与课堂学习同等效力。锚定“辅教”功能，科学设置核心课程建设、教学项目设计、微课制作、教师技能竞赛等功能模块，满足教师教学和竞赛等使用需求。资源库建设除满足学校师生教与学需求外，同时着眼企业员工技能提升、学习成果认定等需求，开发建设了面向社会、企业开放共享的功能模块，制定了一套实操性强的学习成果认定标准，打造成为企业开展员工培训、技能考证辅导、技能鉴定的“助力器”“加油站”。

案例4-6：

思政引领，岗课赛证融通——《服装立体裁剪》国规教材建设

习近平总书记强调，“用心打造培根铸魂、启智增慧的精品教材”。《国家职业教育改革实施方案》《“十四五”职业教育规划教材建设实施方案》等文件中也明确提出，要加快打造一批权威性、前沿性、原创性以适应时代要求的精品教材，以规划教材为引领，高起点、高标准建设中国特色高质量职业教育教材体系。

随着杭州女装向产业个性化、生态化、智能化、品牌化转型升级，围绕服务区域经济发展定位专业群人才培养方向，专业亟须以“课堂革命”为突破，构建新型教学生态。教材作为课程革命的桥梁，原开发理念缺乏思政元素的精准融入，内容缺乏与职业岗位的精准对接，体例缺乏行业新技术工艺的强力支撑等。专业群核心课《服装立体裁剪》配套教材率先开展了以“思政引领、岗课赛证融通”为特色的教材改革，教材建设范式具有典型性及示范性。

一、主要做法

(一) 思政领航，制定“文化引领、革新为先、匠心铸魂”的教材建设方向，展现文化自信

目前，杭州将“打造国际时尚e都”作为重要目标，要求企业服装设计将传统经典文化与现代时尚文化有机结合，提升国际时尚界话语权；服装款式造型创意要有更大突破，引领潮流新时尚；服装制作要更加精雅细致，提升品牌国际价值，这使服装企业对技术技能人才极具挑战。教材根据企业转型对人才培养的新要求，制定课程思政建设新思路，培养学生成为“设计呈文化底蕴，开发敢突破创新，制作显技艺精湛”的高技能人才

(见图4－6)。

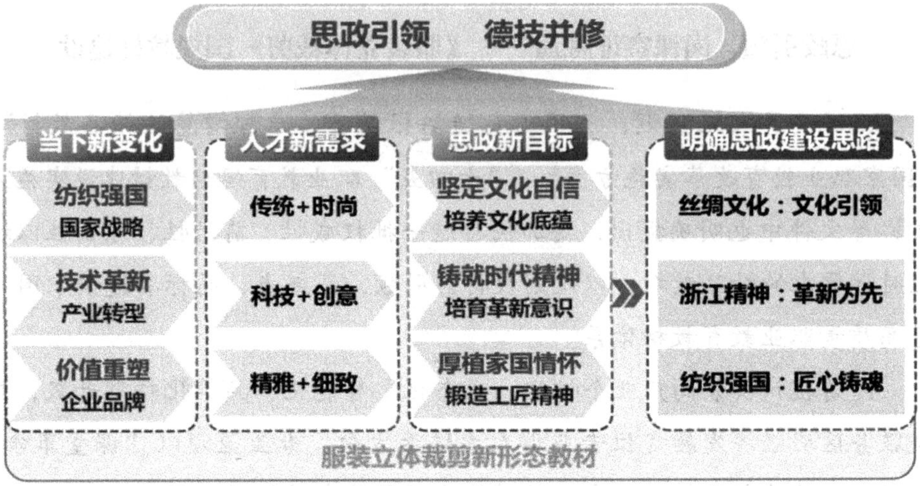

图4－6 教材建设方向示意图

(二) 岗位标准引领，基于“缄默知识”理论编写教材，实现由岗位“理论知识”到岗位“工作知识”的从容转换

根据高职服装设计专业人才培养目标，结合服装立体裁剪岗位能力要求，教材编写引入企业真实项目，把服装立裁理论知识分布于基础性、综合性、创意性三类教学项目中，项目各自独立、难度有序递进，每个项目都设计了“项目引导、背景知识、工作流程、款式拓展、作品赏析”五个环节，学生通过不会到会、不熟练到熟练、初级到中级再到高级的循序渐进过程，技能得到全面提升，实施“缄默知识”理论下基于实践活动的感受性学习，达成技能精进的最终目标（见图4－7)。

(三) 竞赛标准融入，以“国赛要求，企业标准，岗位适用”进行教材插图绘制，体现大赛指导、课堂教学和企业研发三融合

对照服装设计专业世界技能大赛与国家技能大赛的内容和要求，教材中融入服装技能大赛对服装款式设计的具体要求，品类特征体现清晰、款

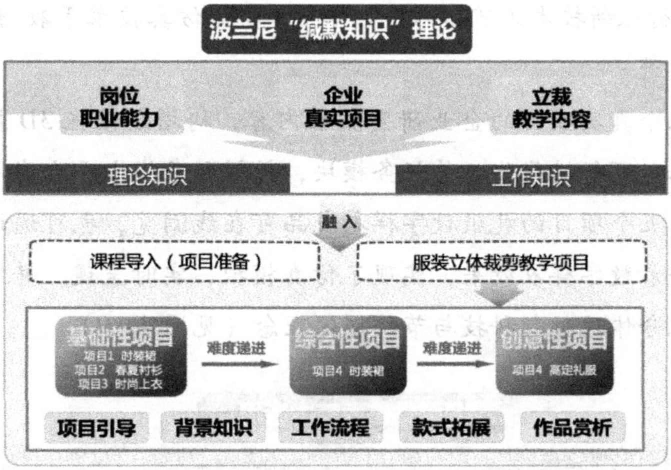

图 4－7　教材编写理念示意图

式绘制合理美观、整体搭配和谐统一等，并且依据企业绘制服装款式图的“服装正背面衔接美观、服装穿脱位置设计合理、服装款式结构设计美观、易于版师直接制版”的质量标准进行教材建设，教材内容具有很强的岗位针对性与适用性（见图 4－8）。

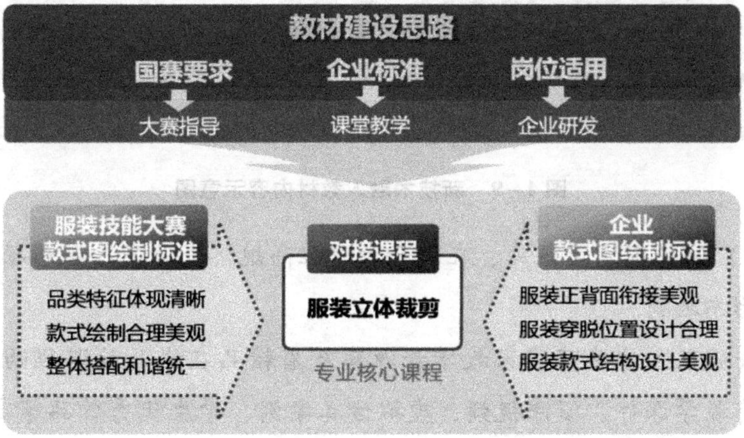

图 4－8　教材插图绘制思路示意图

（四）行业新技术工艺融入，增加3D虚拟仿真技术于教材项目内容，体现与时俱进

基于五个真实项目的企业研发流程内容，均增加依托3D技术的版型舒适度验证与可行性优化工作任务模块，教材配套线上平台嵌入虚拟仿真数字系统，五个项目的礼服数字样衣成品可在线浏览，也可通过二维码实时手机端查看数字样衣效果，实现了仿真模拟、实时呈现，并高效进行版型验证、充分体现数智科技与节约环保理念（见图4－9）。

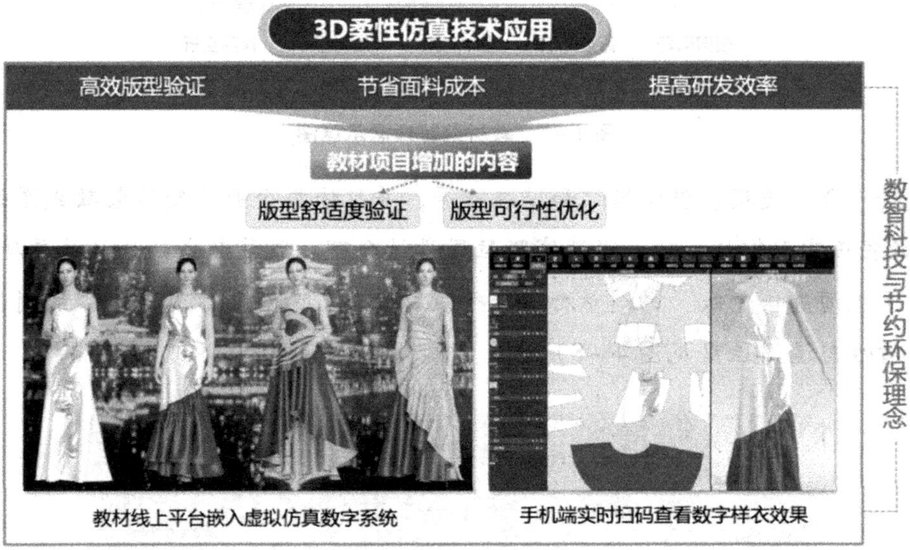

图4－9 新技术融入教材内容示意图

（五）依托国家资源库、在线开放课程高规格资源嵌入教材项目内容，建设新形态教材

依托服装立体裁剪国家教学资源库及省精品在线开放课程两大平台，线上拥有教学课件、微课视频、虚拟仿真案例、学生优秀作品等高质量资源200余个。数字赋能，教材内容的实操环节均嵌入二维码，通过扫码，读者可直观的浏览教师实操步骤。每个项目内容还嵌入“思政小课堂”微

课案例，思政元素润物细无声。

二、成果成效

（一）教材内容突出前沿权威，满足个性学习需求，教材使用广泛

教材内容与服装技师国家职业标准、时装技术世界技能大赛标准及企业岗位标准相对接，将国赛礼服款式图绘制规范和立体裁剪技术要求融入教材，把历届学生国赛一等奖优秀作品选入教材，使教材作为服装设计大赛必要参考资料，还被100多所高职服装专业选做课程配套教材，深受师生欢迎。

（二）教材形式凸显个性创新，推进“三教”改革，教学成果丰硕

教材有效带动混合式教学模式改革，培养学生扎实的服装立体裁剪技能，获国家级竞赛一等奖12项；教材主编3次获“全国优秀指导教师”奖；与该教材配套的微课获全国高校教师微课大赛一等奖；依托本教材内容进行教学设计，获全国职业院校教师信息化教学设计二等奖；教材课程改革的育人成果获中国纺织工业联合会教学成果一等奖。

（三）教材资源体现培根铸魂，深受学习者喜欢，社会影响力大

课程数字化资源制作精美，全程融入课程思政，通过服装设计融入传统文化，通过服装开发突出创新理念，通过裁剪制作强调精湛技艺。其中，单个微课在网上被学习者播放81990次，采用43932次。教材主编担任全国纺织服装数字化建设教学指导委员会组长、纺织服装出版中心学术委员会专家等职务，在各类会议上作“教材和课程建设”讲座37次，推广本数字教材和在线课程，社会影响力大、辐射面广。

案例4－7：

系统集成，开放共享——高标准建成国家级电梯教学资源库

2015年，教育部在高职专业目录里增设了电梯工程技术专业，专业发

展时间短，教学资源既匮乏又缺乏统一的标准，现有的电梯专业教学资源不能满足教学需要。基于此，杭职院电梯工程技术专业群联合多家合作单位，共同打造电梯专业教学资源库，提升数字教育资源开发和服务供给能力。

一、主要做法

（一）行企校共建，优势资源“系统集成”

坚持课程目标对接岗位要求，教学内容对接工作任务，评价标准对接岗位能力，聘请中国电梯协会理事长李守林作为资源库建设首席顾问，联合电梯行业协会、19 家企业、2 家研究院所和 16 所职业院校，组建由具有国际水准的行业骨干和学校教学骨干组成资源协同开发团队，共同开发建设，确保教学资源素材取之于行业企业，用之于人才培养（见图 4－10）。国家教学资源库新增颗粒化资源超 2.2 万件，使用量超 170 万人次。整合行企校资源建成电梯国家教学资源库，搭建开放型共享共用资源库平台，建成结构化、模块化课程 55 门。

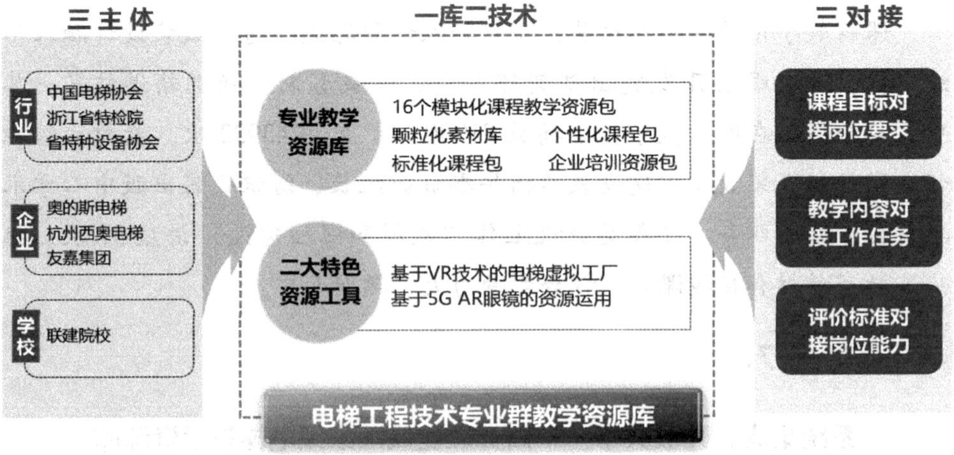

图 4－10　电梯工程技术专业群资源建设示意图

（二）聚焦教与学，功能定位“助学辅教”

对标“助学”功能，建立和推行“规范定义学分、课程学习积累、校际自主认可、重复学分冲抵”的学分积累与转换制度，鼓励和帮助学生通过资源库进行自主学习，在线完成课前预习、课中答疑及课后作业、测评，达到一定学习效果即可获得相应学分，赋予了自主在线学习与课堂学习同等效力。锚定“辅教”功能，科学设置核心课程建设、教学项目设计、微课制作、教师技能竞赛等功能模块，满足教师教学和竞赛等使用需求。

（三）凸显服务性，面向社会“开放共享”

资源库建设除满足学校师生教与学需求外，同时着眼企业员工技能提升、学习成果认定等需求，开发建设了面向社会、企业开放共享的功能模块，学习资源涵盖电梯曳引、控制等八大系统，制定了一套实操性强的学习成果认定标准，打造成为电梯企业开展员工培训、技能考证辅导、技能鉴定的“助力器”“加油站”，在业界达成了“学电梯技术必用电梯教学资源库”的共识。

二、成果成效

（一）资源库内容不断充实，市场认可度高

以电梯工程技术专业群课程体系与教学内容改革为主线，以结构化、模块化的课程建设为重点，重视颗粒化的细分资源建设，共建成19门标准化课程、36门个性化课程及1个世界电梯文化博物馆，资源总数超过2万条。资源库中资源类型多样、分布合理，文本和图形类资源数量占比高于50%，相关技术技能教学难点的微课超过200个，视频超4000个，活跃资源占比超过65 %。为达到与行业需求的高匹配度，确保资源的时效性，资源库建立了一套动态调整机制，内容每年更新比例不低于10 %。资源库建设定位准、起点高、功能强、质量优，与之配套的部分教材未出版已获得超千册的订单，行业内众多企业单位争相高价购买相应数字资源的使用权。

（二）资源应用开启新模式，促进课堂形态变革

资源库建设贯彻“以学习者为中心”理念，实现纸质教材与虚拟数字资源有机融合，设计体验式、闯关式学习环节，充分调动学生好奇心，激发学生的学习兴趣，推动“探究式”课堂教学方式。依托资源库平台的“互联网 + 实训”功能，有效融合了 AR/VR 增强现实技术，将电梯维修保养和安装调试方面所需要熟练掌握的技术技能转化为“直观化、沉浸式、可触摸、能反复操练”的虚拟实训任务，达到以课堂形态变革提升教学效果的目标。

（三）加强资源推广力度，扩大行校企受益面

通过制定资源推广应用绩效管理办法，加强资源库的推广应用。特别是针对中西部地区和“一带一路”沿线国家加大推广力度，吸引更多教师、企业员工、学生和社会学习者使用，提高了资源库使用效率，扩大了受益面，最大限度地发挥资源库的作用。截至目前，电梯工程技术专业教学资源库的注册用户数已达到 19192 个，已在全国各类电梯企业及超过 60 余所开办有电梯类专业的中高职院校广泛应用，服务南非留学生 3523 人次。

案例 4 -8：

打破时空限制促进终生学习——服装专业国家教学资源库建设与使用

按照教育部职业教育专业教学资源库项目建设工作要求，由杭职院牵头负责“职业教育服装设计专业教学资源库（项目编号：2015 - 13）”项目建设工作，按照“国家急需，全国一流”建设总要求，组建服装设计专业团队，整合全国服装设计领域内高职院校、行业、企业的资源，为行业

企业专家、授课者、在校生、在职（求职）者、社会访客等多元用户在学历教育、继续教育及终身学习方面提供开放网络支撑服务，实现互动教与学。构建一个全新的、以学习者为中心、实现专业资源共建共享、教学形态多种多样、学习方式自由灵活、交流渠道丰富通畅的，具有中国高等职业教育教学特色国内一流的，共享型、开放性的服装设计专业教学资源库。

一、主要做法

以提高服装专业人才培养质量为出发点，基于资源库“能学、辅教”的基本定位，按照“碎片化资源、结构化课程、系统化设计”的组织建构逻辑，建立资源共享、合作共赢、深度融合的开发运行管理机制，搭建开放型共享共用资源库平台。

（一）强强联手，共同建设

与 14 所高水平联建院校共同建设完成了丰富的素材资源库及工学结合课程，联合建设院校中国家示范（骨干）院校 8 所、省级示范（骨干、特色）院校 5 所；“十三五”期间 9 所学校入选各省优质高职院校建设工程。联合 30 家区域有重点影响的龙头或特色企业合作共建各类企业案例库与行业信息库。

（二）分层建设，边建边用

以专业核心课程建设为重点，不断完善资源呈现方式，开发虚拟、动画、视频等多样类型资源，按素材、积件、模块、课程分层建设，强调结构化设计、标准化制作，实现开放式重组、个性化定制，增强资源的通用性和普适性。积极对接服装企业的技术转型升级，将企业资源、学校技术开发及科研成果转化成教学资源，建立资源库定期更新保障制度，充分运用需求导向、应用激励的策略，鼓励院校、企业及机构积极建设新的优质资源充实于资源库，把资源库使用融入参与建设学校专业教学全过程。

（三）共建共享，全面推广

在教育部主导下，发挥国家、区域服装行业协会指导作用，项目团队校企融合、优势互补，分工明确，协同建设，最大范围地汇集服装行业龙头企业和知名高职院校的技术资源、社会资源。

建立经费投入、团队管理、资源更新及共建共享机制，保障资源库的共建共享。近期，通过建立以“服务”换“服务”的开放式运营模式，形成专业资源库的可持续发展机制，实现自我发展、自我成长。中期趋势，通过基于数据学习与评价的兴起，学生将从教学消费者转变为创造者。确保资源库建设后的每年10%的资源更新率。

建立资源库运行与管理机制、资源库资源共享和使用激励机制和营销推广机制，有计划有组织地在相关院校和社会机构推广资源库应用。

二、成果成效

（一）建成了满足多样化用户需求的平台

服装设计资源库建设了学习管理系统、学习型社区和社会服务门户，搭建开放型共享共用资源库平台，为多样化用户构建了一个全新的、以学习者为中心、实现专业资源共建共享、教学形态多种多样、学习方式自由灵活、交流渠道丰富通畅的在线学习环境。门户网站的建设实现了与资源平台的一站式注册、登录、同步修改，门户建设了6个中心，分别是学生学习中心、教师教改中心、在职培训中心、社会人员学习中心、服装文化信息中心、职业素养教育中心，满足学生、教师、企业员工以及社会人员的学习需求（见图4-11）。

（二）建成了体系完备、内容丰富的教学资源库

项目组建设资源包括行业资源、专业资源、课程资源、职业培训包和特色资源等，满足了多样化用户和差异性学习的需求，共开发建设优质课程资源23042条，完成目标总数的122%，其中，文本类4384条、图形

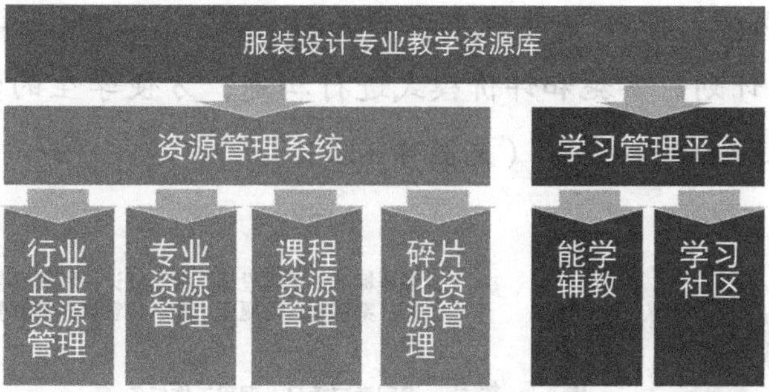

图 4-11　资源库功能模块图

（图像）类 6066 条、音频类 1369 条、视频类 7930 条、动画类 3207 条、虚拟仿真类 86 条（见图 4-12）。

图 4-12　资源中心网站图

（三）构建满足“线上 + 线下”混合式教学的结构化课程

从企业、行业用人需求和学习者需求出发，按照服装设计工作过程，遵循职业成才规律和认知规律，重新梳理专业课程体系中各课程间的相互支撑关系，构建服装设计专业课程体系，课程体系以服装设计专业为主，同时涵盖服装专业的其他方向——服装设计、服装制版和服装营销三大方向，共25门课程。课程全部采用过程系统化模式，同时，课程建设按照咨询、决策、计划、实施和评价模式进行构建，方便学生的学习，明确课前、课中、课后的学习内容（见图4－13）。

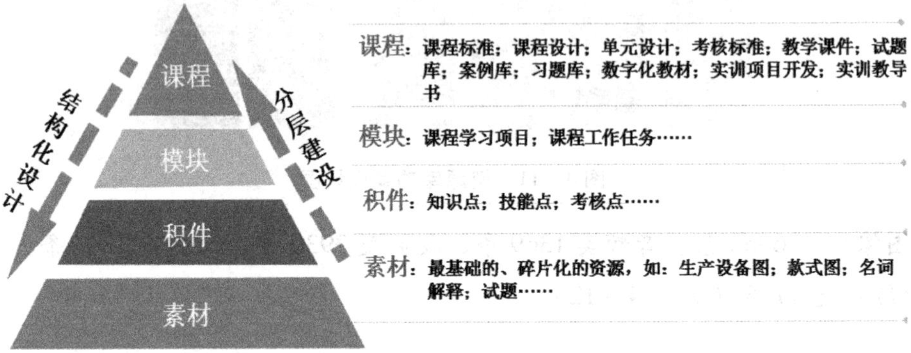

图4－13　结构化课程设计和建设示意图

三、经验总结

（一）兼顾典型示范和个性需求，实现多元化的应用目标

在对全国379所开设纺织服装类专业普通高职（专科）院校课程分析基础上，充分考虑华东、华南、西北等地域服装生产特点及企业发展需求，结合普适性要求，进行课程标准建设，重在实现专业核心能力的培养；同时结合地域服装生产特点，在资源库素材建设方面，充分融合差异化特征，保证各院校教师可结合区域服装设计特点，实现个性化课程的搭建要求。

（二）以服务学生和课堂教学为根本，实现资源库能学辅教功能

平台建设助力“线上、线下，职场化”混合式教学模式创新与实践，推进在线学习与线下实战有机融合、个体学习与团体学习有机对接、知识学习与技能训练以及素养提升深度融合，满足学生自主学习、教师主导教学的需要，提升学生职业能力和职业素养。

（三）健全建设与应用机制，发挥资源库推动教学模式变革的引领作用

紧盯行业的最新变化，适时修订人才培养目标，根据人才培养方案要求，进行资源库持续建设。基于资源库持续更新、有效应用与辐射推广，建立并完善了以用促建的长效机制，健全了组织、制度、资金、技术、推广等方面的保障机制，实现资源库的持续发展，提升用户体验，保持用户活跃程度，最大限度地发挥资源库在促进“线上、线下，职场化”教与学变革方面的引领与辐射作用。

四、推广应用

经过近几年资源库的建设与应用，推动了教学模式改革，形成了31个职场化教学改革案例，分别被《中国高等职业教育质量年度报告》、全国高职高专校长联席会议、中央电化教育馆数字化校园建设、《山东省高等职业教育质量年度报告》列为典型案例予以推广。

第三节 教法改革实践

教法改革是“三教”改革的核心，为了能培养出符合新时代的接班人、高素质的技能人才，杭职院鼓励教师积极探索教法改革，创新教学模式。

一、以校企共同体为根本，融入课程思政，实现育训结合、德技并修的能力本位建设，构建课堂新生态

学生是学习和发展的主体，以学生技能习得为中心，从学生学习需求和技术技能人才的学习规律出发，面向职业岗位要求，结合专业、课程及学生的特点，在以校企共同体为基础的高素质、跨背景、跨领域教学团队的共同指引下，利用多方跨界资源，包括信息化教学资源和智能化产业技术资源及平台，开展深入而持续的产教融合项目合作。灵活运用项目教学

法、任务驱动教学法、情境教学法、案例教学法、角色扮演法、议题式教学法等体现职教特点的行动导向的教学方法，创新教学模式，同时开展课程思政教法改革，培养“规格严格、功夫到家”的卓越匠心。

二、大力发展混合式教学，建立情境智慧学习环境，推进课堂革命

以大数据、物联网、人工智能、移动互联为载体的网络课堂是课堂教学改革的一个重要组成部分，借助于网络课堂，搭建丰富的教学资源平台，教学内容实时更新，优秀资源最大化利用，形成移动学习、课堂学习、培训学习等创新性的多维教学模式。对标行业数字化转型需求，深挖资源库数字资源潜力，采用 AR、VR 等数智化、信息化手段，推动数字化“课堂革命”，变革教学时空，重塑教学路径，彰显数字教学优势。

案例 4 -9：

电商专业——模块化教学模式

一、主要做法

（一）立德树人，将思政教育融入人才培养全过程

一是构建“思政课程”与“课程思政”大格局，探索“专业思政”新机制。将思想政治教育观点、方法和要素融入电子商务专业人才培养方案，并进一步融入专业课程的整体设计、单元设计和教学实施全过程，同时挖掘其他课程和教学方式中蕴含的思想政治教育要素和资源。

二是激活“课程思政”生命力。通过“课前三分钟”活动等将正能量故事、优秀学长案例等融入课堂教学，将思想政治教育观点、方法和要素落实在专业课教师的课堂教学、实训实习的相关环节，探索通过“固有教学环节”“潜在专业通道”“创新教学环节”“教师身教引导”等将思政

教育融入专业课堂的有效方法，实现全员、全程、全方位育人。

三是推进“环境思政”全覆盖。以名师工作室建设为切入点，搭建师资历练、提升平台，充分发挥名师示范、引领、辐射作用；发挥“学生思政”第二课堂的关键性作用，以学生素养教育学分为抓手，让思政教育入脑、入心、铸魂；构建校园思政环境，全面推进“三全育人”，实现思想政治教育与技术技能培养融合统一。

（二）教研相长，创新模块化特色教学模式

建立专兼教师结对制度，促进“专业教师职业化、兼职教师专业化，校企教师双向流动、兼职兼薪”，实施专兼教师共同授课的模块化教学，实现专业教师与兼职教师优势互补，全面提升教学质量。教学团队成员结合自身专长，以开发云客服、视觉营销、代运营、数据营销、直通车、搜索优化、新媒体营销等模块为主项，开展相应高标准微课及视频资源建设，依托“翻转课堂”“蓝墨云”，随扫随学，拓展教学时空，以学定教，开发工作手册式、活页式新形态立体化教材，在教学过程中，根据项目组特点和实际商业运行教学内容，以提高学生学习效果为目标，进行案例教学法、情景教学法、任务驱动法、问题导向教学法、思维导图法等教学方法混搭，不拘一格，不限一法，形成独居各自特色的教学风格。

（三）明确分工，不断提升教学质量

一是以专业负责人为核心，构建跨专业教学组织的教研组。细化团队内的教师职责分工，制定严格的教研考核制度，规约教师全面参与人才培养方案制（修）订，学习工作过程、项目课程的课程标准开发方法，开发和更新《创业实践与认证》《网店运营实践与认证》《商务数据采集与分析》《客户服务与管理》《网络推广顶岗实践》《跨境电商实物实践与认证》等课程的课程标准。

二是根据“1 + X”模块课程实施要求，重构教学流程，设计能力递进、逻辑明晰的课程结构，并实施集体备课。不同专业研究方向的教师与企业专家组成混编教学团队，从单一教师授课向团队教师授课转变，教师协同开展模块化教学、小班化教学、项目化教学等。

三是引导团队教师深入学习管理和评价方法。建立学生自评、教师评价、以及以众筹为主要途径的市场认可度（成果转化）相结合的多元评价体系，确保评价的客观性，并从专利申请和授权、论文发表、参与大学生科技创新项目、技能学科竞赛获奖、参与导师项目数量与质量、获奖学金等方面健全评价指标体系，量化评价拔尖学生实践创新能力。

四是推进教育技术深度融入专业教学。全面推广线上线下混合教学法，利用最新的信息化技术手段，强化教学过程直观与生动的信息交互方式，以学生为中心，促进自主、泛在、个性化学习，专业设立1个智慧课堂，进一步提高学生的学习质量和效率。

案例4－10：

电梯工程技术专业——“一库两中心”支撑线上线下混合式教学模式

疫情期间，线上线下混合式新型教学形态成为特殊环境下重要的教学模式。近些年，互联网、大数据、人工智能等新兴技术在教学过程中广泛应用，催生不同技术手段和应用方式的组合模式，对课程教学资源建设、教学设计和教学管理提出更高要求。其中，课程教学资源是线上线下混合式教学能否成功的关键要素。电梯工程技术专业群以电梯国家教学资源库建设为契机，借助VR、AR等信息化手段，打造了丰富的线上教学资源，进行了线上线下混合式教学模式改革。混合式教学作为一种新的教学模式，是在线学习与线下学习的有机融合，强调以学生为中心，切实注重实效，满足学生个性化需求，可以有效保障教学活动的正常进行，即教室内师生正常开课，而其他学生，可以通过线上远程接入课堂，无论是在家里、宿舍或者任何有互联网接入的场所。与过去十几年中广泛应用并被普遍接受的混合学习、线上教学相比，混合式教学可以被视为一种不断演进的教学模式，强调将各种数字化教学方法应用于日常课堂教学，为学生打造数字化的互动课堂氛围，同时最大限度地确保远程接入的学生获得如同身在课堂的学习一致性体验。

一、主要做法

（一）教学资源开发

电梯工程技术专业教学团队联合企业根据课程内容自主开发了电梯VR虚拟仿真软件（见图4－14）。虚拟仿真训练项目涵盖制动器、钢丝绳、电梯层门系统等电梯七大系统的检测项目和六大模块的诊断项目，解决了线上教学无设备无真梯，实践教学高损耗高风险，尤其是以往仿真公司开发的内容无法与教学内容相匹配等难题。整合行企校各方资源，基于资源库“助学、辅教”的基本定位，按照“颗粒化资源、结构化课程、系统化设计”的组织建构逻辑，完善专业群国家级教学资源库建设。聚焦电梯产业特点，基于电梯作为特种设备的高安全需求特性，立足电梯人才培养“绝对安全”要求，打造电梯安全风险教学资源中心和电梯国际教学资源中心两大特色资源中心。所建设的教学资源满足了群内学生、教师、百万扩招多层次生源、电梯企业员工和海外留学生等多元主体使用需求。

图4－14　自主开发电梯VR虚拟仿真软件

（二）线上线下混合式教学设计

《电梯检测技术》共68学时，基于前期的教改成果，按照认知检查、检测维保、诊断修理、综合实践4种课型，将传统的教学模式调整成线上线下相结合的授课模式。例如，模块二“安全部件检测”的内容，共16学时，其中，线上6学时，为认知检查课型；线下10学时，包括与企业技能等级对接的检测维保、诊断修理、综合实践3种课型。在线学习阶段，使学生掌握电梯安全部件的失效与检查的理论知识；在检测维保学习阶段，使学生掌握电梯安全部件检测与维护的实践能力，达到企业“红带”技能等级要求；在真梯井道学习阶段，学生掌握电梯真梯诊断与维修的实践能力，达到企业“绿带”技能等级要求；在技能大师工作室学习阶段，使学生掌握电梯层门评估与改造等综合实践能力，初步达到企业“蓝带”技能等级要求。线上线下有机融合，有效实现教学目标（见图4－15）。

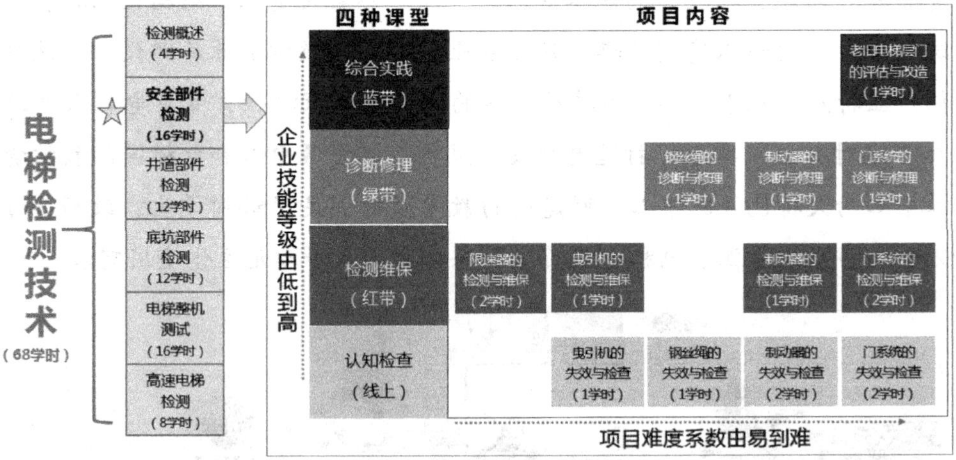

图4－15　电梯检测技术学时分布图

（三）教学策略与实施

以电梯岗位实际技能需求为培养目标，整合线上线下资源，线上课程是以理论为主的认知检查课程，充分利用杭职院主持开发的电梯国家教学资源库、前期自主开发的VR虚拟仿真平台等资源进行线上授课。以问题为导向，通过研、析、仿、拓的教学过程，使学生达到电梯检测理论知识要求；线下课程是以实践为主的检测维保、诊断修理、综合实践课程，依托校企深度合作、产教高度融合的优势，并综合运用5G的AR眼镜第一视角可视化等信息化手段，在真梯井道中，通过忆、示、操、练的教学过程，使学生达到合作企业红带、绿带、蓝带的技能等级要求（见图4－16）。

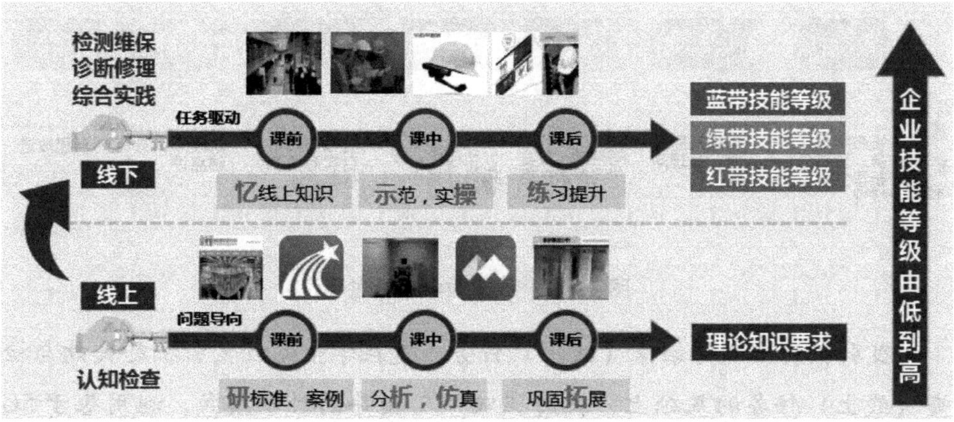

图4－16　教学实施过程

以模块二“安全部件检测”中的项目二“曳引机失效与检测”为例，分为曳引机的失效与检查（线上）和曳引机的检测与维保（线下）两个任务。曳引机的失效与检查（线上）任务，根据曳引机失效模式分为曳引轮槽磨损失效检测、曳引轮槽油污失效检测、曳引机异常振动和异响失效检测三个子任务，每个子任务均采用问题导向式教学法，引入电梯协同创新中心收到的真实案例，以解决实际问题为出发点，将每个子任务设计成：课前学习—呈现问题—分析问题—解决问题—展示成果—评价反馈—巩固拓展等环节，充分利用自主开发的电梯虚拟仿真平台，让学生通过自主学习和合作探究的方法，完成曳引机相关检测标准、失效模式、检测方法等的认知，激发学生学习兴趣，实现“学、教、做”互为相长，让学生在有趣、开放、智慧的课堂中掌握课程重点、突破课程难点（见图4-17）。

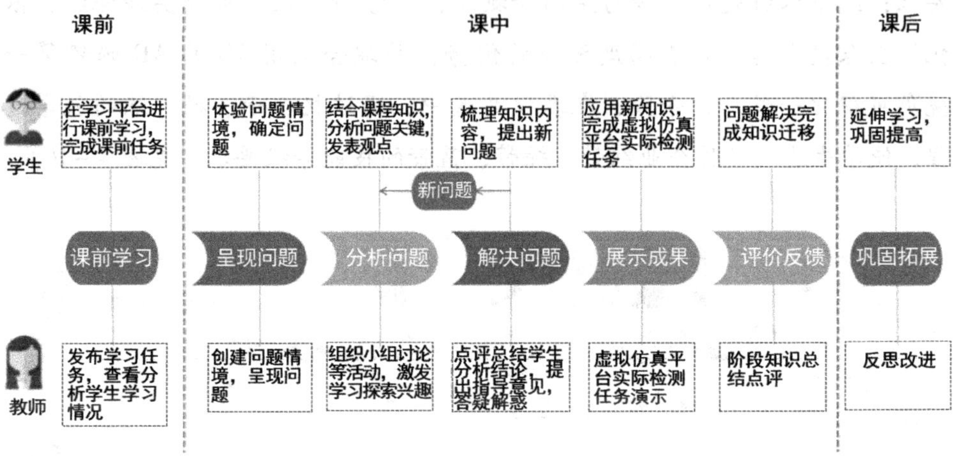

图4-17　线上教学实施过程

曳引机的检测与维保（线下）任务，是在学生完成曳引机的失效与检查（线上）任务的基础上，采用“双师”指导的教学模式，利用基于5G的AR眼镜等信息化手段，采用任务驱动式教学法，以实际检测任务为出发点，将任务设计成：课前学习—导入任务—明确任务—实施任务—红带考核—总结评价—课后拓展等环节，利用电梯学徒培训中心部件实训室的曳引机部件，让学生通过自主学习和合作探究的方法，完成曳引机相关检测任务和考核，使学生掌握课程重点、突破课程难点，并可以学以致用（见图4-18）。

二、成果成效

（一）教学模式创新成效卓著

以《电梯检测技术》为例，实施的线上线下混合式教学模式相比于传

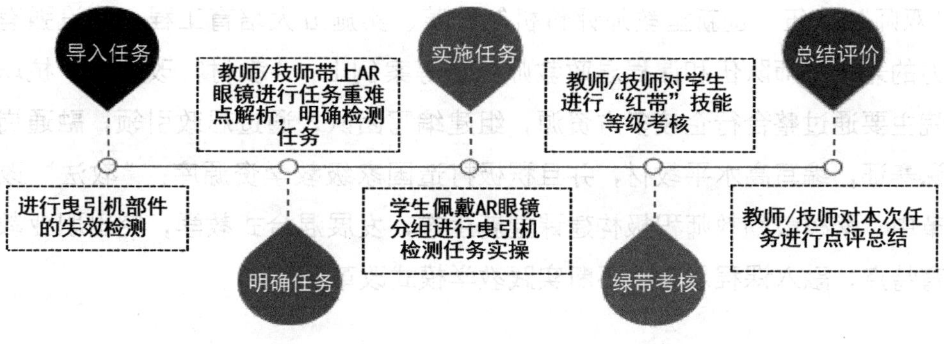

图4－18　线下教学实施过程

统授课，电梯安全部件检测模块从原先的24课时降低到16课时，学生课堂中红带技能等级通过率从73%提高到100%，绿带技能等级通过率从62%提高到89%。同时，设备利用率提升，学生在没有下井道之前就掌握了安全部件调整的方法与技巧，与在真梯教学相比，实训时间缩短60%，第一次就检测出制动器失效点的学生比例增加20%。

（二）教学资源建设优势凸显

整合行企校资源共完成20门线上线下混合式教学课程建设；建成1个国家教学资源库，新增颗粒化资源超2.2万件，建成结构化、模块化课程55门，使用量超170万人次；建成电梯安全风险教学资源中心、国际教学资源中心，汇集电梯运行安全事故案例68个，开展电梯安全教育308场，受惠3.6万余人。

本章小结

学校在建设校企共同体的过程中不断推进“三教”改革，“三教”改革实践的成果又进一步推动校企共同体迭代升级，形成了相互促进的动态良性循环。其中，杭职院通过创新人才激励机制、完善考核评价机制和健全人才服务机制，推进“教师”队伍建设改革，具体体现在打造高水平

“双师”队伍、创新型教师评价机制改革、实施五大培育工程、建设强有力的兼职教师队伍和课程思政教师队伍等案例上；“教材”改革中，杭职院主要通过整合行企校多方资源，组建编写团队，通过思政引领，融通岗课赛证，编写高水平教材，并且积极打造国家级教学资源库；“教法”改革中，学校鼓励教师积极构建课堂新生态，发展混合式教学，突出职业教育特点，融入课程思政，不断实践教学模式改革。

第五章

基于校企共同体迭代升级的科研、社会服务与校园文化创新改革

加强校企合作是当前高等职业教育发展的主题，而校企共同体即是基于利益共享、互利双赢的合作宗旨而形成的新型校企合作方式。深化校企合作、产教融合的顶层设计理念使得校企共同体不仅能够实现高职院校自身的发展，而且能够服务于区域经济的高质量发展。校企共同体不是简单的合约式合作，而是要求高职院校和企业作为校企合作的核心主体，通过科研、文化、社会服务等管理方面的创新合作，实现灵活高效的管理运作以及价值共识的高度统一，从而最大程度满足校企双方利益诉求，实现人才培养、技术创新、社会服务等共同目标。杭职院积极研究深度合作的校企共同体的构建和运行机制，强化校企共同体在科研合作、服务社会、文化共育等方面的关系，走出了一条校企利益与共、文化相通、成果共享的高职教育“校企共同体”多元发展模式，在科研治理、社会服务与校园文化的机制创新方面提供了杭职范式。

第一节　科研治理改革实践

高校作为第一科技生产力，拥有学科资源、知识人才以及科研基础优

势，在推动创新驱动发展、建设创新型国家，实现经济社会高质量发展方面发挥着特殊重要的作用。2019 年，教育部发布《关于实施中国特色高水平高职学校和专业建设计划的意见》（“双高”建设计划），明确指出打造技术技能人才培养高地、打造技术技能创新服务平台，促进科研创新成果落地和转化，服务好中小微企业技术创新、研发和产品升级，赋能核心产业发展是“双高”建设的核心任务。与普通高等学校相比，高职院校与同地区的企业联系更加紧密，技术力量更加对口，具有鲜明的应用型研究特色和技术技能成果转化优势，因此其在服务国家发展战略、区域科技创新和产业转型升级需求，对接科技发展趋势，以技术技能积累为纽带，建设集人才培养、团队建设、技术服务于一体，资源共享、机制灵活、产出高效的人才培养与技术创新平台，促进创新成果与核心技术产业化等方面肩负着重要的历史使命。

近年来，高职院校的科研水平不断提升，但普遍存在“重发明创造，轻成果转化”的问题，大部分科研成果仅作为论文和专利等理论形式存在，无法切实有效转化为推动区域经济发展的动力。高职院校科技成果转化成经济发展生产力并非易事，不仅需要提升学校科研能力，创新人才培养机制，深度参与产教融合，而且要积极争取地方政府和企业支持，促成校企合作，从而有效打通科技成果转化的“最后一公里”①。杭州职业技术学院以高水平专业群为依托，整合资源、创新管理，立足于服务企业发展，提升学校科研能力，创新人才培养机制，以“科技成果拍卖”为抓手，推进科技成果转化落地生根，实现教学、科研与服务融合发展。学校的人才培养更契合产业需求，教师的科研能力进一步提升，与此同时，企业的技术难题得到解决，核心竞争力进一步增强。

---

① 李继鸿，张怡，件红，王维娜，周晓蓉．基于推动区域经济发展的高职院校科研成果转化的研究［J］．工业技术与职业教育，2019（17）：68－70.

案例5-1：

深化科研治理，打造技术技能创新高地

“研究型高职”成为杭职院“双高”建设的重要突破口。因此，杭职院通过强化科研顶层设计，努力朝“研究型高职”迈进。具体来说，一是结合“双高”建设与“十四五”事业发展规划，制定以关键性成果研究为中心的中长期方案，出台多项研究成果激励制度，构建促进研究的文化与制度；二是与行业企业共建技术协同创新中心、技术工艺和产品研发中心、技能大师工作室等研发平台，在技术创新、产品开发、科研攻关、课题研究、项目推进等方面深度合作，鼓励教师进企业研发中心、下企业找课题，建立“厂中校”或研发工作室，为企业解决技术难题，提供企业员工培训；三是系统规划重要研究领域，杭职院通过科研创新团队建设，鼓励教师以研究团队为整体，系统规划研究课题，形成研究合力，以取得重大突破；四是杭职院鼓励教师创新，努力为教师科研创造宽松自由的环境。

一、主要做法

（一）打建“金字塔式”技术技能创新平台体系，让所有人都有适合自己的科研平台

一是校企共建产教科平台，搭建基础平台。杭职院积极与行业企业共建技术工艺和产品研发中心、校中厂、技能大师工作室等研发平台，努力推进与企业在技术创新、产品开发、科研攻关、课题研究、项目推进等方面合作，鼓励教师进企业研发中心、下企业找课题，建立“厂中校”或研发工作室，为企业解决技术难题，为学生和企业员工进行培训。

二是建设省市级专业发展支撑平台，打造中坚平台。打造了校企共

建、共管、共享的高水平开放式实训基地，集实践教学、社会培训、企业真实生产和社会技术服务于一体，辐射区内学校和企业。与温岭市科技局共建了技术成果转化中心，提升学校的产学对接成效和师生技术成果转化率。与杭州市钱塘新区共建高职科创园，吸纳、集聚在杭高校大学生来校创新创业。发挥杭职院特色专业群资源优势，提升专业群对产业的贡献度。依托杭职院的电子商务、服装设计与工艺、信息安全与管理、电梯工程技术、机器人及智造装备等专业群，打造专业发展支撑平台。

三是建设国家重点平台，打造顶尖平台。建设国家级职业教育研究智库——校企命运共同体研究院，打造国内具有相当影响力的现代职业教育发展研究中心、合作交流中心和决策咨询研究中心。通过从基础、中坚到顶尖平台的搭建，形成了"金字塔式"技术技能创新平台集合，让学校所有教师都能找到适合自己的科研平台（见图5-1）。

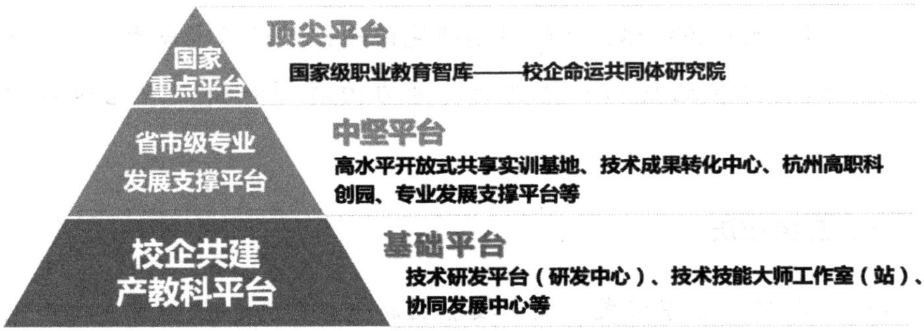

图5-1 打建"金字塔式"技术技能创新平台体系

（二）打造"倒金字塔式"科研治理体系，放权松绑，贴心式服务

一是构建了全员激励制度引导教师参与科研。通过制定《教科研成果奖励办法》《科研经费使用补充规定》，将技术技能创新和服务作为教师工作考核、职称聘任的重要指标，加强对关键研究成果、技术转化的资源配置，将绩效奖励与团队业绩挂钩，鼓励竞争，激励教师参与科研，提升科

研创新活力。

二是制定分类引导机制实现各类成果齐头并进，通过修订《科技计划项目管理办法》《科技合作项目管理办法》《科技成果转化管理办法》，规范引导各类项目、成果的管理，为学校教师各类科研成果管理落实制度保障。

三是组建科研精准服务团队，推动科研服务职能转变。具体来说，第一，专人专门服务。杭职院科研处通过出台《技术技能大师工作站管理办法》《协同创新中心管理办法》《科研创新团队管理办法》和《院士工作站管理办法》，并在科研项目申请、经费统筹、专利申报、著作权知识产权保护、成果保护等各方面提供专人专门管理与点对点精准服务，把科研管理工作落到实处。第二，强化科研宣传和推广。将科研及成果开发工作的支持、优惠、奖励政策宣传落实到位，依托科研管理系统实施教师的科研进度把控，切实提升研究效能。第三，创造科研条件。学校为教师参与科研在经费、图书资料、实验设备时间安排、信息交流等方面提供便利，以期早出成果、出好成果、产生科研效益（见图5-2）。

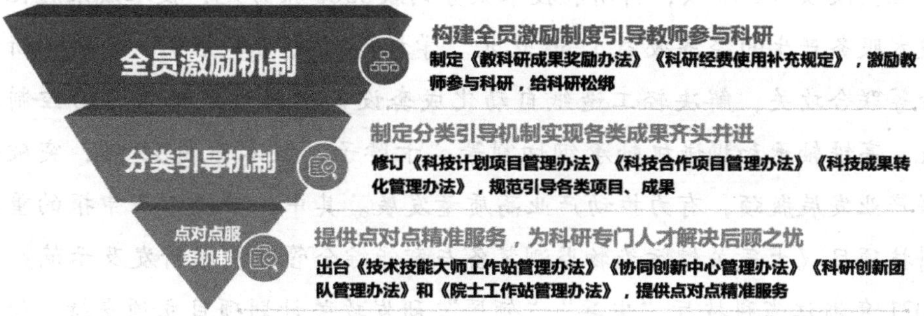

图5-2　打造“倒金字塔式”科研治理体系

二、成果成效

（一）产出了一批高水平科研项目和成果

“双高”建设以来，杭职院立项纵向科研项目295项，其中，国家级2项、省部级34项，省部级以上立项数年均增长44%。获专利授权1000余项，获发明专利79项，其中，国际发明专利5项。获省部级以上科研成果奖2项。促成5项国家（省市）层面政策法规方案出台。牵头研制了国家职业技能标准、职业技能等级标准、教学标准18项。牵头、参与研制国家、技术规范、行业（地方、团体）标准、行业协会从业人员培训规范等12项。

（二）建成了区域技术技能创新高地

与中科院、大学相比，高等职业院校的科技成果更注重应用、更满足企业现实需求、更接地气。杭职院充分发挥自身资源优势，联合浙江知识产权交易中心的平台优势与钱塘新区的区位优势，积极开展技术合作，打造技术技能创新服务高地。建设期内，学校服务中小微企业793家，承担企业技改项目336项，科研和技术服务到款5500余万元，技术成果转化和技术服务产生的经济效益1.56亿元。学校与科技领军企业、专精特新企业等联合攻关，解决轻工造纸自动化成套设备中同步纸机的运动控制系统、高铁轴承和掘进机轴承钢切割等“卡脖子”技术难题15项，突破关联产业发展瓶颈，有力推动产业高质量发展。其中，学校牵头申报的重大科技项目《大气关键污染物监测装备与智能综合管控技术研发及示范》获2021年浙江省科技厅“尖兵”“领雁”研发攻关计划项目立项支持，研发经费1000万元。该项目的立项成为杭职院主持“尖兵”“领雁”项目的历史突破。

案例5－2：

加快科技成果转化，打造科技成果“杭职拍”品牌

杭职院十分注重推动科研成果转化工作，施行了一系列举措，对社会和国家区域经济起到了积极的促进作用。杭职院作为2019年教育部首批重点建设的中国特色高水平高职学校（全国共56家，排第19位），始终坚持“校企合作、工学结合、文化育人”的办学理念，秉持“立足钱塘区、服务杭州市、助力长三角”的办学定位，全国首创“校企共同体”办学模式，走出了一条校企利益与共、文化相通、成果共享的高职教育“校企共同体”多元发展模式。学校以“科技成果拍卖”为抓手，定期征集、筛选优质科技成果举办专场拍卖活动，打造出科技成果“杭职拍”品牌，在省内同类院校中脱颖而出，引起社会的广泛关注。

一、主要做法

（一）举办高职院校科技成果专场拍卖会

科技成果“杭职拍”是杭职院落实杭州市创新驱动战略、深化产教融合的创新之举，是加快高校科技成果转移转化的重要举措，也是加快学校“双高”建设、升本创大的关键一环。杭职院以“研究型高职”为目标，结合地方产业发展需求和学校的专业优势，定期征集、筛选优质科技成果举办专场拍卖活动，加快打造科技成果“杭职拍”品牌。高职院校科技成果专场拍卖会在浙江省甚至国内，尚属首次，“杭职拍”品牌也为高职院校的科研成果落地、服务区域经济的未来发展方向趟出了一条新路。

（二）强化科技成果转化的部门协同机制

杭职院推动协调工作机制改革，强化成果转化的支撑配套。一方面，由主管校领导牵头，相关部门各司其职、密切配合。从科技成果的产生到

科技成果的转移转化，从管资产、管人才、管经费到合规性审查，各相关部门边界清晰，分工协作，形成完整的职能体系。另一方面，相关职能部门密切联动，做好科技成果转移转化的组织保证（见图5-3）。

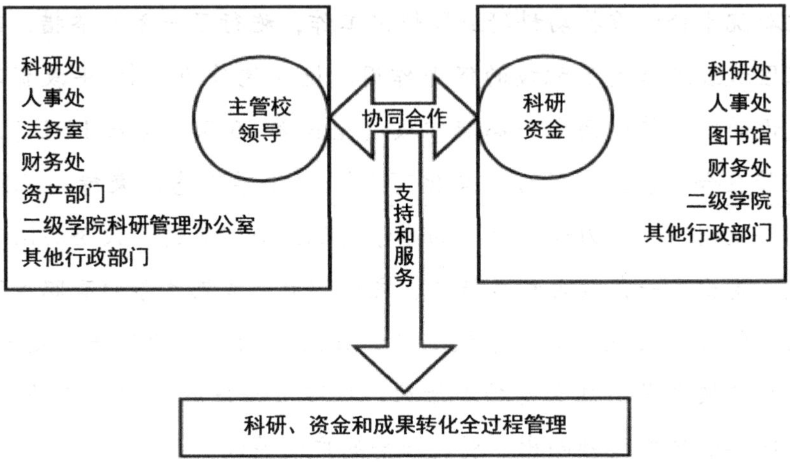

图5-3　科研管理的相关部门协同工作机制示意图

二、成果成效

（一）打响技术成果转化“杭职拍”品牌

杭职院与杭州钱塘新区共同主办，钱塘新区经发科技局、温岭市科技局、浙江知识产权交易中心以及中国计量大学科技处联合承办的两届科技成果拍卖会，共成交53项科技成果，拍卖金额达2700余万元。2020年12月16日，杭职院首场科技成果拍卖会举行，共推出17项科技成果，涵盖智能制造、健康医疗、教育、新材料、农林畜牧等技术领域。最终，总起拍价678万元的17项科技成果全部成交，总成交价958.5万元，溢价率41.37%。其中，成交价最高的“电动叉车用锂电池组及其管理系统”项目成交价为120万元；溢价率最高的“西红花抗连作栽培技术”从16万元起拍价被一路追至80万元成交，溢价率400%。2021年11月12日，杭职院第二届科技成果竞价（拍卖）会如火如荼，推出36项科技成果，总起拍价1263.5万元，成交总价1771万元，溢价率达40.17%。其中，成交金额最高的“系列服装新产品研发和新材料制备技术”项目成交价格为120万元。两届科技成果拍卖会共成交53项，合计成交价2729.5万元。央广网、光明日报、中国日报、浙江卫视、科技金融时报等20余家媒体进行了专题报道，社会反响强烈（见图5－4）。

图5－4　2020年浙江科技成果拍卖会杭州职业技术学院专场现场

（二）教师成果转化积极性大幅提升

“杭职拍”的每一项科技成果拍卖所得资金的95%返还给科研团队，即使是职务发明专利也享受95%分成待遇，这项政策创新彻底改变了过去高校科研院所普遍存在的“重发明创造，轻成果转化”的瘤疾，极大激励了学校老师和其他科研人员开展技术应用研发的积极性。此次科技成果竞拍进一步扩展了科技成果与产业市场对接渠道，加快杭职院科技成果转移转化效率，激发广大教职工将更多科技成果从实验室投向生产一线，对加快科技成果产业化、打通科研成果落地转化障碍、提升学校教学科研和社会服务水平具有重要意义。

（三）区域中小微企业获得技术支持

与中科院、大学相比，高等职业院校的科技成果更注重应用、更满足企业现实需求、更接地气。杭职院充分发挥自身资源优势，联合浙江知识产权交易中心的平台优势与钱塘新区的区位优势，积极开展技术合作，打造技术技能创新服务高地，给渴求技术成果的地方企业带来了福音。

第二节　社会服务改革实践

高等职业教育作为高等教育的下属类型，其以促进就业和适应产业发展需求为导向，着力培养高素质劳动者和技术技能人才。由此可见，与普通教育相比，其社会服务的功能更为突出，“双高”计划也明确要求高职院校要提升服务发展水平。但是高职院校由于起步晚，对社会服务的认知不深入，其社会服务能力具有明显的短板，在办学过程中与专业建设难以形成良性互动①。除此之外，高职院校的社会服务平台缺乏，使得其服务层次不高、服务面狭窄，难以满足企业的发展需求②。而校企共同体的构建给高职院校社会服务能力的提升注入了强劲的动力。具体来说，其能够有效整合校企双方资源，优势互补并契合企业及市场需求；同时其通过服务方式的拓展，使得社会服务的手段日趋多元化。当然，校企双方在充分发挥其社会服务功能的同时也将收获其带来的附加价值，对社会责任的承担将大大提升其社会认可度，而这种肯定和信赖将为高职院校带来更多的生源、社会资源以及就业机会，同时为企业带来品牌影响力的扩大和市场占有率的上升。

---

① 丁馨．高职院校教师社会服务能力提升的现实困境与具体路径［J］．教育与职业，2021（13）：58－62.

② 岑家峰．新时代高职院校社会服务现状及能力提升路径研究——基于广西高水平高职学校质量报告的分析［J］．职业技术教育，2021，42（18）：47－52.

高职教育的社会服务包含两个层面，一是人才培养层面，二是技术服务层面。人才培养层面主要包括为社会培养合格的高素质技能型人才，为劳动者提供职业技能培训、知识更新和素质提升；技术服务层面主要包括为行业企业开展有针对性的应用技术研究和技术开发。杭职院在社会服务方面的创新与探索自然也兼顾了以上两个方面。如在人才培养方面，杭职院整合政府、行业、企业、职业院校优质资源，开展职业技能培训，探索构建精准扶贫的“杭职模式”；为全国职业院校开展个性化定制培训，提供了助力职业教育高质量发展的“杭州经验”。而在技术服务层面，比如其覆盖中西部地区，对接行业企业，帮助小微企业解决技术难题。

案例5-3：

行企校协同创新保障城市公共安全

杭职院依托电梯行业培训资源集聚优势，开展电梯检验员、检验师、特种设备等各类作业人员技术技能培训，填补电梯专业技能人才不足的缺口，开展中职电梯工程技术专业教师的技能提升培训，确保中职教师的技能技术与行业要求无缝接轨，完善全国电梯检验员能力提升平台、企业新员工能力提升平台、特种设备从业人员上岗证认证平台，推动全方位、快速提升电梯行业从业人员技能技术水平的建设步伐。针对公共乘梯安全，构建电梯安全教育公益平台，普及安全乘梯规范，提高公众电梯使用安全意识。依托电梯人才培养教育资源优势，扩大精准扶贫电梯人才培养联盟范围，集聚扶贫资源，服务国家战略。

一、主要做法

（一）行企校深度融合，提升优势资源聚合力

整合杭职院、省特科院、电梯企业三方资源，建成国内首屈一指的电

梯人才培养基地。省特科院投入600多万元改造校内教学场所，并将海宁尖山校区（投资2.6亿元，占地75亩）委托学校统一管理，浙江省唯一特种特备上岗证办证机构整体迁入学校。企业投入1400多万元建成拥有28部竖梯、6部扶梯的电梯培训中心（全国规模和质量第一）。全球电梯龙头企业奥的斯电梯华东培训基地落户学校（见图5-5）。

图5-5 特种设备学院成立签约仪式及特种设备学院二届一次理事会

（二）机制创新，深化体制机制改革

1. 建立专业群共建共享机制，行企校优质资源有机融合

建成电梯专业群行企校三方共建共享机制，推动专业群协同建设单位为专业群建设提供优质资源。学校方面，将电梯工程技术专业群建设资金优先列入学校年度经费预算，专业群所在二级学院年度预算基础系数连续四年高于全校平均值；行业方面，浙江省特科院培训中心整体迁入学校，向社会开展技术技能培训服务，培训收入创新高；企业方面，奥的斯机电、西子航空、西奥电梯等企业每年投入更新教学设备，开设企业定向班，持续为企业输送高质量技术技能人才。

2. 建立三方协同管理机制，强化专业群组织保障

建成特种设备学院理事会管理机制，实行理事会领导下的院长负责制。由省特科院中层担任院长，学校中层担任执行院长，企业人员担任副院长，日常运行由院长办公会决定，重大事项由理事会商议决定。建成特

种设备学院校企工作委员会，人才培养与电梯行业发展和产业技术进步同步优化，动态调整专业群人才培养定位；调整专业群专业，增加机械设计与制造、工业机器人技术专业。

3. 建立资源反哺机制，实现专业群可持续发展

以学校人才培养、社会公益为主导，以企业技能培训和技术研发为主体，建立“开放共享、循环运行”的资源反哺机制，实现专业群可持续发展。依托电梯协会与电梯人才培养联盟，发挥学校在国内电梯人才培养领域的高地作用，吸引社会机构和企业投身电梯职业教育。加大社会培训服务能力，提高社会培训服务收入，反哺专业建设，构建专业群发展新生态，实现资源与市场的同步更新。

（三）整合资源，打造协同服务平台

1. 聚焦产业升级与公共安全，创建两大中心

聚焦电梯公共安全需求，与杭州市特种设备应急处置中心（96333）共同建成杭州电梯大数据中心，共享电梯故障案例数据，向政府监管部门提供决策咨询。聚焦电梯产业升级需求，建成浙江省电梯评估与改造应用技术协同创新中心，成功中标百万级的政府电梯安全隐患排查工程。另外，杭职院还开展了电梯无载荷平衡系数测试、AI扶梯安全监控等电梯评估与改造技术及产业化研究，发表论文23篇，完成相关市厅级以上课题9项，授权专利、软著100项，其中发明专利5项，横向技术服务到款309.3万元。此外，依托国家电梯产品质量监督检验中心（浙江），为电梯安全与节能减排提供检验检测和技术咨询，服务电梯企业新产品开发，参与行业标准修订，主持或参与完成修订标准4项，如表5-1所示。

表5-1 电梯专业群参与建设的标准

标准名称	标准级别	发起部门
《电梯安装维修工国家职业技能标准》	国家标准	人力资源和社会保障部

续表

标准名称	标准级别	发起部门
《电梯维修作业人员考核大纲》	国家标准	国家市场监督管理总局
《物联网采集信息编码与数据格式》	行业标准	中国特种设备安全与节能促进会
《电梯行业工程技术类培训规范》	行业标准	中国电梯协会

2. 聚焦国计民生，践行“精准扶贫”国家战略

电梯工程技术专业深刻领会“治贫先治愚、扶贫先扶智”的理念，首创“精准扶贫班”，受到省委书记批示、国务院扶贫办肯定，被教育部评为“十二五”高校扶贫典型案例。精准扶贫班采用“免费培养、定向就业”模式，对学员进行3个月的电梯安装维修技能专业培训，在考取电梯安装维修作业人员上岗证后，统一推荐进入知名电梯企业就业，起薪不低于4000元。通过该项目实现了培养人才、服务社会的基本宗旨，已经帮助来自四川、云南、贵州共计226名贫困孩子解决了就业问题，实现“一次培训、一家脱贫”的目标，搭建了“政、行、企、校”协同推进的大扶贫格局。

3. 聚焦社会服务，创新科普教育新模式

依托杭职院海宁校区全国首家特种设备安全科普教育基地，面向大中小学生、政府公务人员、企业高管和党校学员，运用新媒体、大数据和人机互动技术，通过体验VR仿真电梯下坠、扶梯逆转、应急救援等项目，开展特种设备安全警示教育、特种设备专业知识普及等科普教育活动，并举行“电梯安全进校园”“电梯安全进社区”等公益活动20场以上，提高了公众防范风险意识和应急处置能力。

（四）育训结合，拓宽社会服务领域

年培训5000多人次，培训收入1200多万元。成为浙江省电梯领域重要的技术方案输出地，中标杭州市政府电梯评估服务项目、承接杭州运行速度最快的欧美金融城（EFC）电梯技术服务项目、滨江区住宅电梯维保

技术服务等多个项目。多次为全国首个电梯应急处置中心（杭州市特种设备应急处置中心）提供数据分析和决策支持。多次承办国家、省、市各级电梯维修工职业技能大赛；依托电梯人才培养联盟，开展“电梯精准扶贫”。

二、成果成效

（一）立足技能培训，促进了行业从业人员技能提升

利用电梯行业培训资源的集聚优势，开发涵盖学习、练习、考试三个环节的电梯培训信息化平台，把培训中心打造成为国内外知名的电梯技能培训平台，涵盖职工培训、国内特种设备作业人员考试、电梯企业的入职岗前和在职技能提升培训及全国电梯检验员培训和检验师能力提升等项目。联合开展各类培训及鉴定16万人次，培训收入达1亿元。

（二）面向城市公共安全，构建了电梯安全教育公益平台

依托特种设备学院海宁尖山校区（全国首家特种设备安全科普教育基地），面向大中小学生、政府公务人员、企业高管和党校学员，运用新媒体、大数据和人机互动技术，开展特种设备安全警示教育、特种设备专业知识普及等科普教育活动；通过体验VR仿真电梯下坠、扶梯逆转、应急救援等项目，提高公众防范风险意识和应急处置能力。积极推进“电梯安全进校园”“电梯安全进社区”等公益活动，提高公众电梯使用安全意识。建设期内完成特种设备安全科普教育6万人次。

（三）贯彻科技决策，促进了科研创新成果转化

秉持“引领创新、支撑发展、科教融合、开放协同、追求卓越”的发展理念，深入实施创新驱动发展，凝心聚力，真抓实干，全力提升科研创新能力，促进科技成果转换。近两年科研和技术服务到款额将近2000万元，其中成果转化额近1000万元。

案例5－4：

践行国家精准扶贫战略，服务电梯产业发展

杭职院坚持以习近平总书记“精准扶贫、精准脱贫”战略思想为引领，践行“治贫先治愚、扶贫先扶智”扶贫理念，着力整合政府、行业、企业、职业院校优质资源，创新职业教育多元协同参与的精准扶贫模式，通过联合杭州市中华职教社合作，依托电梯工程技术专业，采用“免费培养、定向就业、精准扶贫”模式，实施温暖工程“星火计划”，开设“励志班”“宏志班”，帮扶贵州、甘肃、云南等中西部省份贫困地区职业院校的贫困学生开展电梯维修技能培训，旨在通过帮助寒门学子切断贫困代际传播，促进学生就业创业，提升学生人生价值，实现“职教一人、脱贫一家”的精准扶贫目标，探索构建精准扶贫的“杭职模式”，为职业教育助力国家扶贫工作提供“杭州经验”。

一、主要做法

（一）依托“一个”专业，构建“一体两翼”精准扶贫职教方案

把握东西部扶贫协作的有利契机，依托高水平电梯工程技术专业建设，借力杭职院跨界融合的资源优势，形成了“一体两翼”的精准扶贫工作思路，即以职教精准扶贫为“主体”，以定点扶贫和继教扶贫为“两翼”，全面推进精准扶贫（见图5－6）。一是坚定落实“精准扶贫、精准脱贫”的扶贫理念，对口支援中西部高职院校，精准选拔符合扶贫政策的学生，联合全球前十电梯企业开展定向培养，实现电梯产业发展和贫困学生就业的精准对接。二是围绕教育部、省市战略部署，结对河北威县（教育部定点帮扶县）、丽水缙云县（浙江省内贫困地区）、湖北恩施州（杭州对口帮扶对象）等地区中高职院校，开展人才培养目标、专业设置、课

程体系、教学内容、师资队伍建设等方面对口帮扶，以专业示范辐射带动相对贫困地区职业教育发展。三是依托技术技能人才培养优势，选拔品学兼优、家庭困难且有志于从事电梯安装维修职业的学员，设立“励志班”，免费为学生进行理论教学、专业实训和顶岗实习指导，以技能扶贫助力脱贫攻坚。

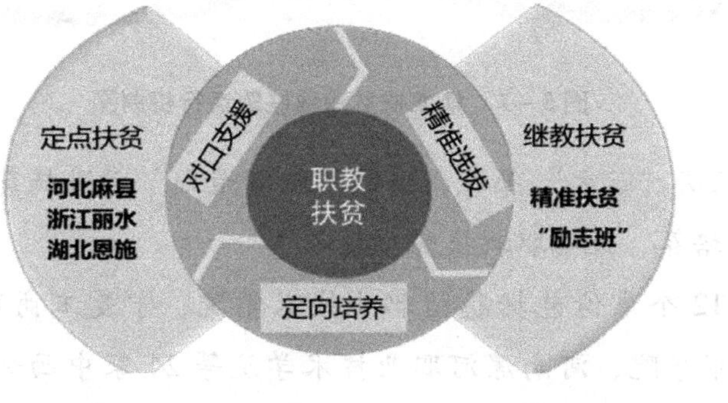

图5-6 精准扶贫“一体两翼”战略

（二）整合“四方”资源，搭建“校校企”精准扶贫职教联盟

在资源整合上，依托“校企共同体”办学体制机制优势，整合政府、行业、企业、职业院校四方资源，形成资源集聚优势。在目标定位上，通过实施定向培养，学生毕业后全部进入杭州西奥、奥的斯、通力电梯等国内前十大电梯企业生源所在地分公司工作，也可根据意愿选择所在省份的其他城市工作，并按照工作绩效逐年上浮，实现了“职教一人、脱贫一家”的目标。在路径选择上，发挥政、行、企、校多方资源集聚优势，结对贫困地区职业学校，推动优质职业教育资源共享，促进区域职业教育协调发展。实施温暖工程“星火计划”等，面向贫困地区贫苦学生开展电梯培训。在帮扶模式上，采用“免费培养、定向就业”模式进行免费定向精准培养，学生与企业确定订单培养意向，并和学校、企业以及学生所在学校签订四方协议，确定各方责权利关系，建立政行企校“多方联动、协同发展”的工作机制（见图5-7）。

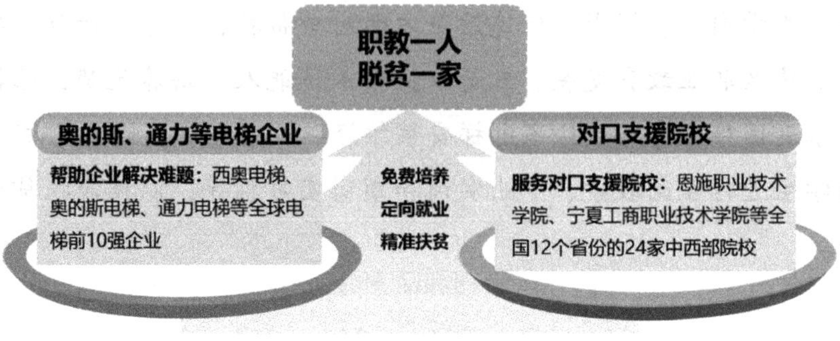

图5－7　精准扶贫职教联盟运行机制图

（三）做实“三大”项目，擦亮“扶智造血”精准扶贫职教品牌

1. 定向培养，做实职教扶贫项目

与全国12个省份包括恩施职业技术学院、宁夏工商职业技术学院、兰州职业技术学院、河南漯河职业技术学院等24家中西部院校建立对口支援关系。充分利用自身技术技能人才培养优势，搭建定向培养精准扶贫平台，在对口支援院校选择贫困学生（选拔对象为大三机电类学生，由所在院校或当地政府扶贫办推荐）。学生在杭职院学习2个月后，到杭州西奥、奥的斯、通力等电梯企业进行为期3个月的实习，学习电梯安装、维修与保养技术。学生毕业后全部进入杭州西奥、奥的斯、通力电梯等国内前十大电梯企业生源所在地分公司工作，也可根据意愿选择所在省份的其他城市工作，综合起薪超过4000元/月，并按照工作绩效逐年上浮，实现了“培养一个学生，脱贫一个家庭”的目标。

2. 积极对接，做实定点扶贫项目

一是积极对接教育部定点帮扶县——河北威县，联合杭州西奥电梯有限公司、河北机电职业技术学院，与威县职教中心签订四方协议，建立四方协同联动机制。选派专业人员对接威县职业教育中心，从人才培养目标、专业设置、课程体系、教学内容、师资队伍建设等方面对口帮扶，捐赠设备帮助威县建设电梯实训基地，改善实训条件，搭起学生成长发展的

"立交桥"。二是积极响应浙江省关于"山海协作工程"总体部署，结对淳安县、缙云县等省内贫困地区中职学校，实施中高职衔接对口帮扶，开展技术技能培训、科技服务、职业教育共建等项目，促进优质职业教育资源共享，助力区域职业教育协调发展。三是主动参与教育部"全国高校与湖北高校毕业生就业创业工作'一帮一'行动"，并作为首批确定开展帮扶行动的48所高校之一，与湖北恩施职业技术学院（以下简称"恩施职院"）建立就业对口帮扶关系。针对此次疫情冲击背景下的就业困难，迅速制定了对口帮扶工作方案，迅速整合了"企业人才需求库"，迅速启动了面向恩施职院毕业生专场招聘会，真正"把恩施职院的毕业生当成杭职院自己的毕业生"。

3. 积极开拓，做实继教扶贫项目

一是结对丽水市，精准实施电梯人才培训。从丽水市职业高级中学、丽水市技工学校、遂昌县职业中等专业学校等学校选拔品学兼优、家庭困难且有志于从事电梯安装维修职业的学员，设立"励志班"。杭职院为"励志班"学生定制培训课程，选派优秀培训教师，免费为学生进行3个月的理论教学、专业实训和顶岗实习指导。二是联合中华职教社，精心组织温暖工程"星火计划"项目。学生来自黔东南、四川、云南等省低收入家庭，由中华职教社在当地机构负责遴选（通过自主报名、各县选拔、集中面试的方式）。为了更好地解决贫困学员的后顾之忧，政企校三方承担了学生来杭期间学习的所有费用，学生不需要支付任何费用。

二、成果成效

（一）创建了精准扶贫模式

创新采用"免费培养、定向就业、精准扶贫"模式，实施了"一体两翼"精准扶贫战略，构建了跨区域高职院校协同发展联盟、区域中高职学校紧密型共同体，具有较强的示范辐射作用和推广应用价值。依托电梯人才培养教育资源优势，扩大精准扶贫电梯人才培养联盟范围，集聚扶贫资源，服务国家战略。继续在全国范围开展“星火计划”“校校企精准扶贫班”“电梯励志班”等多种形式精准扶贫项目。深化与黔东南民族职院、兰州职院、新疆轻工职院、漯河职院等西部院校建立的对口支援关系，建立旨在服务深度贫困地区学生技能脱贫的“校校企”培训平台。

（二）整合了多方优势资源

依托“校企共同体”办学优势，精准对接行业和社会需求，构建了政行企校多元化主体参与格局，打破了“援助是主力，维持靠政府”的路径依赖，形成了“多方联动、协同发展”的工作机制。具体来说，学校依托电梯人才培养教育资源和企业合作优势，在建设期内接收对口院校学生200名，学生毕业后到国内十大电梯企业就业。同时与各地扶贫帮扶机构开展合作，接收当地贫困学生，培养学生电梯职业技能，并在完成培训后帮助其就职于电梯企业，实现精准扶贫。

（三）共享了扶贫教育成果

实现了“培养一个学生，脱贫一个家庭”“属地维保工人配套电梯销售”“协同推进专业建设”“发挥示范引领作用”“服务产业发展”等多维目标，参与方共赢共生，项目具有非常强的可持续发展能力。

自2016年方案实施以来，先后帮扶贵州、甘肃、云南等中西部12省份贫困地区24所职业院校，面向300余名贫困学生开展电梯技能提升培训，撬动教育部门、社会组织等投入406万元资金，助力300多个家庭走上富裕之路。该项目得到了各级政府部门和社会媒体的充分肯定。学校《“培养一个学生、脱贫一个家庭”——杭州职业技术学院精准扶贫工作》入选教育部《高校定点扶贫典型案例集》，定点精准扶贫模式得到了国务院扶贫办的充分认可，并获时任省长车俊批示肯定。《浙江卫视新闻联播》专题对学校“励志班”精准扶贫新模式进行了深度报道。2020年4月，中央电视台新闻频道（CCTV－13）对杭职院“一帮一”结对恩施职业技术学院的具体做法给予了充分肯定。2020 年 11 月，荣获中华职教社温暖工程实施25 周年优秀组织管理奖，全国职业院校决胜脱贫攻坚“先进集体”。“党建助力精准扶贫”活动入选了首批浙江省高校党建特色品牌双百示范工程（见图 5－8 至图 5－10）。

图 5－8　获评全国职业院校决胜脱贫攻坚“先进集体”

图 5－9　获评中华职业教育社“温暖工程优秀组织管理奖”

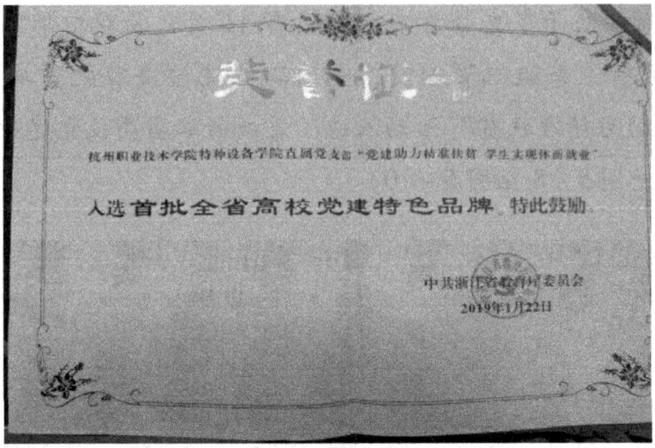

图5－10　“党建助力精准扶贫”活动入选首批浙江省高校党建特色品牌

案例5－5：

“科普＋普法”打造立体式安全教育新范式

随着特种设备制造和使用数量的增长，安全形势日益复杂。普及全民特种设备安全知识，是保障特种设备安全的重要环节和手段。杭职院打造多个全国首创科普载体，面向全国开展“沉浸体验式、数字化互动式、案例解读式、作品讲述式”科普宣教，首创了全国“看得见、摸得着、听得懂”的立体式“科普＋普法”安全教育新范式。

一、主要做法

（一）创新科普管理体系，打造专业科普团队

1. 组建一支专业化科普队伍

成立科普宣传教育中心，配备8名专职人员，积极发挥浙江省特科院222名高层次专业技术人员和杭职院志愿者人才优势，形成了一支以专职

科普人员为主，高层次技术人员为辅，大学生志愿者为补充的科普团队，为科普宣传提供师资保障（见图5-11）。

图5-11 科普团队为学生提供科普体验

2. 建设一批专业化科普场地

建成启用全国首家特种设备安全科普教育基地、全国首辆特种设备普法科普大篷车等，采取“请进来、走出去”方式，常态化免费开展特种设备科普（见图5-12）。

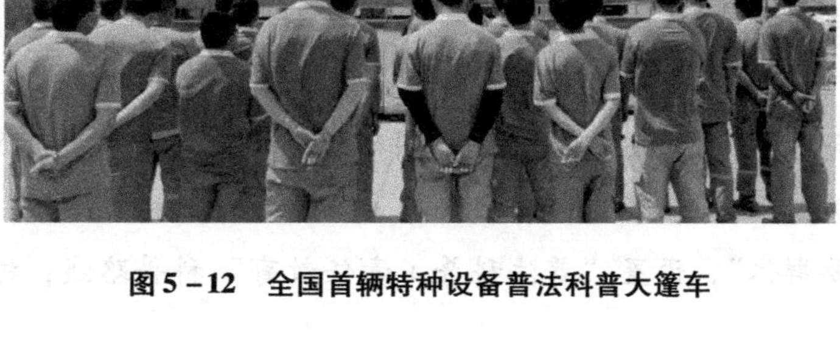

图5-12 全国首辆特种设备普法科普大篷车

3. 设立一批专项科普资金

浙江省特科院自2017年以来累计向浙江省财政申请特种设备普法科普专项资金800余万元。积极与省、市、区三级科普主管部门联动，申请专项资金，为科普宣传提供资金保障。

（二）创新科普宣传手段，打造多个全国首创科普载体

初期投资2.6亿元，在浙江海宁建成了全国唯一的以特种设备安全法治教育为主题，占地面积53800平方米，包括“一馆一室一中心一廊一车两基地”在内的集展览、体验、培训为一体的大型综合性教育场馆。

“一馆”即主展馆，特种设备安全科普教育基地。配置全息投影、VR体验、场景模拟、微缩模型等展品42件，普法科普展板300米，5D事故警示教育影院，系统展示相关法律法规、安全状况、典型案例等内容。“一室”即特种设备科研综合实验室。包含电梯、材料及元件、机器人、起重机、阀门流量等五个实验室。“一中心”即特种设备事故警示教育中心，收录全国特种设备典型事故案例20余个，收集展陈全国特种设备事故残骸10余个，实现“警示+教育+体验”三合一互动。“一廊”即法治文化长廊，利用废弃特种设备原材料制成《生命之光》《警钟长鸣》等铜雕9个，赋予了生硬的特种设备艺术生机。“一车”即全国首辆特种设备普法科普大篷车，集普法、科普、体验、娱乐于一体，运用AR、VR、全息投影等黑科技，打造了游戏及观影舞台、车外展播、车厢体验区等三大展区。“两基地”即综合考试基地和应急救援处置演练培训基地，采用信息科技，实现70余种电梯故障设置及电梯、起重机等技能考试自动研判，实施可视化在线监控。

（三）创新科普群体覆盖面，打造多条科普路线

向社会免费开放科普教育基地、科研综合实验室等科教资源，抓住领导干部“关键少数”，设置“普法科普+警示教育”科普路线；抓住从业人员“主要群体”，设置“普法科普+责任教育”科普路线；抓住社会大

众“重点多数”，设置“普法科普+安全教育”路线。

（四）创新科普传播媒介，打造线上线下科普平台

1. 聚焦线上媒体传播

联合中央电视台少儿频道“非常游学团”栏目组拍摄特种设备亲子节目；在浙江在线开设特种设备安全教育专栏；联合浙江卫视、浙江日报等主流媒体策划报道特种设备安全专题，广泛传播特种设备安全文化及法律法规知识。

2. 聚焦线下活动传播

依托科普教育基地，免费开展中小学生研学、青少年科技夏（冬）令营等特种设备科普主题活动；依托科普大篷车，开展“进校园、进企业、进社区”活动，多形式普及特种设备法律、安全知识。

3. 聚焦双线联动传播

开通特种设备安全科普教育基地网上展馆、手机展馆。在杭州地铁、公交等公众场所投放科普海报。制作的“安安带你向前冲”微信闯关游戏，吸引全省78243名学生学习乘坐电梯及游乐设施的法律、安全知识（见图5-13）。

图5-13　特种设备安全科普教育基地网上展馆

二、成果成效

2019 年以来，特种设备安全科普教育基地免费接待参观者 4 万余人次，开展科普大篷车“三进”活动近 50 场，主题科普活动 200 余场，通过在电视、网络、公交等载体投放科普宣传知识及作品，累计受教育人数超 1000 万人次，得到社会各界高度好评。先后取得全国法治宣传教育基地、国家市场监管科普基地、中央电视台少儿频道“非常游学团”取景地、浙江省科普教育基地、浙江省法治宣传教育基地、浙江省中小学生研学实践教育基地、浙江省中小学生质量教育社会实践基地、浙江省工业旅游示范基地、浙江省委党校行政学院现场教学基地等牌子。

案例 5－6：

完善“1234”，打造社会服务品牌

杭职院将国家高水平专业群——服装设计与工艺专业群自身的办学优势与区域经济社会发展紧密结合，主动承担起社会服务的责任，成为“当地离不开”且社会美誉度不断提高的专业群。主要从以下几方面入手：一是完善教学资源库建设，促进社会优质资源集聚，发挥平台辐射功能，面向社会开放，拓宽社会服务功能。二是搭建各类社会服务平台，提升专业群的城市服务力和行业贡献力，为中小微企业提供技术服务和企业员工培训，提升专业社会美誉度。三是成立产业技术研究院，以科研促教师能力发展，以科研带动人才培养质量。

一、主要做法

构建“1234”社会服务机制，提升专业群社会服务能力（见图 5－14）。

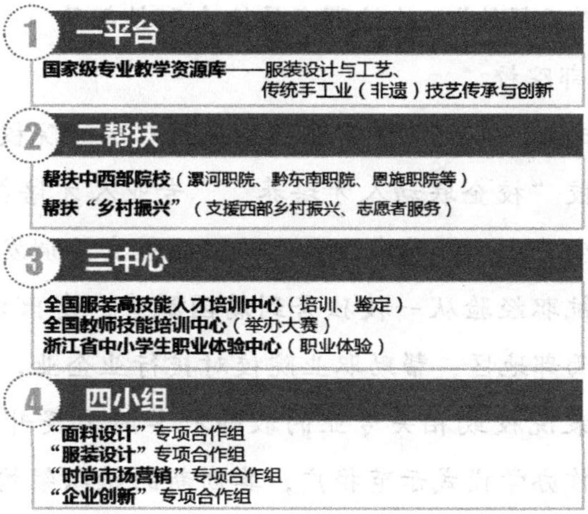

图 5－14　专业群“1234”社会服务体系

（一）完善“一中心”，优化在线学习场景

主持国家级资源库——服装设计与工艺资源库建设，目前注册用户达到 33101 人，课程内容和资源库功能不断完善，实现服装设计与工艺专业“时时、处处、人人”的学习场景。全程参与国家级资源库［传统手工业（非遗）技艺传承和创新］建设，参与资源库线下馆——非遗博物馆的设计和建设工作，充分展现了专业特色和专业能力（见图 5－15）。

图 5－15　主持国家级教学资源库（服装设计与工艺）建设

（二）实施“两帮扶”，为协调发展输出职教智慧

1. 帮扶中西部院校

深化对黔东南民族职院、漯河职院、恩施职院等院校的对口支援，有效解决了对口院校“校企联动人才培养”“专业人才培养定位”等难题，帮扶对口职院学生就业，带动中西部地区职业教育协调发展。在杭职名师名匠的努力下，杭职经验从一枝独秀到满园飘香，走出杭州，走向全国。社会服务覆盖中西部地区，帮助职业院校对接行业企业，助力技术技能人才培养，指导服装院校或相关专业的教师教学能力提升，服务产业聚集区，政行企校合作办学模式示范推广，其创新的组织架构、运行模式、人才培养定位、教学模式等引领职教改革（见图5－16）。

图5－16　白志刚教授2020年暑期在漯河职院开展帮扶工作

2. 服务“乡村振兴”

除了开展乡村基层干部、技术技能培训、创新创业培训和帮助小微企业解决技术难题以外，杭职院还组织了193个志愿小分队下乡实践，走进乡村大礼堂开展文艺表演，给老人免费检查身体，给留守儿童上兴趣课，鼓励从乡村出来的学生返乡发展。学生积极参加乡村振兴志愿服务活动，

毕业生踊跃报名参与西部和乡村振兴，形成学生刘则进（支援西部乡村振兴）、郑晓红（2020 年浙江省大学生志愿服务山区、海岛、边远地区计划志愿者）等典型。有了精准“脱贫攻坚”的基础，接续发力，2020 年杭州市中华职教社联手杭州职业技术学院、腾讯·大浙网、径山镇禅茶第一村，社校企村共建首个“乡村振兴领航学院径山分院”。杭州市中华职教社副主任杨志刚及杭州茶界、职教界、余杭区相关领导、省内外茶文化专家学者、径山茶仙子团队、媒体记者等近百人参加成立仪式。在大家的见证下，社校企村签订四方战略合作协议，打造具有全国影响、成效显著的乡村振兴公益共同体。精准实施人才振兴、产业振兴、文化振兴，集聚职教优势资源，创新机制，敢为人先，通过社校企村合作，打造“新技术、新业态、新农人、新乡村”的未来乡村实验室，为乡村振兴贡献杭州智慧，展现头雁风采。随着新一轮东西部协作的启动，2021 年杭职院联合贵州省中华职业教育社、遵义职业技术学院、四川水利职业技术学院，社校共建“乡村治理与发展研究院（学院）”，发挥职教优势助力新时代乡村治理与发展。在全国和三地省市中华职教社的大力指导和支持帮助下，发挥职业教育资源集聚优势，在人才培养、科学研究、社会服务等方面互相支持、协同共进（见图 5－17）。

图 5－17　志愿者服务中国国际动漫节、“振兴杯”职业技能大赛

（三）建设“三中心”，打造服装高技能人才培养摇篮

1. 联合全国技能鉴定中心、浙江省服装行业协会成立“全国服装高技能人才培训中心”

达利女装学院与行企合作建成国家级服装专业教学资源库和国家级传统手工艺（非遗）资源库等共享平台，为人才培训提供教育服务基础。近年来，新增高质量素材、案例、企业培训包等4000余件，满足教育服务供给，提升专业群社会服务能力。同时，联合全国技能鉴定中心、浙江省服装行业协会成立“全国服装高技能人才培训中心”，提升专业群的城市服务力和行业贡献力，为中小微企业提供技术服务和企业员工培训。主持开发服装制版师岗位标准、培训大纲和考证题库，开展技能鉴定5720人次。疫情期间，通过线上线下结合方式进行培训，面向全国服装企业从业人员共计培训12000人次，极大提升了纺织服装从业人员的综合素质（见图5－18、图5－19）。

图5－18 与海宁市许村镇开展校地合作

图 5－19　成立国家毛针织人才培训中心

2. 联合中国纺织服装教育学会成立全国教师技能培训中心

联合中国纺织服装教育学会成立全国教师技能培训中心，承办各种技能大赛、定期开展全省中小学教师专业发展培训工作。2019—2021 年承办全国职业院校教师服装技能大赛、全国中职学生技能大赛浙江省选拔赛等省级以上大赛 8 项，一直紧密对接国家战略部署和服装行业格局，激发学生学技术、练本领、比技能的热情，培养更多高素质技术技能人才，更好地为服装行业高质量发展服务。

3. 成立浙江省中小学生职业体验中心

自 2014 年以来，杭职院在全国首推职业教育反哺基础教育。作为浙江省中小学劳动实践教育基地（学农基地、职业体验基地）和杭州市中小学研学旅行基地，杭职院多年来一直致力于填补职业院校在青少年职业启蒙的“空白页”，已经开展职业启蒙活动 5 万余人次。经过几年的探索和实践，根据青少年各个学段的知识、心理特征，为满足从幼儿园、小学、初中到高中阶段对职业体验的不同需求，已经形成系统的、分层分类的菜单式课程，更是联合了一批企业和学校，联合开发了 300 余门各具职业特色的体验课程。2020 年 12 月，达利女装学院成为省级劳动实践基地暨职业体验基地。“双高”建设期内将完成 3000 人次以上职业体验活动。杭职院的职业启蒙活动，已经成为可复制、可示范的全国职业教育反哺教育的“杭职范式”（见图 5－20）。

图 5－20　中小学职业体验活动

（四）成立“四小组”，推进教师科技成果转化

杭职院和达利（中国）公司策划“达利企业研究院”建设，成立了“面料设计”“服装设计”“时尚市场营销”“企业创新”4 个专项合作组，促进学院教师科技成果转化，不断擦亮校企合作金名片。

二、成果成效

（一）资源库建设在教学和社会服务中发挥了重要作用

通过信息化手段，有效解决了“进不去”“看不见”“动不了”“难再现”等实习实训难题，有力地推动了信息技术在职业教育专业教学和职业培训领域综合应用。

行业、企业、社会机构深入参与职业院校人才培养、技术创新、就业创业、社会服务、文化传承。一方面，企业把技能大师和生产实践引入资源库，另一方面，资源库又被广泛应用于行业企业的培训和考核，实现了校际之间、校企之间优质资源的共建共享，为职业教育校企合作的不断深化提供了实质性支撑。

（二）有力推动了纺织服装从业人员的综合素质提升

为适应产业发展，加快高水平高技能人才队伍建设，国家推出《服装制版师岗位标准》，为满足广大从业人员专业能力提升需求，专业群组建专家教授、行业企业的顶尖专家、全国技术能手、全国大赛的优秀裁判组成的培训教师团队，主持开发服装制版师岗位标准，培训大纲和考证题库，开展制版师技能等级证书的培训和鉴定，为行业发展贡献院校力量。

（三）发起成立纺织服装职业教育联盟

2020 年 11 月，世界职业教育大会期间，杭职院共同发起的“一带一路”纺织服装职业教育联盟成立。专业群将不断提升国际化办学水平、国际化服务能力和国际影响力（见图 5－21）。

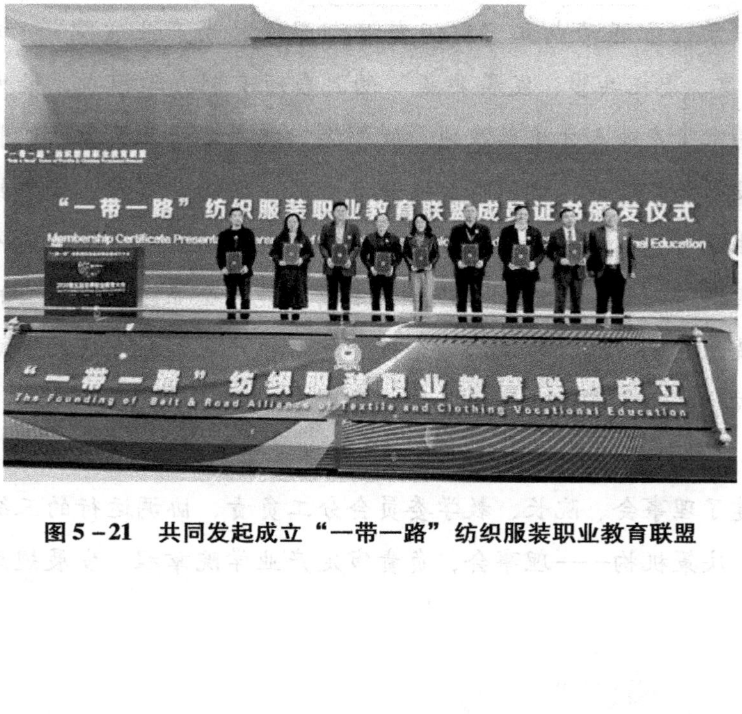

图 5－21　共同发起成立“一带一路”纺织服装职业教育联盟

案例 5－7：

政行企校共建产业学院，技能人才赋能乡村振兴

习近平总书记在全国教育大会上指出，要“提升教育服务经济社会发展能力，推进产学研协同创新”。建设产业学院是高职院校在产教融合新形势下，主动适应新业态、新趋势，进行资源整合和推动高职教育资源市场化运作的有效措施，是高职院校推进专业建设、培养高素质技术技能型人才的重要抓手。杭职院主动肩负落实国家战略的历史使命，强化责任，充分发挥职业院校的办学特色，精准落实“脱贫攻坚”“乡村振兴”等一系列国家战略，成为杭职院的又一张新的“金名片”。

一、主要做法

（一）服务区域产业发展，四方协同共建产业学院

杭职院协同海宁许村镇政府、海宁市家用纺织品行业协会、海宁市职业高级中学四方联动成立“杭海龙渡湖国际时尚产业学院”，积极探索“混合共建、委托共管、发展共赢”的混合所有制办学模式，聚力打造国内一流的家纺产业人才培养基地。联合海宁职高共同开展中高职长学制培养，开设纺织品设计、纺织服装电商等专业，面向盐官镇、长安镇、马桥镇等地生源为主招生，培养适应地方经济发展的高素质技术技能人才。产业学院实现“四链”融合，体现学历教育功能、企业培训功能、技术服务功能和展示宣传功能，打造政行企校合作助推产业创新发展的新典范、新标杆，成为共同富裕快车的强引擎（见图 5－22）。

（二）协调产业各方资源，构建产业学院组织架构

构建了理事会、院长、教学委员会分工负责、协调运行的三级管理组织架构。决策机构——理事会，负责审定产业学院章程、发展规划、管理

图5－22　时尚产业学院四方联动功能示意图

架构以及引进的重大项目（团队）及相关支持政策，考核产业学院工作情况和运行绩效；实行理事会领导下的产业学院院长负责制，负责拟定产业学院发展规划、运行管理制度、人才培养方案、课程建设方案、师资调配、教学资源建设等；领导机构下设教学指导组、办公室、后勤保障组三个工作机构，负责专业建设、教学、科技成果转化、行政管理、学生管理、外联服务等工作（见图5－23）。

（三）调研产业发展需求，明晰产业学院人才培养定位

杭职院联合海宁职业高中，走访许村镇纺织服装企业、深入调研了解企业用人现状及未来发展规划，走访毕业三年以上的学生，了解他们的职业发展情况，汇总调研意见及时修订人才培养方案，并经过专业组、企业专家和专业教学指导委员会论证。实施“2＋1＋1＋1”中高职长学制教学组织：“2”即中职阶段前两年扎实学习岗位群能力基础；“1”即最后一年参与产业学院工作室；“1”为通过高职阶段一年学习提升专业技能；“1”为产业学院工作室实践。

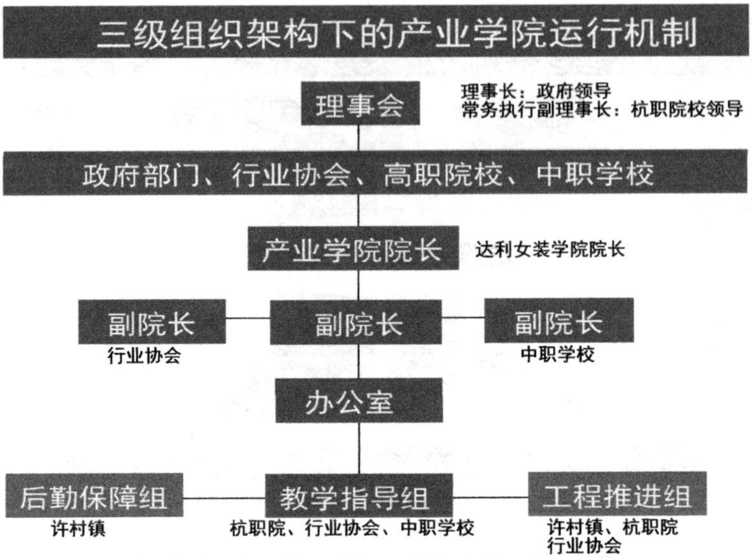

图5-23　时尚产业学院三级组织架构示意图

（四）聚焦产业发展瓶颈，创新产业学院教学模式

探索产教深度融合、多方协同育人的人才培养模式，实现专业方向对接产业链关键环节，工作室对接企业岗位，工作内容对接真实任务，教学方法对接工作方式，考核方法对接成果转化。根据许村家纺产业的发展规划，产业学院设置花稿设计、家纺产品、服装产品、文创产品、网络营销等五大专业模块，与企业合作开展产品研发和技术服务，解决“卡脖子”难题。企业真实项目导入课堂教学，以产品的市场价值作为考核标准，促进学生专业能力和职业素养双提升。

（五）整合产业技术力量，组建产业学院教学团队

实行校企“双导师制”。依托行业协会建立兼职教师库，与校内专业教师组成复合型教师团队。合作企业带项目、带团队入驻，部分课程直接由合作企业总经理或设计总监讲授，由校内教师辅助指导。组建“跨专业融合”团队。根据工作室研发任务的特征，灵活组建针对不同功能要求的

复合型教学团队，本着“能力互融，递进指导”的原则实现企业产品的开发与教学任务的实施。

二、成果成效

（一）服务地方支柱产业发展，定向培养人才助力乡村振兴

政行企校四方合作创新办学模式，培养培训当地村镇生源成为企业技术骨干，产业学院工作室制教学初步实现了高职精英教育，学生质量逐年提高，年均初次就业率达98%，专业对口率达85.5%，远超全省平均水平。毕业生当地就业去向率超70%，起薪达5800元/月，基本实现体面就业。

（二）攻关产教融合研发项目，服务共同富裕彰显职教力量

产业学院与许村镇纺织企业积极合作，校企共同成立20个产品研发室，累计为各中小微企业开发产品2000余款，面料纹样2000余款，平均占企业研发项目投入市场比重的26%，产值达3000余万元。产业学院定期举办“服装面料花稿”设计培训班、校企产学融合、助推民企发展等企业项目，承接服务地方横向项目130余项，到账经费600余万元，促进了许村镇家用纺织产业在新技术方面的应用与推广，推动村镇地方产业发展，服务共同富裕示范区建设。

第三节　校园文化改革实践

校园文化是一种以校风、教风、学风建设为核心的教育文化。高校校园文化作为高校人才培养的一种隐性渠道，通过浓厚的文化氛围及道德环境，在潜移默化中对学生产生积极影响，进而生成一种行为自觉，其为完善高校育人模式，促进高校校园文化育人的顺利开展，培养健全优秀的高素质人才提供了保障。高职教育有着不同于普通教育的职业性属性，高职

院校与企业在技能型人才培养方面的目标和利益具有高度的一致性，其特色校园文化自然与企业文化、地方文化有着进行文化融合的必然性和可能性。因此，把“文化相通”作为校企共同体建设的重要组成部分，深入挖掘校企共同体的文化形态内涵及文化形态融合的契合点，搭建校园文化形态与企业文化形态的融合融通平台，培养学生的职业精神与技术技能，是高职校园文化改革的核心任务①。当前，高职院校校园文化建设普遍存在“规划不精、立意不高、载体不足、特色不明”等困境，服务于职业教育类型发展的校园文化建设理念有待提炼和形成、凸显“职业性”和“教育性”的校园文化建设内容有待完善、校园文化建设和规划缺乏系统性和持续性②。为破解以上困境，杭职院在传承发扬“融惟职道　善举业德”校训精神的基础上，积极探索校园文化形态建设，将建校 20 年来的办学特色和时代要求合铸融通，以校企共同体建设为基，凝练了以“融”为核心、以“善”为价值取向的“融善”文化理念，开展集地域性、教育性、专业性于一体的文化育人实践，探索高职院校文化育人的新思路，营造了促进学生体面就业的良好文化环境。

案例 5 -8：

融以至善，德技并修：打造高职文化育人“杭职品牌”

为彰显新时代中国特色社会主义的办学本色，增强职业教育适应性的育人底色，擦亮学校德技并修培养工匠型人才的文化特色，杭职院精心打造了“融善”文化育人的“杭职品牌”。

凝练以“融”为核心、以“善”为价值取向的“融善”文化内核，

---

① 王颖．基于“融”文化理念的达利特色校园文化建设研究［J］．教学管理与教育研究，2017，2（6）：10 -11，14.

② 张世金．基于职业教育类型定位的高职校园文化建设［J］．教育与职业，2022（15）：91 -95.

秉持“学校融入区域、专业融入产业、教师融入学校、学生融入职业”理念，从理念引领、制度规范、行为塑造、环境熏陶四个维度将“三类素养”（学生素养、职业素养、公民素养）和“三大精神”（劳模精神、劳动精神、工匠精神）融入了产、学、训、研、创五个环节，构筑了“融入区域文化、融合大学文化、融通企业文化”的高职文化育人体系，着力打造工匠摇篮、塑造工匠之师、培养工匠人才，实现“建善校、出善师、育善生”目标（见图5－24）。

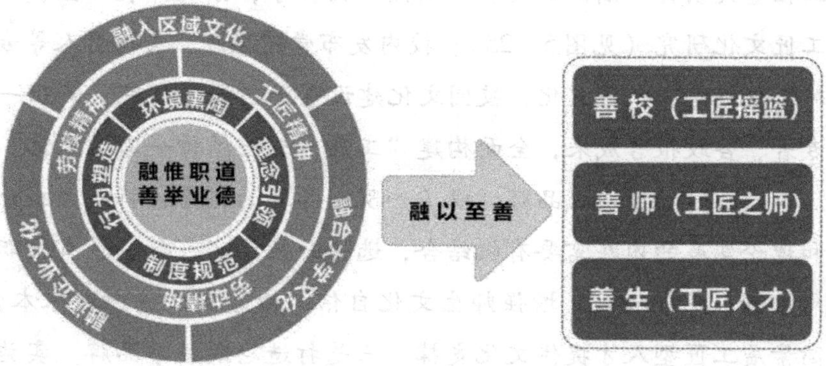

图5－24 杭职院文化育人体系示意图

一、主要做法

（一）构建顶层设计机制，完善文化育人格局

一是强化组织领导。成立由学校党委书记和校长担任组长，分管领导以及相关部门负责人为主要成员的学校思想政治工作领导小组和校园文化建设领导小组，健全党委统一领导、党政齐抓共管、各单位分工协作的文化育人工作机制。二是完善过程培养。将文化育人工作纳入学校综合改革方案、“十四五”发展规划和“双高”建设方案，确定文化育人工作年度建设任务，将文化育人纳入学校“三全育人”综合改革试点实施方案，面向全体学生实施“融·善”工匠成长学分制度、拔尖人才培养计划、“创

新班”个性化培养等，实现文化育人融入学校人才培养全过程。三是深化协同育人。召开学校党建与思政工作会议，出台《关于加强马克思主义学院建设的实施方案》《课程思政教学改革实施方案》《“三全育人”综合改革工作任务清单》等系列文件，完善了融“大劳动”“大实践”“大工匠”为一体、具有杭职特色的“大思政”工作格局。

（二）强化研究实践机制，打造文化育人品牌

一是打造研究阐释品牌。发挥专家智库优势，以学校立项的浙江文化研究工程重大项目“浙江工匠精神研究”为抓手，系统开展工匠、工匠精神和工匠文化研究（见图5-25）。校内发布党建思政、文化育人等专项课题，对工匠精神、工匠文化、校园文化建设等进行深入研究，产出一批论文、专著、咨政报告成果，全面构建“工匠—工匠精神—工匠文化”研究体系。二是打造社会实践品牌。以“一院一品”为抓手，将校园文化建设实践和理论发展的内在需要有机结合，选树一批切实可行、具有杭职辨识度的文化育人实践项目，增强师生文化自信，为落实立德树人根本任务，培养高素质工匠型人才提供文化支撑。三是打造思政教学品牌。实施思想政治理论课教学改革，将劳模精神、劳动精神、工匠精神融入思想政治教育，打造思政“示范课”。持续深化“双百双进”工程，开办马克思主义理论骨干班，新建杭州“五四宪法”历史资料陈列馆等思政实践教学基地，扎实推进“青年马克思主义者培养工程”。

（三）创新工作载体机制，健全文化育人体系

一是场馆基地渗透。依托国家职业院校文化素质教育基地，打造全国急救教育试点学校，建好校史馆、职业素养展示中心、机床博物馆、浙乡非遗馆、学生心理中心等实体文化场所和世界电梯文化、时尚女装文化数字博物馆、数智匠心馆等线上文化场所。同时，与属地政府、合作企业共建一批工匠文化博物馆、工匠培训中心、工匠科普教育基地。二是校园活动体验。办好开学典礼、毕业典礼、工匠技能节、文化艺术节、社团文化

图 5－25　浙江工匠精神研究项目启动仪式

节等文化品牌活动，充分发挥重大仪式活动的育人功能，通过开展"我和党委书记面对面"、院长有约、崇德大讲堂、马克思主义理论名家大讲堂等活动，引导青年学生强化理想信念，努力成为服务国家富强和民族复兴的栋梁之才。三是红色基因传承。编写《融以至善》《活化非遗》等文化读本，加强校史校情教育，将校史文化、非遗文化有效融入思政课堂教学，将艺术思政、志愿服务、清廉校园等有机融入课程思政改革，引领学子传承红色基因，塑造精神品格。

（四）完善组织保障机制，提升文化育人实效

一是加强校园文化队伍建设。完善人才培训机制，切实增强思政教师和辅导员队伍政治素质和专业能力，使广大校园文化工作者特别是党员领导干部既懂党建又懂业务。二是提高文化育人工作与中心工作的关联度和契合度。把学校改革发展中的难点和热点作为文化育人工作的重点，把文化育人工作贯穿到学校事业发展的各环节和全过程，在部门目标责任制考核中加大对文化育人工作的考核比重，找准着力点，实现学校事业发展与

文化育人工作同频共振赢。三是加大校园文化经费投入。加大校园文化育人项目投入力度，统筹安排好资金调度，用足用好“文化育人”专项建设资金，培育了一批有特色、有品位的文化育人品牌。

二、成果成效

经过不断的创新、锤炼、实践、再创新，现如今，学校“融善”文化育人品牌成效初步彰显，学校成功入选全国首批急救教育试点学校，获评全国职业院校“传统技艺传承与示范基地”，立项浙江文化研究工程重大项目“浙江工匠精神研究”，编写《融以至善》等系列文化读本，建成电梯、女装文化等一批文化场所，培育了一批国家级教师教学创新团队、省级黄大年式教师团队、校级教学、科研创新和人生导师团队，培养了世界技能选手朱敏敏、全国技术能手刘明杰、浙江省“十佳大学生”陈龙等为代表的一大批高素质工匠型人才。

案例5-9：

“三馆一体”打造工匠文化校园生态

杭职院重视文化场馆育人作用，深度挖掘校内外资源，让文化传承与社会服务相辅相成，让融善文化理念和工匠文化元素浸润整个校园环境，精心打造线上、线下校园文化场馆，服务于学生职业素养和人文素养教育。通过“三馆一体”建设，努力把学校打造成新时代工匠的培育引领之地、成长向往之地、技能创新之地。

一、主要做法

（一）打造非遗文化场馆，传承传统文化

学校在原有基础上，重新整合学校、企事业单位、民间组织三方资

源，与时俱进，再凝练、再提升，更新打造非遗文化场馆。遵照“边建边用、边完善、边推广”建设模式，以“一馆一库一平台一基地”为建设核心，围绕非遗文化，打造传承平台。一是建设浙乡非遗博物馆，形成浓厚的非遗文化“展学研”氛围。二是以浙乡非遗博物馆为依托，建设非遗教育传承示范基地，创新非遗文化的学习传承和展示传播方式。三是将非遗文化融入学生课堂与社会实践，打造非遗文化传承与创新专业教学资源库，对接校内外非遗文化培训项目，唤起非遗保护的意识，营造非遗传承的校园文化环境和公共环境，探索非遗项目保护、传承与创新的新路，促进中华传统文化传播（见图5-26）。

图5-26　学校打造浙乡非遗馆

（二）打造数字文化场馆，培育职业素养

基于地理信息系统技术、虚拟现实技术、宽带网络技术、多媒体技术、计算机图形学等高新技术打造电梯文化、服装数字博物馆，以真实文化场馆为整体蓝本，运用高清精美图片、文字说明、声音解说、高清视频、360度全景、三维互动等多种手法，构建展现一个逼真的，集视觉、听觉、触觉于一体的虚拟数字文化场馆，并且可通过外接触摸屏、大屏投影、拼接屏，扩大展示范围。数字文化场馆的开发建设，打破了时空限制，师生可在任何时间任何地点利用计算机网络远程访问数字文化场馆，通过浏览漫游，以及改变视点进行环视，突破静止画面局限，以多姿多彩的艺术效果，身临其境观看文化场馆呈现的所有信息。以更加生动深刻的交互体验，发挥文化场馆育人作用，提升文化场馆育人效果（见图5-27、图5-28）。

图5-27　学校打造电梯文化数字博物馆实景图

图5-28　学校打造服装文化数字博物馆实景图

（三）打造工匠文化场馆，涵养工匠精神

聚焦劳模精神、劳动精神、工匠精神培养，融合工匠文化主题景观，精心打造有品位、有特色、有影响的工匠文化校园生态。建设一个工匠文化展馆，提升改造校史馆、友嘉机床博物馆、匠心文化数智馆内的工匠文化育人元素；设计一套工匠特色视觉标识，对学校的校徽、道旗、标识、导引牌、道路命名等进行整体优化设计，让这些元素拥有撼动人心的力量，成为展示工匠文化内涵的生动注脚；打造工匠主题文化长廊，使之成为大国工匠人物、师生匠心文化作品展示厅，让师生感受工匠之魅力，领略匠技之美、匠心之美、匠人之美；校内设置匠心石、匠心林和匠心亭，将整个校园塑造为工匠文化主题校园（见图5－29）。

图5－29　学校打造匠心文化数智馆实景图

二、成果成效

根据学校专业设置情况、人才培养目标，打造了非遗文化场馆、数字文化场馆、工匠文化场馆三大类场馆，建设有校史馆、浙乡非遗馆、职业素养展示中心、友嘉机床博物馆、心理教育教学与咨询中心五个实体文化场馆和世界电梯文化数字博物馆、时尚女装文化数字博物馆、匠心文化数智馆三个数字文化场馆，运用新技术、展现新形式、开发新功能，打造文化场馆育人新平台，拓宽学生素养教育新空间，培养学生工匠精神。

本章小结

校企共同体就是要不断深化高职院校和企业之间的联系，通过科研、文化、社会服务等管理方面的合作创新，从而达到校企双方利益最大化。杭职院积极研究深度合作的校企共同体的构建和运行机制，强化校企共同体在科研合作、服务社会、文化共育等方面的关系，走出了一条校企利益与共、文化相通、成果共享的高职教育“校企共同体”多元发展模式，在科研治理、社会服务与校园文化的机制创新方面提供了杭职范式。

在科研治理方面，杭职院强化科研顶层设计，推动协调工作机制改革，打造技术技能创新高地；在加速科技成果转化方面，杭职院以高水平专业群为依托，以“科技成果拍卖”为抓手，打造出科技成果“杭职拍”品牌。在社会服务实践中，杭职院整合政府、行业、企业、职业院校优势资源，创建了精准扶贫的“杭职模式”、提供了助力职业教育高质量发展的“杭州经验”。在校园文化领域，杭职院凝练了“融善”文化理念，构建了“融合大学文化、融通企业文化、融入区域文化”三位一体的校园文化体系，并通过“三院一馆一中心一基地”建设，努力把学校打造成新时代工匠的培育引领之地、成长向往之地、技能创新之地。

第六章
基于校企共同体迭代升级的内部治理创新改革

第一节 党建改革实践

党的十八大以来，以习近平同志为核心的党中央高度重视高校党建。2021 年 4 月，中共中央印发最新修订的《中国共产党普通高等学校基层组织工作条例》，为新时代高校党建提供了基本遵循。第二十七次全国高校党建工作会议再次强调扎实推进高校党建和思想政治工作。新形势下，高校必须深刻认识加强党建的战略意义、准确把握新时代党建总要求，精心抓好党建工作、不断提升党建成效，以高质量党建引领教育事业高质量发展，为新时代中国特色社会主义建设提供源源不断的人才力量。

目前，学生党建工作迅速发展，高校党建工作取得长足进步。当前大学生以“95 后”为主，总体坚定马克思主义信仰，少数学生出现政治信仰多元化趋势，高校应当对多元化政治信仰持包容态度，尊重大学生自主意识。当前我国处于信息化发展时代，网络信息资源混杂，对大学生价值观产生冲击，一些负面思想传播影响大学生成长，高校党建工作起到引导疏通作用极为重要①。

首先，加强高校党建具有“巩固阵地”意义，“欲筑室者，先治其基”。目前，高校党建为学校文化建设指明了正确的方向。在高校教育中以高校为教育载体，在教育中贯彻党建理论、党建指导及党建文化，可以提升高校学生对党建文化的重视。

其次，加强高校党建还有利于保证高校党建和学校文化建设目标统一，培养出适合社会发展所需的接班人，在培养中重视培养学生的责任感与使命感。在高校中开展党建工作，促进学生在校园文化中形成良好的政治观念，并在学习中融入党建思想，丰富高校的教学内容，在高校的教育中形成正确的道德观与价值观，促进学生的综合发展②。“参天之木，必有其根；怀山之水，必有其源。”现代经济社会飞速发展，无论是在社会还是在校园，多元文化与意识形态流传甚广，高校大学生思想政治教育工作的革新与推进势在必行。立足新时代，奋斗新征程，促进大学生思想政治教育与新时代深度融合，发挥协同育人功效，以党的先进理论和研究成果为指导，以习近平新时代中国特色社会主义思想为根本遵循，依托党建与思想政治教育，培育合格的社会主义建设者和接班人在高校工作中尤为重要③。

案例 6-1：

坚持党建引领，德技并修培养工匠型人才

治国安邦，人才为本。纵览百年奋斗史，我们党始终重视培养人才、

---

① 陈乐平，张体明，陈玉华，郑林翔，洪连环．新时期高校党建工作促进人才培养改革分析［J］．高教学刊，2022，8（31）：156－159.

② 李霞．高校党建对创新创业教育的引领作用探究——评《高校党建创新——实践探索与理论思考》［J］．科技管理研究，2021，41（20）：243.

③ 孔令云．高校党建与思想政治教育协同育人模式构建［J］．中学政治教学参考，2022，884（44）：101－102.

团结人才、引领人才、成就人才，鼓励凝聚各方面人才积极投身于党和人民事业的伟大实践。中国特色社会主义进入新时代，面对错综复杂的国际局势和艰巨繁重的改革发展稳定任务，以习近平同志为核心的党中央树立强烈的人才意识，作出人才是实现民族振兴、赢得国际竞争主动的战略资源的重大判断，作出全方位培养、引进、使用人才的重大部署，全面加强党对人才事业的领导，全面深入推进人才强国战略。在职业教育方面，习近平总书记作出重要指示，要培养更多高素质技术技能人才、能工巧匠、大国工匠。

杭职院党委深刻领悟习近平总书记重要指示精神，围绕立德树人根本任务，坚决扛起为党育人、为国育才重任，贯彻落实浙江省委省政府关于实施新时代浙江工匠培育工程的意见，充分发挥党建引领优势，着力打造“工匠摇篮”，培养德技并修的新时代工匠型人才。

一、主要做法

（一）立德铸魂，着力推进“三全育人”

杭职院以党建“四大工程”为抓手，将习近平总书记关于工匠精神、劳模精神的重要论述融入人才培养全过程。实施铸魂工程，出台《职业素养教育实施意见》，推动习近平新时代中国特色社会主义思想“三进”，为学生铸就工匠之心、厚植家国情怀。实施领航工程，打造50支教学创新、科研创新和人生导师团队，培育100位名师名匠，推进高水平“工匠之师”队伍建设，成功培育两支国家级职业教育教师教学创新团队、两支国家级课程思政教学团队。实施固本工程，打造全国样板支部、全省标杆院系，擦亮“书记面对面”“党员导师制”等特色品牌，让全校党员干部走近学生纾难解惑。实施头雁工程，推出“能工巧匠”党员先锋示范岗、党员头雁工作室等特色载体，选树一批培育学生工匠精神的先进典型。

（二）崇德塑身，努力打造“工匠摇篮”

培养“眼里有光、肩上有责、手中有艺、脚下有劲”的学生，“精神气”尤为重要。杭职院党委专题研究“工匠摇篮”的目标、措施和实施路径，成功申报浙江文化研究工程项目“浙江工匠精神研究”，特别是围绕培养“工匠之才”，从思想引领、科研领路、平台支撑、项目推进四个维度进行系统架构。丰盈校园“工匠文化”，全力打造工匠学院、书院、研究院以及工匠文化博物馆、培训中心；倾心讲好“工匠故事”，开展大国工匠进校园、德技大讲堂等活动，邀请世界技能大赛冠军杨金龙等来校举办分享会，培养“眼里有光、肩上有责、手中有艺、脚下有劲”的学生，让工匠精神滋润学生心田（见图6－1）。

图6－1　浙江文化研究工程项目“浙江工匠精神研究”启动仪式

（三）秉德强技，创新培养工匠型人才

通过和企业合作，每年邀请百余位能工巧匠和企业高管来校开展教学实训，平均每个专业有四位像“阿福师傅”王水福一样的实训教师为学生指点迷津。这些年，杭职院创新“校企共同体”高职教育特色办学模式，整合多方优势资源，共建杭州市公共实训基地，建立友嘉智能制造学院、达利女装学院、特种设备学院等八个“人财物融通、产学研一体、师徒生互动”的校企共同体。深化“三教”改革，发挥学校与企业育人“双主体”作用，一方面积极引企入校，引导区域支柱产业的龙头企业将维修中心、研发中心等设到学校，及时将新技术、新工艺、新规范等转化为教学内容和要求，共同深化德技并修、课证融通、育训结合的工匠型人才培养；另一方面主动送教入企，面向长三角地区特别是省内企业员工开展技能提升等培训，3 年来共为企业及客户培训超万人次。积极助力“技能非洲计划”，为浙商“走出去”前往南非、尼日利亚培养本土高素质技术技能人才（见图6－2）。

图6－2　多名学生获“振兴杯”金奖

二、成果成效

近年来，杭职院选派食品安全、网络安全和电梯维修等专业多名学生，赴 G20 峰会、世界互联网大会等提供专业服务，获得广泛好评。杭职院成功培养出一批全身心发展学业、全方面提升能力、全平台展现自我的优质学生、优秀匠人种子。

学生参赛结果也振奋人心，近两年，10名学生参加全国技能大赛获4金2银4铜，服装设计专业学生连续7年获全国技能大赛冠军。

极大展现了杭职院校企共同体人才培养体系的完善与成效显著。

综合来看，校集体科研成果丰厚，毕业生整体就业状况稳定。杭职院连续两届获得国家级职业教育教学成果一等奖，应届毕业生就业率连续多年在98%以上，毕业生留杭率连续多年位居全省高校前列。

案例6－2：

党建“四个融合”引领高水平专业群建设

专业是高职院校办学和人才培养的基点，专业建设是高职院校内涵发展的重要抓手。早在20年前，教育部发布的《关于加强高职高专教育人才培养工作的意见》（教高〔2000〕2号）就指出，专业设置是社会需求与高职高专实际教学工作紧密结合的纽带，专业建设是学校教学工作主动灵活地适应需求的关键环节。其后，在教育行政部门发布的专业建设相关文件中，示范专业、重点专业、优势专业、特色专业、品牌专业、一流专业、骨干专业等提法不一而足，但建设一批代表和反映我国高职院校办学实力和水平的专业和专业群是政策的共同指向。

《教育部关于全面提高高等职业教育教学质量的若干意见》（教高〔2006〕16号）提出，高职院校要及时跟踪市场需求的变化，主动适应区域、行业经济和社会发展的需要，有针对性地调整和设置专业，建立以重点专业为龙头、相关专业为支撑的专业群，增强学生的就业能力。这是在国家政策文件中首次提出建设专业群。如果说学科建设是中国高校得以迅速发展的重要基础和主要抓手，那么专业群建设就是推动区域内高职院校专业结构整体优化、打造技术技能人才培养高地和技术技能创新平台的重要抓手。以重点专业为核心，将产业链上的相关专业凝聚在一起，有利于资源综合利用，优势互为补充，有效应对行业企业生产经营状况变化对人才需求的波动，推动教育链、人才链和产业链、创新链的有机衔接。但目前的教学诊断与改进体系的目标体系仅限于专业的自我完善与改进。由于没有明显的专业发展质量报告或学校专业发展情况报告，教学诊断与改进的评价结果对教学质量保证体系后续建设的指导性不强，特别是学校专业群建设的整体规划，无法从学校战略层面来确定不同专业发展的先后顺序，以及相应的配置资源①。

杭职院党委聚焦“电梯工程技术”“服装设计与工艺”两个高水平专业群建设，创新“党委—总支—支部”三级、“专业—课程—服务—育人”四维融合赋能机制，以实招硬招推进党建工作有机融入专业建设、教育教学、社会服务、育人工作，切实将党建优势转化为发展优势，将党建活力转化为发展动力，以高水平党建引领带动高水平专业群建设（见图6-3）。

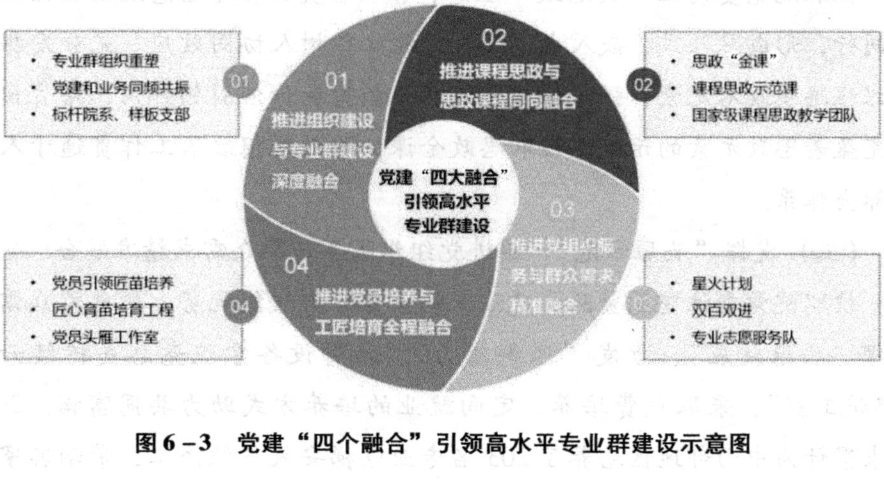

图6-3 党建“四个融合”引领高水平专业群建设示意图

① 杨云龙，于海侠，李华．高职专业建设与发展质量评价体系构建思考［J］．教育教学论坛，2022（17）：53-56.

一、主要做法

（一）打造“标杆样板”，推进组织建设与专业群建设深度融合

杭职院党委聚焦高水平专业群建设系统推进组织重塑，2020年升级“电梯工程技术”专业所在的特种设备学院直属党支部为特种设备学院党总支，重点支持两个高水平专业群所在的党总支、党支部打造党建业务融合赋能“标杆样板”，以党建为支点，教育教学为主线，聚力织密“一张网”，推进党建和业务工作同步规划、同步部署、同步落实，形成合力推进“一股绳”。党总支、党支部对标“标杆院系”“样板支部”建设标准，落细落实融合赋能，引领专业群在人才培养、专业建设、技术研发、社会服务等工作取得优异成绩，实现一流党建和一流专业群同频共振。

（二）实施“思政聚合”，推动课程思政与思政课程同向融合

杭职院党委树立“大思政”理念，推动各类课程与思想政治理论课同向同行，形成融入式、嵌入式、渗入式的立德树人协同效应。充分发掘各门课程思想政治元素，强化课程思想理论教育和价值引领作用，培育出一批充盈着思政元素的示范课程和思政金课，推动思想政治工作贯通于人才培养全体系。

（三）发挥“头雁示范”，推进党组织服务与群众需求精准融合

杭职院党委注重党员队伍建设，基于专业群技能优势，聚焦群众需求发挥“头雁效应”、激发“雁群活力”。特种设备学院党总支持续开展“温暖工程”，采取免费培养、定向就业的培养方式助力共同富裕。2016年来累计为中西部地区培养了203名专业电梯安装与维修工，带动其家庭走上富裕之路，项目入选了教育部“高校定点扶贫典型案例集”（见图6－4）。

图 6－4　“星火计划”为困难生开展电梯安装与维修培训

（四）实施“匠苗培优”，推进党员培养与工匠培育全程融合

杭职院党委注重创新党员培育方式，将党员培养发展与劳模精神、工匠精神培育紧密融合，实施“党员匠师引领匠苗”的精准培养模式，在师生党支部中营造浓厚的工匠精神培育氛围，不断将优秀匠苗培养成优秀发展对象，将优秀学生发展对象培养成优秀匠苗，激励党员师生在锤炼党性、精进技能等方面发挥先锋作用，以执着专注的实干、精益求精的态度和追求卓越的精神，承担“大国工匠”的责任担当。特种设备学院党总支实施“匠心育苗”培育工程，构建“精于工、匠于心、践于行”工匠文化育人体系，2019 年来党员教师指导学生获全国职业院校技能大赛等国家级奖项 23 项，其中一等奖 8 项。

二、成果成效

组织建设方面，2019 年来，“电梯工程技术”专业群所在的特种设备学院入选全省党建工作“标杆院系”，“服装设计与工艺”所在的达利女装学院获评全省高校先进基层党组织，达利女装学院第一党支部入选全国党建工作“样板支部”。

思想建设方面，达利女装学院教工第一党支部深入挖掘服装专业教学中的思政元素，打造“融入式”思政载体，精心教学设计，《服装立体裁剪》课程获国家课程思政示范课。特种设备学院教工第二支部设计《电梯检验技术》课程，入选首批教育部课程思政示范课程，支部教学团队成为国家级课程思政教学团队。

群众服务方面，特种设备学院第一党支部持续深化“双百双进”品牌建设，在支部书记、全国技术能手孟伟带领下创设“妙手回春·小家电维修服务小分队”，为淳安县文昌镇社区、杭州市清雅苑社区开展办实事服务，累计服务群众300余人次，修理小家电368件，小分队先进事迹入选“学习强国”平台。达利女装学院学生党支部组建“缝匠”专业志愿服务队，面向校内、校外需求提供衣服的修改与缝补等志愿服务，累计开展志愿服务活动76场，参与志愿服务4778人次（见图6-5）。

图6-5　党员“缝匠”常态化开展志愿服务

工匠培育方面，达利女装学院党总支第一党支部创建“金顶针”教学党员头雁工作室，支部书记带领与学生党员、积极分子结对指导，2019年来党员教师指导学生获全国服装技能大赛等获国家级奖项12项，其中一等奖5项。

案例6-3：

用好“指挥棒”　激活“一盘棋”

党的基层组织是我党执政的组织基础，基层党建工作对我党事业的发展来说是至关重要的基础工程。高等职业院校作为实施高等教育的主体，是培养中国特色社会主义事业以及我党事业接班人的主阵地之一。因此，做好高职院校基层党建工作对我党事业的发展来说具有重要的现实意义。能否正确处理党建和业务工作之间的内在关系，关系到高校党组织在办学治校过程中所具备的把方向、管大局、做决策、保落实等主体责任是否得以落实。高校基层党建与业务工作协同发展、互融共进，对高校落实党的教育方针，落实立德树人根本任务，推动高等教育事业发展具有重要意义①。做好高职院校基层党建工作，建立科学、完善、规范的考核评估体系是关键环节。没有考核评估，无从反映党建工作的成效，而没有建立科学、完善、规范的考核评估体系，则考核评估的准确性、合理性将大打折扣，也将无法客观、有效地对党建工作进行考核。

校党委着力构建横向到边、纵向到底的一体化“大党建”考评体系，强化大抓党建、严抓党建鲜明导向，形成明责、考责、督责相贯通的闭环机制，促进各级党组织书记扎实履行“第一责任”，激励全体党员干部履职尽责、担当作为。通过发挥好党建考核“指挥棒”“助推器”作用，全面激活党建引领高质量发展“一盘棋”。

一、主要做法

（一）“指数化”推进三级联评，实现责任纵向压实

杭职院党委着力构建“一级抓一级、层层抓落实、责任全覆盖”的抓

① 朱晓施，席文平，刘永平，孙铭．高校基层党建与业务工作融合发展研究［J］．辽宁工业大学学报（社会科学版），2022，24（5）：86-88.

党建工作格局，层层拧紧“责任发条”。出台《党总支书记抓党建工作年度述职评议办法》《党支部“堡垒指数”考评管理办法》《党员“先锋指数”考评管理实施办法》等制度，每年党总支书记向党委述职并接受党代表测评，测评排名校内公示；党支部书记向党总支述职并接受“堡垒指数”考评，结果作为党组织晋位升级重要依据；党员向支部述职述廉并接受“先锋指数”考评，结果作为评优评先首要考量。通过“书记抓、抓书记”“一级抓一级”，党建责任全面夯实，纵向合力显著增强，“真抓党建、抓实党建”成为各级党组织、党员干部的思想自觉和行动自觉（见图6－6、图6－7）。

图6－6　校党委持续开展党总支、直属党支部书记抓党建工作述职评议

图6－7　机关党总支召开党支部书记年度述职会议

（二）“一体化”推进党建考核，实现组织横向筑强

杭职院党委每年牵头制定“大党建”考核方案，对照党政工作要点清单化制定绩效指标体系，聚焦党建重点工作任务、宣传意识形态工作、党风廉政建设、统战和群团工作、特色成效等方面进行一体化考评。组建党建联评工作小组，由组织部、纪委办、宣传部、教师工作部、统战部等党务部门协同参与，将“干”与“考”紧密统一起来，有力推进各项党建工作提质增效。强化考核结果运用，考核结果与学校目标责任制考核评分衔接，得出年度综合考核总分，与部门考核、干部考核、年终奖励挂钩，彰显党建工作引领高质量发展关键作用。

（三）“常态化”推进校内巡查，实现监督整体闭环

杭职院纪委制定出台《关于全面从严治党专项督查工作实施方案》，常态化开展校内全面从严治党专项督查工作，校领导带队各职能部门联合成立工作组，驻点实施专项督查。通过组织动员、听取汇报、谈话了解等方式全面落实政治监督。在抓好常规党建工作督查检查的基础上，聚焦重点任务要求开展意识形态、疫情防控等专项监督检查，充分发挥监督保障执行、促进完善发展作用，推动党建工作全面优化，政治生态持续净化（见图6－8）。

图6－8　校纪委召开全面从严治党专项督查工作动员会

二、成果成效

通过党建考评体系建设，党建工作引领学校各项事业快速发展取得显著成效，一批党组织入选全国党建工作样板支部、全省党建工作标杆院系，全省高校党建示范群、全省高校党建特色品牌，获评省高校先进基层党组织、省“三育人”先进集体、省“工人先锋号”等荣誉。一批党员获评国家级职业教育教师教学创新团队、全国优秀教师、全国五一劳动奖章、省“担当作为好支书”等荣誉。校纪委在2019年、2020年连续两年荣获市级考核优秀等次。

案例6－4：

夯实党建与业务的结合点，有效破解“两张皮”

高校是教育培养青年人才的重要场所，也是用社会主义核心价值体系武装青年的重要思想阵地。党建工作与业务工作相辅相成、相互联系、密不可分。但从工作性质来说，党建工作重在围绕提高政治站位，提升党性修养，厚植政治根基，厚积理论土壤，构建风清气正的政治生态，营造干事创业的良好氛围。业务工作主要是制定目标任务，形成计划方案，明确责任举措，推动业务落实，努力实现高质量发展。如果党建工作不能跳出“就党建抓党建”的老框框，就会导致党建工作和业务工作相脱节，形成“两张皮”，党建的引领示范作用发挥不充分，效果得不到充分体现。

习近平总书记在中央和国家机关加强党的建设会议上发表重要讲话时指出：“处理好党建和业务的关系，解决‘两张皮’问题，关键是找准结合点，推动机关党建和业务工作相互促进。各部门党组（党委）要围绕中心抓党建、抓好党建促业务。”如何“围绕中心抓党建，抓好党建促业务”，找准“结合点”，既用党的工作“统领”中心工作，又要把党的工作"渗透"于中心工作中；既把党的工作做得"宏大叙事"，又把党的工作做得"落小落细"；全面实现党建工作与中心工作同频共振，互融互促，共同提升，这是党建工作必须思考和探索的问题。

党建工作首先要旗帜鲜明，要以党的政治建设为统领，切实把"两个维护"体现在坚决贯彻党中央决策部署的行动上，体现在履职尽责、做好本职工作的实效上。坚持不懈抓学习是党建工作的重要抓手，要紧紧围绕中心工作，重点打造党建品牌活动，努力破解党建业务"两张皮"难题，实现党建与业务工作齐头并进的奋斗目标①。

一、主要做法

杭职院党委从机制创新入手，充分发挥各级党组织和教师、学生党员等党的优势资源，找准中心工作"需求点"，挖掘党建工作"资源点"，创新两者对接"结合点"，夯实项目落实"支撑点"，努力开拓党建工作新局面。

（一）找准中心工作的"需求点"

组织动员广大党员思考和钻研校企合作、工学结合、文化育人、专业建设、学生管理等方面存在的短板和难点，努力做到心中有数，"有的放矢"。

（二）挖掘党建工作的"资源点"

针对中心工作存在的短板和难题，杭职院党委努力分析挖掘基层党组织、师生党员和入党积极分子的优势特长，通过搭平台、给任务、压担子，挖掘蕴藏在组织和党员中的能量与资源。

（三）创新两者对接的"结合点"

围绕中心工作难点和广大党员优势特长，杭职院党委每年组织申报党

---

① 人民网：搭建党建大平台 唱好融合重头戏［J］. 党建，2022，416（8）：64－66.

建“结合点”项目，并组织校内外专家进行评审。各级党组织和广大党员对接难点，找准定位，形成一个个厚实的基层党建工作项目，实现需要点与资源点的紧密结合（见图6－9）。

图6－9　党建“结合点”工作机制

（四）夯实项目落实的“支撑点”

杭职院制定出台相应的政策措施，从工作流程、平台搭建、经费支持、组织实施、检查指导、考核验收等多方面系统设计和综合保障，确保项目扎实落地。

二、成果成效

（一）一批实际问题得到有效解决

2019年，通过各级党组织申报，杭职院组织评审，党员教师结对帮扶困难生工作机制、党建助力精准扶贫实现学生体面就业等10个项目获得立项，并进行经费资助。2020年，杭职院开展2019年度“结合点”项目的评审验收工作，评选出优秀推广项目2个，合格项目8个。同时，开展新一轮“结合点”项目评审工作，党建“红心”引领师生“匠心”发展、校企党建共建点燃产教融合“红色引擎”、校区共建“红企讲堂”培训合作机制等19个项目获得立项。通过项目的推进和落实，一批实际问题得到有效解决，一些好的做法得到推广。

（二）党建工作引领力有效增强

2019—2020年，杭职院组织开展了29个党的“结合点”建设项目的申报立项、培育建设和总结推广工作，项目建设内容涵盖了党建联盟、校企合作、专业建设、宿舍管理、扶贫帮困、创新创业等学校工作。在“结合点”建设工作的推动下，基层党组织和广大党员普遍反映党建工作抓手多，看得见，摸得着，容易把握，使得上劲，大大激发了广大党员克难攻坚的拼搏精神，党建工作引领中心工作的能力进一步增强。

（三）党政工作融合度进一步提升

通过“结合点”建设，提升了全体党员的服务大局意识和服务意识，优化了各级党组织的领导机制，党委的领导核心作用、二级党组织的政治核心作用、党支部的战斗堡垒作用得到全面增强。“围绕发展抓党建，抓好党建促发展”成为上下的共识，党政同心共事的氛围更加浓厚，进一步提升了杭职院党建工作和中心工作的融合度。

（四）学校社会影响力进一步扩大

在全省高校首批党建“双百示范”评比中，杭职院特种设备学院结合点项目“党建助力精准扶贫学生实现体面就业”入选党建特色品牌，商贸旅游学院结合点项目“校企联动，创业领航”入选党建示范群。达利女装学院第一党支部获评教育部第二批全国样板党支部。学校的招生分数屡创新高，2020年录取的学生90%以上都超过高考二段线分数。毕业生初次就业率均在98%以上，毕业生留杭就业率连续多年位居全省高职院校首位。来自教育部和省市的各级领导及全国高职院校领导来访络绎不绝。

案例6－5：

打造全国样板支部，以高水平党建引领专业建设发展

2018年5月，教育部发布了《关于高校党组织“对标争先”建设计划的实施意见》（教党〔2018〕25号），提出高校党委在“对标争先”中要做到“四个过硬”，院（系）党组织在“对标争先”中要做到“五个到位”，基层党支部在“对标争先”中要做到“七个有力”。2018年7月，教育部发布了《关于开展新时代高校党建示范创建和质量创优工作的通知》，在全国开展党建工作示范高校、标杆院系、样板支部培育建设。杭职院全面贯彻教育部文件精神，全面对标新时代党建工作要求，全面加强党的建设。2019年8月，达利女装学院第一党支部荣获全国党建工作样板支部创建单位。

以党的十九大精神以及习近平新时代中国特色社会主义思想为指引，增强“四个意识”、坚定“四个自信”、做到“两个维护”。对标党建工作要求，扎实推进基层党组织建设，充分发挥基层党组织战斗堡垒作用和共产党员先锋模范作用，创建党员先锋示范岗和党员“头雁工作室”；坚持立德树人，大力开展理想信念教育和社会主义核心价值观教育，培养德智体美劳全面发展的高素质技术技能人才，建成全国一流的示范党支部，以高水平党建引领专业建设发展。高校党支部是党在高校全部工作和战斗力的基础，专业建设则是高校内涵建设的核心内容。在新时期新形势下，探索党建工作与专业建设工作的协同发展，打造样板支部，是高职院校党建工作主动适应高等职业教育改革与发展的客观要求①。

---

① 张琳芳．新形势下高校党建与专业建设协同发展研究［J］．湖北开放职业学院报，2022，35（13）：67－68.

一、主要做法

（一）深入实施固本工程，不断夯实党建工作基础

1. 加强政治建设，“三融三强”引领教学提升

坚决贯彻上级决策部署，坚持把学习贯彻习近平新时代中国特色社会主义思想、习近平总书记最新最重要讲话和指示批示精神、中央及省市重要会议精神，列为党支部会议的“第一议题”，坚决把讲政治的要求落实到支部、专业党建“最后一公里”。认真落实立德树人根本任务、培养德智体美劳全面发展的社会主义建设者和接班人。

严肃党内政治生活，严格落实“三会一课”、主题党日活动、组织生活会和民主评议党员等制度。坚持党建和业务共融互促，具体做到“三融合、三强化”，一是和落实“立德树人”的根本任务结合起来，不断强化育人成效，立足学生成长成才，加强师德师风教育，争做“四有”好教师，争当“四个领路人”；二是和学院打造“高职名校”的发展目标结合起来，不断强化教师队伍精气神，提升党员教师的责任担当，学校要成为展示新时代职业教育的窗口，作为党员教师要在其中做出自己的贡献；三是和国家“双高计划”高水平专业群建设结合起来，不断强化专业建设质量，做到专业建设和党建齐头并进，围绕双高校建设，做到所有党员人人有责任，个个有指标。学习形式上，“双领双线”并举，双领即在主题党日中党员领学领读，围绕主题学习、结合中心学习；双线即线上线下相结合模式，疫情期间，支部做到理论学习不放松，利用钉钉视频、西湖先锋等平台开展线上学习。

2. 重视思想建设，打造“融入式”思政新载体

深入学习贯彻习近平新时代中国特色社会主义思想和认真学习领会党的十九大、十九届历次全会精神和习总书记系列讲话精神。坚持贴近学生、融入学生开展思政教育，打造“融入式”思政载体，坚持每月走进学

生开展“书记面对面”活动，和学生面对面的聊思想、聊体会、聊规划，为学生答疑解惑，将思想引领和价值观塑造有机融入学生学习生活中。每年开展“新生第一课”，面向新生开展党的理论知识教育。建设“党建学习社”新媒体平台，收集和开发党建学习资源，发布党员优秀事迹、学习心得体会等内容，利用信息化手段促进党员师生进行泛在化学习。成立青年学生“学习小组”，定期开展学习活动，每期安排两名学生做主题学习汇报，支部党员参加指导。全面推进课程思政，深入挖掘专业教学中的思政元素，精心教学设计，将思政教育融入专业教学的全过程。

3. 强化组织建设，拉高标杆做到提质增效

选优配强党支部班子成员，专业负责任人担任支部书记，教师骨干担任支部委员，支委做到科学分工、责任压实，定期召开支委会、支部大会，执行支部议事规则；强化党务干部能力，经常性开展培训学习工作，组织支部党员到嘉兴学院的样板支部交流，学习交流先进经验，做到取长补短；定期开展、参加“星级支部”、党员“先锋指数”考评，不断激发党支部的内生动力。重视党员发展，加强党员发展过程教育，入党联系人及时开展和入党积极分子的谈心谈话，对思想汇报、发展材料等进行严格把关。

4. 加强纪律建设，打造廉政教育精品课

严格用党章党规党纪规范党员行为，将纪律教育纳入支部“三会一课”，通过“廉政一刻钟”活动持续开展廉政教育；每月固定活动日前，由纪检委员带领大家学习廉政，开展“艺述清廉——丝绸廉文化学堂”建设，丝绸廉文化学堂面向学生党员和入党积极分子举办了“良好家风涵养初心使命”家风家训征集诵读活动，涵养新时代良好家风，对于传承中华优秀传统文化、弘扬社会主义核心价值观、营造风清气正的党风政风具有重要的思想价值和现实意义。

（二）厚植党建根基，赋能专业建设发展

1. 成立党员“头雁”工作室

建立“全国优秀教师章瓯雁工作室”“全国技术能手曹桢工作室”，制定了工作室运行和管理机制，进行了场所改造，营造党建氛围。章瓯雁教授带领青年教师团队积极开展新形态教材编写、组织学生参加技能大赛等工作，经常放弃寒暑假时间，带领学生积极参加各类技能大赛，荣获2019年全国职业院校技能大赛高职组服装设计与工艺赛项团体二等奖。曹桢老师作为全国技术能手，具有非常丰富的实践经验，带领学生到企业一线参加实践，为企业提供产品研发和技术服务，同时进行创新创业教育，在高水平专业群建设中发挥了示范作用，做出了突出贡献。

2. 依托专业优势开展志愿服务

师生党员成立“缝匠志愿者服务队”，开展旧衣改造、缝补、熨烫、尺寸度量、三维试衣、服装理论知识科普、服装保养介绍等项目服务。一年来，累计开展志愿服务活动76场，参与志愿服务4778人次，志愿服务信用时长25873小时。完善活动开展制度，师生党员组建队伍，每周三下午定点为师生开展服务；疫情期间，组织师生党员志愿者开展疫情防控志愿服务，在开学复课期间组织队伍开展学生宿舍区、食堂区门口的测温服务，安排夜间值班，处理突发情况。

支部书记章瓯雁组织开展荆州市沙市区纺织服装产业集群2020年培训工程，制订荆州市沙市区纺织产业专业技术人员校企联合培养计划，得到了湖北省荆州市沙市区相关部门高度认可。一支部党员积极发挥示范样板的典型效应，主动承接江西制造职业技术学院骨干教师培训、苏州经贸职业技术学院兰斐女装学院专业建设教师培训、广西2020年“亚行贷款”职业院校教师培训项目等一系列培训项目，积极投身社会服务，彰显使命担当，赢得了兄弟院校的广泛赞誉。

3. 打造“党建结合点”特色品牌

通过党建结合点项目使党建工作真正渗透到专业建设、教学过程和学生思想之中，高校党建工作对学校育人中心工作的引领、带动和贡献作用。推出“党员头雁工作室助力拔尖人才培养”建设项目，制定了“五个子”举措。一是搭台子：成立党员“头雁”工作室，每个工作室由一名党员名师领衔，担任工作室负责人，制定工作室的制度，进行日常运行管理。发挥名师的个人特长，建成特色鲜明的头雁工作室。二是建班子：组建工作室指导团队，邀请企业名师、青年教师等组建导师团队，一方面通过导师之间交流研讨，提升教师团队的专业水平，另一方面导师兼具人生导师和技能导师的职责，全方位培养拔尖学生。三是压担子：结合“双高”建设要求，每年支委会讨论制定头雁工作室工作计划，明确工作目标，签订责任书，积极开展技能大赛指导、承担企业技术服务等项目。支部定期开展交流，了解实施情况，解决存在问题。四是选苗子：制定《达利女装学院党员头雁工作室管理办法》，每年选拔有意向进入工作室学习的学生，根据学生不同的发展方向，进入相应的工作室学习。五是定方子：为工作室学生制订个性化培养计划，加强平时的管理和考核，切实提高人才培养质量。

（三）不断创新工作方法，发挥党建引领作用

1. 实施“党建研究半月谈”，加强党建工作研究

充分发挥党建在事业发展中的引领作用，创新党建工作举措，支委每半个月组织召开研讨会，对标新时代党建工作新任务新要求，深入学习习近平总书记关于教育的重要论述，结合高水平专业群建设任务，围绕党建队伍建设、平台建设、机制建设、品牌建设等内容，撰写研究课题，发表研究论文，汇编研究成果，切实提高党建工作质量。

2. 开展“双高建设党员先锋岗”活动，引领“双高”建设

支部所在的服装设计与工艺专业群是国家双高计划中的重点专业群，

按照建设方案保质保量完成建设任务是一支部重中之重的任务，实现“引领改革、支撑发展、中国特色、国际一流”的建设目标，难度大、任务重，为了打好这场硬战，支部开展“双高建设党员先锋岗”活动，充分发挥党员在面对挑战和困难中的先锋模范作用，一支部全体党员对标建设任务，每位党员主动承担一个项目，明确建设任务、建设目标、完成时间等，签订承诺书。

3. 探索“校区企”党建联盟，丰富党建工作内涵

支部积极探索与开发区支部、企业支部开展联建，打造“校区企”党建联盟，逐步实现党建共抓、人才共育、产学研共促、服务共推的工作合力。联合达利公司党委开展党建活动，组建思想教育互动讲师团，聘请企业劳模和工匠等为成员的“宣讲团”，为师生开展劳模工匠事迹精神等各方面讲座；组建以企业中高层管理人员或党组织书记为成员“企业导师团”，开展创业创新、就业指导、职业生涯规划等方面的讲座和交流会，提升高校学生职业能力和就业竞争力。利用暑期社会实践活动，开设青年成长营，组织青年学生深入企业生产一线，通过“做一周工人、跑一周市场”等方式深入基层一线，了解行业发展趋势，培养青年学生劳动精神。在企业成立“党员教师企业工作站”，联合开展产品研发和科技成果转化活动。

开展区校党建共建，联合钱塘新区白杨街道美达社区党支部，以“关怀无微不至，服务尽善尽美”为服务宗旨，组织“哥哥姐姐服务队”，通过党员服务、青年志愿者服务等，携手共建文明、和谐、平安社区。

二、成果成效

（一）构建党员育人“433”机制，辐射带动其他支部建设上台阶

围绕“立德树人”这一根本任务，探索如何发挥党建的功能，促进大学生全面发展，探索构建党建育人系统工程，即在育人内容上，从思想育

人、文化育人、知识育人和实践育人四个方面融入。在载体上，搭建思想交流平台、学业帮扶平台、实践育人平台三个活动平台，建好党务干部、党员教师和学生党员三支队伍，提升立德树人实效。经过一年来的探索，总支将实践经验向其他支部进行推广，取得显著成效，杭职院先后有6个党支部获得杭州市教育系统“最强党支部”荣誉称号。

（二）建设党建新媒体平台，成为展示党建成果和学习交流的重要平台

设计开发了达利女装学院党总支第一党支部微信公众号，开辟了“党建理论大家学”“样板支部风采”“廉文化学堂”等专栏，持续推送习近平总书记系列讲话精神，党课课件、党建的相关文件等，线上线下结合持续推进不忘初心牢记使命主题教育活动，常态化推送主题教育党员学习心得、优秀的党课视频等学习成果。推出学生廉政教育专题，对“廉文化学堂”专栏进行展播。组织学生以家乡的著名家训为切入点，讲述中国著名家族的家风历史脉络，以及一个个家族对传统美德的执着追求，体现了中国人超越时代的家族凝聚力与责任感，现共推出14篇推送，暑期推出7篇，结合专业特点，将廉政教育融入学生作品、日常行为。

（三）重视党建研究总结和提炼，形成可复制可推广的经验成果

杭职院党委非常重视党建工作的创新研究，重视成果积累，通过项目申报和教学成果奖申报，将样板支部的特色举措和建设成效总结提炼成为可复制推广的经验成果。一支部党员教师积极申报中国纺织联合会教学成果奖，章瓯雁教授主持的“服装设计与工艺专业‘三线驱动’个性化人才培养模式的改革与实践”项目获一等奖；郑小飞老师主持的“全面发展视阈下‘一二课堂’协同育人的探索与实践”获二等奖；郑小飞老师主持的“新时代高职院校劳动教育的理论与实践研究”项目立项为浙江省高职院校党建研究会2020年度重点课题。

第二节　内部治理改革实践

中国特色高水平高职学校和专业建设计划（简称“双高”计划）是指中国共产党中央委员会和中华人民共和国国务院为建设一批引领改革、支撑发展、中国特色、世界水平的高等职业学校和骨干专业（群）的重大决策建设工程，亦是推进中国教育现代化的重要决策，被称为“高职双一流”，旨在提升中国高等职业教育综合实力和国际竞争力，为实现中华民族伟大复兴提供有力人才保障。党的十九大、十九届四中全会作出了加快国家治理体系和治理能力现代化建设的全面部署，为新时代高等职业教育建设和高质量发展指明了方向。高校需要通过治理体系建设加快“双一流”建设，切实肩负起加快推进教育现代化、建设教育强国的历史重任。

“双高”计划的实施成为推动高职院校进入全新发展历史时期的标志，使完 善高职院校治理体系和提升治理能力成为“双高”计划建设和职业教育发展的重要内容。构建适应新时代发展需要的高职院校内部治理体系，是顺利实施“双高”计划建设，推动高职教育内涵式发展和高质量发展的现实需要，也成为高职院校实现内部治理现代化的一项重要议题。

现代化一词在部分语境中以形容词使用，在部分语境中作动词解释。作为形容词的现代化是指事物发展到一定程度的结果性形态，表示其拥有人们向往的前卫、先进和高端等现代性品质。作为动词的现代化是事物发展的过程性形态，表示其从古板、落后和普通向前卫、先进和现代的不断变迁[①]。高职院校内部治理的现代化指的就是全面综合厘清各利益相关者之间的关系，寻求多元利益主体之间的共识，构建高职院校现代化内部治

---

① 陈寿根．高职院校治理现代化的内涵、价值、基础理论、基本原则［J］．中国职业技术教育，2022，821（25）：81－85.

理体系①。

高校的治理体系及治理能力现代化可以分为外部和内部两个视阈。高校外部治理的核心是不断优化高等教育的顶层设计，明确政府、社会与学校在高校治理中的权责尺度。高校内部治理的核心在于构建现代大学治理体系，提升高校自主管理能力，将高校组织诸多要素、单元、子系统高度融合为一个有机整体，发挥高校组织最佳的整体效应，进而实现科学高效的内部治理效能。

高校内部治理体系和治理能力现代化应在科学精神的指引下，坚持党的领导，优化组织机构和人员配置，统筹资源分配，提升成本效能。我们要在依法治校的基础上，进一步明确权责，完善校院两级管理体系，形成协调有效的教育组织系统，以校级治理与院级治理相结合深化学校改革，以结构调整和质量问责合力提升管理质量，从而为实现双高建设的历史任务持续赋能。

案例 6－6：

对标对表　打造“双高”计划　高质量发展财务治理体系

《第十四个五年规划和2035年远景目标纲要》提出“更好发挥财政在国家治理中的基础和重要支柱作用”。杭州职业技术学院主动创新求变，对照国家“双高”计划绩效评价管理办法，绩效目标紧扣对接国家战略，响应改革任务部署，突出改革发展的贡献度。

要对接国家战略，响应改革任务部署，涉及的主要内容有三个方面：一是把握“大财务观”的发展理念。二是树立“绩效引领”的战略思路。三是实施“精细管理”的建设目标。

① 张学．“双高”计划视域下高职院校内部治理体系现代化研究——基于利益相关者视角［J］．机械职业教育，2022（10）：52－56..

一、主要做法

（一）制定“三大体系”：财务治理标准体系、财务统计与监测体系、绩效管理体系

1. 制定财务治理标准体系

通过主持中国教育会计学会“职业高等院校财务治理影响因子与作用机理分析——基于全国双高院校的现状”“预算绩效管理视角下的高职院校生均成本结构与绩效关系研究”，提出“财务治理标准体系、财务统计与监测体系、绩效管理体系”。为此，杭职院制定了《高质量发展财务治理标准体系》（见图6－10）。

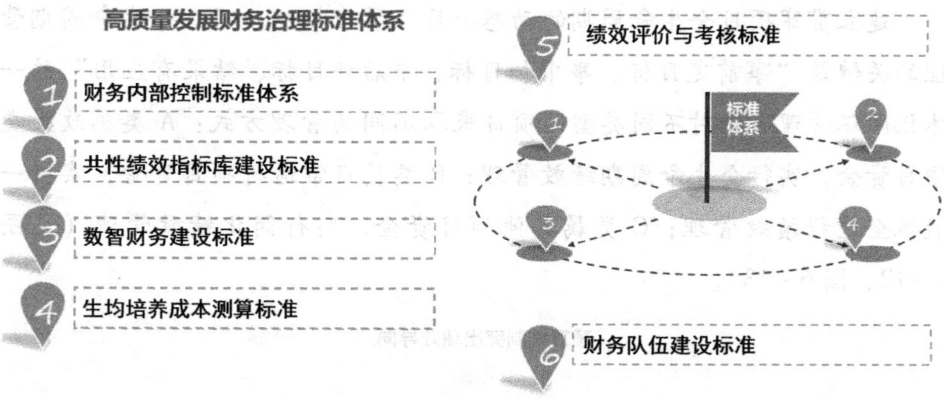

图6－10　高质量发展财务治理标准体系

2. 打造“财务统计与监测体系”

通过搭建“大数据”监测平台，实时动态获取各类资金收支信息，直观掌握全校资金运行情况，为后续开展财务大数据运用和价值挖掘、辅助领导决策等提供可靠的数据支撑（见图6－11）。

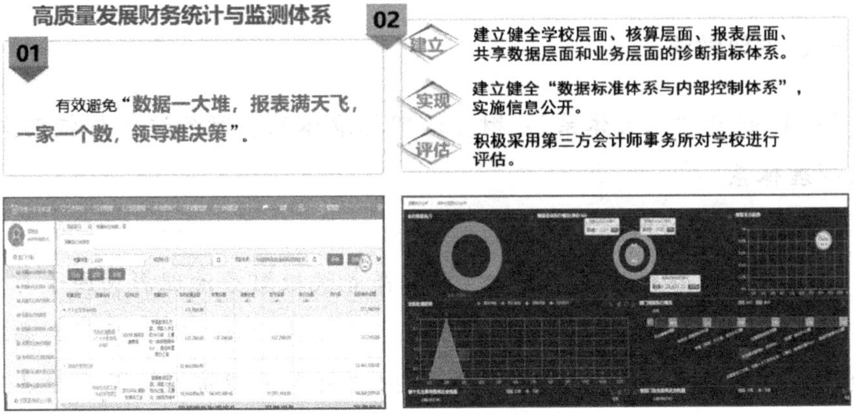

图 6－11　财务统计与监测体系

3. 实施“绩效管理体系”

建立贯穿项目全生命周期的动态项目库管理机制。项目全生命周期管理的关键是“事前定目标、事中扣目标、事后评目标、结果有应用”的一体化闭环管理。针对不同类型的项目采取不同的管理方式：A 类属政策类项目资金，实行全生命周期绩效管理；B 类属日常运行项目资金，实行一般性全过程绩效管理；C 类属其他项目资金，实行简化绩效管理（见图 6－12、图 6－13）。

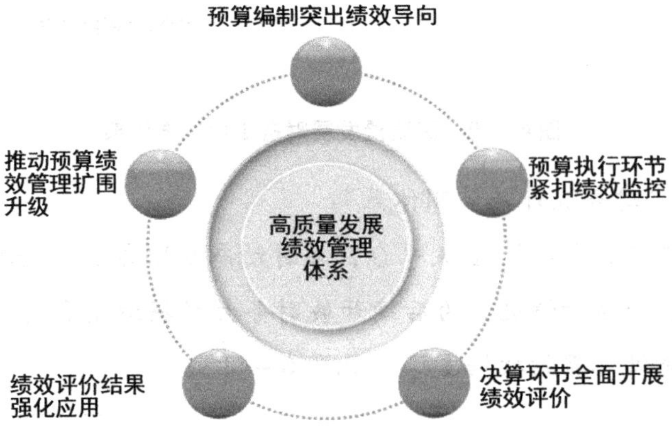

图 6－12　绩效管理体系

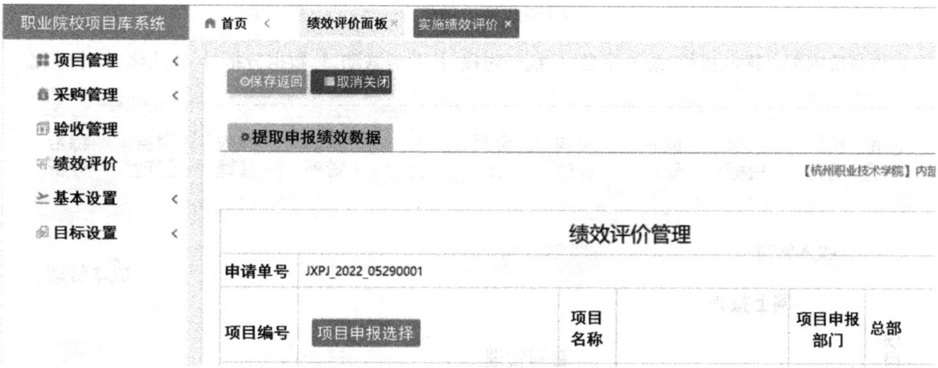

图6－13　绩效评价管理系统

（二）搭建“一体化平台”：“预算—绩效—内控”一体化平台

杭职院以国家“双高”计划建设为契机，通过个性开发“预算—绩效—内控”一体化平台，实现了“孤岛”向“协同”转变，促进融合共享。通过汇聚学校内部业务数据与财务数据的共享，实现了“左右数据”、跨层级的“上下数据”、跨系统的“内外数据”有机融合，逐步满足校内联网监督、财务审计检查、会计核算、电子校验、系统自动对账等“大数据”无缝衔接需要，实现了“从跑单到点鼠标”的深刻改变，从“领跑”向“零跑”转变，切实做到服务速度“零等待”、服务环节“零空缺”、服务质量“零差错”、服务态度“零投诉”（见图6－14）。

（三）实施“一套保障组合举”：出台系列促推高质量发展的财务管理制度

按照业务类型、定岗定责、流程控制、细化风险、固化节点、绩效评价等基本原则，杭职院制定了《项目库实施细则》《绩效评价管理办法》《教科研管理办法》《内部控制实施办法》等，严格预算、绩效、内控管理，形成全程封闭运行，构筑起防范业务和廉政风险的坚固“屏障”（见图6－15）。

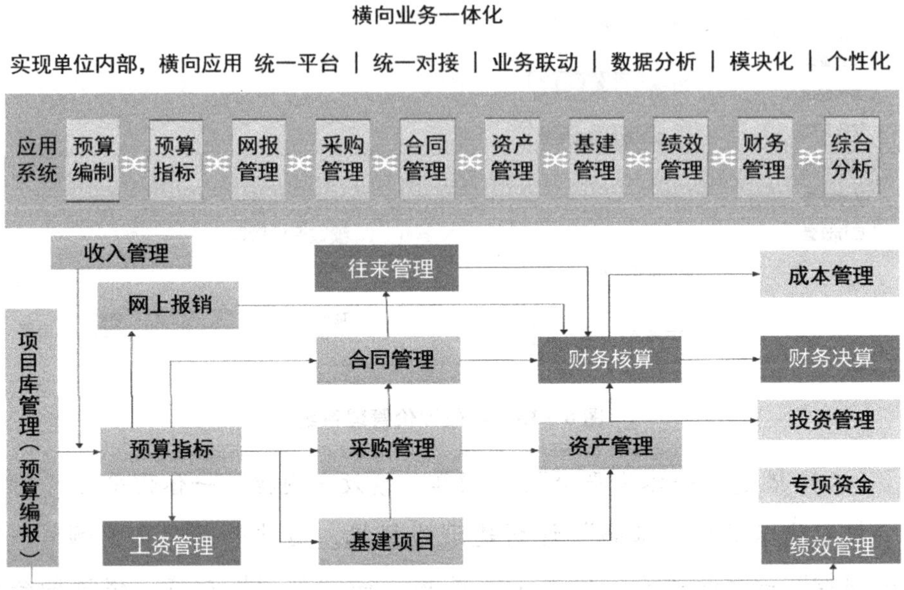

图 6-14　高质量发展财务一体化平台建设

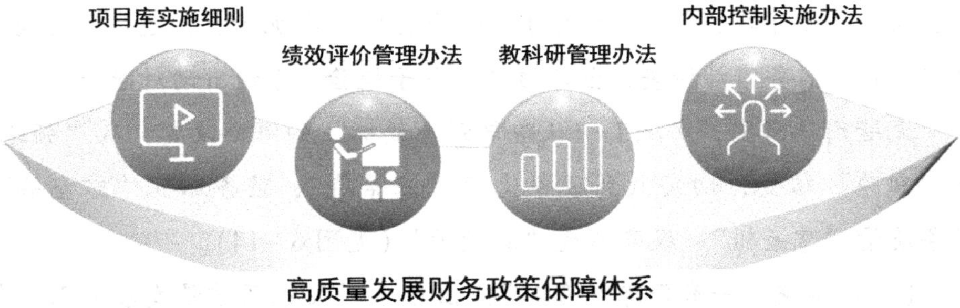

图 6-15　高质量发展财务政策保障体系

二、成果成效

杭职院始终坚持对标“高质量发展目标”，坚持“绩效引领”的战略思路，建立建立结构分层、项目分类的项目全生命周期管理体系，形成系列“标准体系”“平台保障体系”“政策保障体系”，突出理论创新、制度创新和实践创新的结合，为“双高计划”建设保驾护航。

案例6－7：

五位一体，全程管评，数据循证

高职院校诊断与改进工作的核心是完善内部质量保证体系建设。杭职院以立德树人为根本任务，按照深化新时代教育评价改革总体方案要求，遵循“学生中心、产出导向、持续改进”原则，将质量主体的业务过程性管理与质量管理结合、制度设计和信息化开发同步，通过数据分析诊断，改进结果评价、强化过程评价、探索增值评价、健全综合评价，构建了五位一体、全程管评、数据循证的具有职教特色的内部质量保证体系，服务学校“双高”建设，全面提升办学水平和人才培养质量。

结合国家相继出台的系列提高教育质量的政策性文件、“双高”建设、大数据时代、产业转型等高职面临的发展变化以及“职教本科”的未来趋势，杭职院认为新时代质量保保证体系应具有如下特征：

一是符合学校内外部评估的需要。内部能有效开展各类评价和诊改，形成质量闭环，同时也能满足未来高职的专业认证以及本科层次职业学校本科教学工作合格评估等外部评估工作的要求。

二是符合学校过程质量管理的需要。能提升质量管理水平，落实重点工作，将过程管理、质量监控、绩效考核融为一体，用数据说话，能有效满足结果评价、过程评价、增值评价、综合评价等新时代教育评价改革的要求。

三是符合学校数字治理改革的需要。制度设计与信息化设计能同步进行，业务过程性管理和质量管理能合二为一，能形成稳定的内部质量管理长效运行机制，能将产教融合、三全育人等职教特色工作用信息化精准落地实施。

一、主要做法

（一）五位一体，全程管评，数据循证，实施内部质量保证体系建设新举措

杭职院质量管理体系从学校、专业、课程、教师、学生五个方面整体设计，梳理出八项质量相关的核心工作，分别出台相应的质量管理制度和考核制度，根据制度开发对应的应用系统进行过程管理；八大应用系统既是内部质量管理过程性工作平台，又可以实现数据采集、数据分析，数据评价和数据反馈；所有系统统一入口，底层数据打通，相互独立又可相互关联。同时，通过设置各层面诊改 KPI 指标，对学校、专业、课程、教师、学生的情况进行数据分析和比较，实现导航画像功能，最终构建“过程管理＋质量监控＋绩效评估”的内部质量管理与诊断分析平台（见图 6－16、图 6－17）。

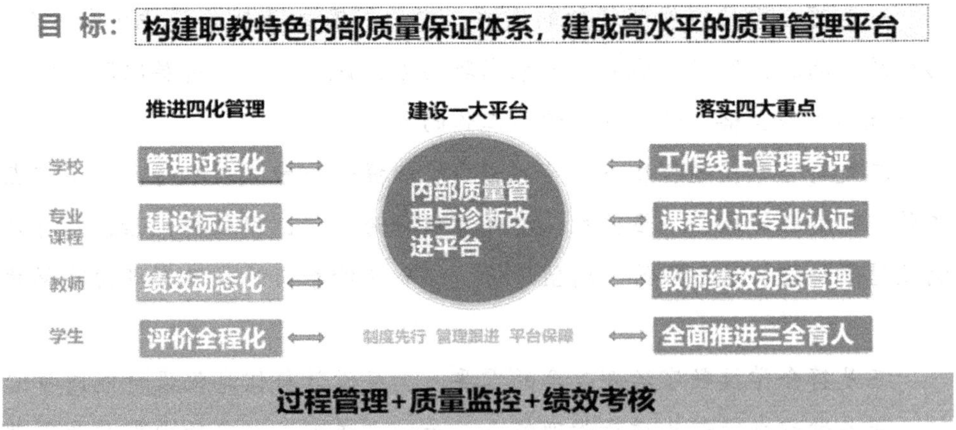

图 6－16　杭州职业技术学院内部质量保证体系建设思路图

一是实现学校层面目标管理和绩效监控。学校层面质量管理的重点是工作目标的分解落实、重点任务的管理与督办以及目标绩效考核。杭职院

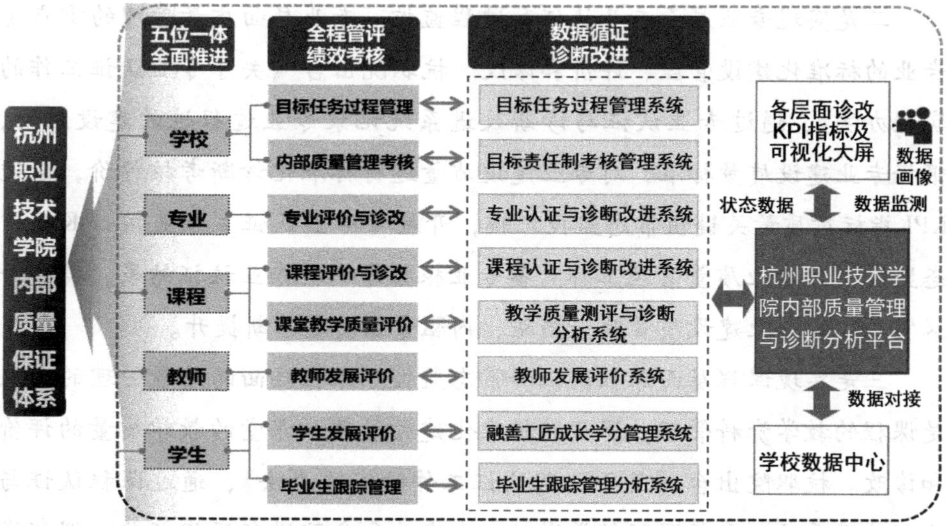

图 6－17　五位一体，全程管评，数据循证的内部质量保证体系架构

年度《党政工作要点》明确学校每年重点工作，通过目标任务过程性管理系统对包括“双高”项目在内的重点工作全程信息化管理，实现注重过程管理、协同、及时反馈优化的诊断改进工作模式（见图 6－18）。

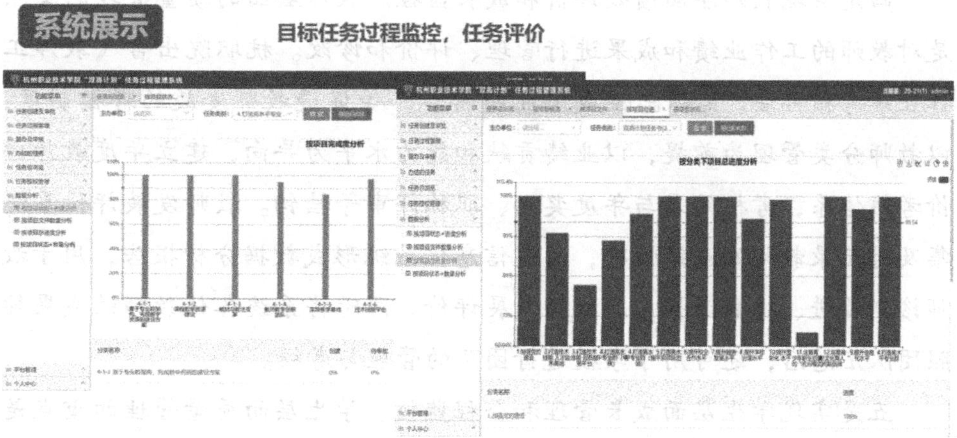

图 6－18　目标任务过程管理系统中“双高计划”管理数据分析模块

二是实现专业层面专业认证和过程监控。专业层面质量管理的重点是专业的标准化建设管理、评价和诊改。杭职院出台《关于专业认证工作的实施办法》，通过专业认证与诊断改进系统记录专业过程性的建设成果，根据专业建设质量标准，对专业建设质量进行标准化诊断考核评价，通过KPI指标对质量关键值常态监控比较，开展“专业认证＋专业核心KPI常态监控”的专业质量管理工作。各专业根据每一轮专业认证结果，提出并落实具体的专业建设质量改进措施，内驱专业质量不断提升。

三是实现课程层面课程认证和常态监控。课程层面的质量管理的重点是课程的教学资料管理，课程的标准化建设管理和课堂的教学质量的评价和诊改。杭职院出台《关于课程认证工作的实施办法》，通过课程认证与诊断改进系统，采集课程教学资料，由专业和分院进行逐级评价，课程资料评级优良的老师可申请课程认证。杭职院组织专家根据专业建设质量标准，评选出“金课”和“优质课程”，通过指标评价数据分析，引导教师有针对性的改进课程建设，对通过认证的教师在绩效、职称评审等方面倾斜，引导教师积极参与认证。

四是实现教师层面绩效评价和成长监控。教师层面的质量管理的重点是对教师的工作业绩和成果进行管理、评价和诊改。杭职院出台《教师工作业绩考核办法》《标志性成果业绩清单》等促进教师发展的考核制度，以教师分类管理为前提，以业绩贡献和能力水平为导向，建立年度教师评价考核体系，考核结果与年度奖励、职称评审等挂钩。教师发展评价系统集及时记录教师的业绩情况，通过信息化系统形成数据分析报告，用于教师诊断改进、绩效考核，及教师发展评价。同时将系统各位教师的成果按照团队汇总后，还可用于学校进行团队的管理与考核。

五是实现学生层面成长管理和全程监控。学生层面质量管理的重点是对学生在校和毕业的全过程管理和监控，建立新生入学即匹配导师的制度，一直跟踪到毕业三年后。杭职院出台《“工匠摇篮”实施方案》《“融·

善”工匠成长学分制度实施办法》，通过融善工匠成长学分管理系统采集学生活动数据，进行量化评价，形成综合素质档案，并结合课程学分，从而建立起完善的学生成长管理与评价体系，通过数据分析，评价学生发展的目标达成度，进行学生成长分析与指引。

杭职院建立毕业生跟踪机制，通过毕业生跟踪系统及时跟踪毕业生三年内职业成长和发展信息，记录学生就业企业的相关信息。同时对学生可以提供明确的学习指引，入学后即可浏览同专业毕业生的就业信息，明确学习目标。通过产教融合数据分析模块，评价分析人才培养的社会需求适应度与人才培养的满意度，用数据反馈给专业精准优化人才培养方案，促进专业发展良性循环（见图6－19）。

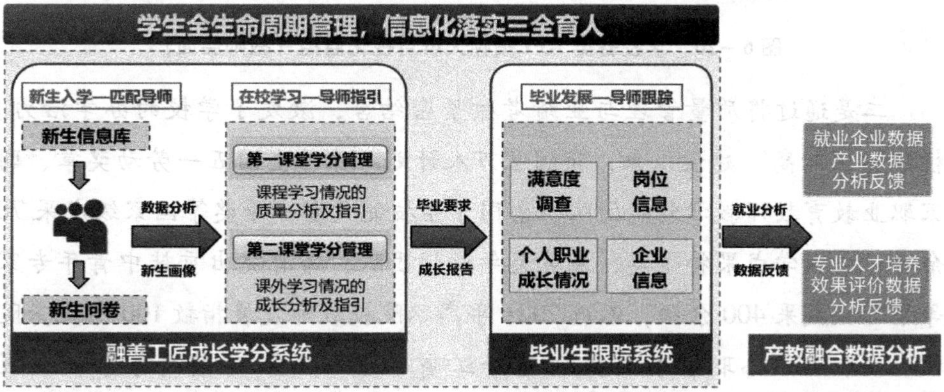

图6－19　学生全生命周期管理模式示意图

（二）体系完备，平台先进，数字治理，取得内部质量管理改革新成效

一是通过将体系建设和平台建设紧密结合，增强了学校的治理能力。实现内部质量保证和常态监控数据的动态管理，做到数据有分析、过程有预警、要素有对比、诊改有报告，目前平台有上千条任务在系统上实现数字化过程性管理。通过KPI指标可视化监控预警，精准支持领导决策，也

进一步推动学校质量文化建设（见图6－20）。

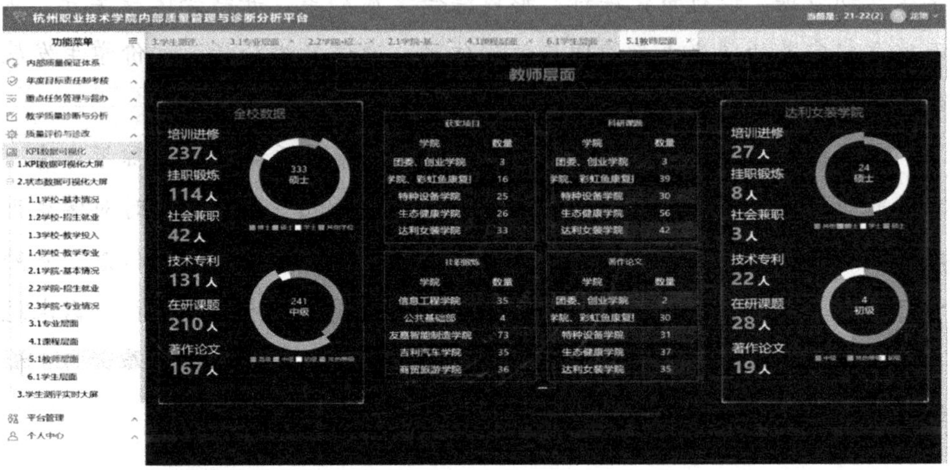

图6－20　学校各类KPI指标大屏可视化监控（教师层面）

二是通过将质量管理与业绩考核紧密结合，激发了学校的办学活力。杭职院“双高”建设以来，获国家万人计划人才、全国五一劳动奖章、国家职业教育教师教学创新团队、全国学生技能大赛一等奖等国家级成果70余项；省教学成果特等奖、省黄大年教师团队、省有突出贡献中青年专家等省部级成果400余项，入选2021年高职院校教师发展指数100所优秀院校。杭职院举办职教本科被列入浙江省“十四五”时期高等学校设置规划。

二、成果成效

杭职院出台《部门目标责任制考核办法》等考核制度，通过目标责任制考核管理系统，对核心指标进行动态监控，提供数据分析为部门考核和工作诊改提供依据；制订《课堂教学观察及评价指标》等课堂教学评价指标体系，通过教学质量测评与诊断分析系统，建立过程性学评教测评、课程教师自诊、督导听评的多元教学质量评价，并基于多元测评大数据，实施教师教学质量数据画像，反馈教学结果，督促诊断改进提升。定期发布《课堂教学质量测评报告》《学评教数据报告》等各类分析报告；通过将成长管理与三全育人紧密结合，提升了学校的育人水平。导师全程跟踪学生从入学到毕业成长的全过程，信息化实现学生全生命周期的过程管理，用数据精准落实学校的融善工匠培养，入选2021年高职院校学生发展指数100所优秀院校。

杭职院持续深化了内部质量保证体系的建设和平台大数据分析功能的开发，尤其是深化毕业生就业企业数据和产业数据的分析，建立了学校和企业的数据纽带，让产教融合更加精准和深入，带动职业院校产教融合全新的数字革命。

第三节　信息化改革实践

随着“互联网+教育”时代的到来，信息化已成为我国高等职业教育重点关注和持续加强建设的领域。2017年，国务院印发的《新一代人工智能发展规划》明确提出，“未来要利用智能技术加快推动人才培养模式、教学方法改革，构建包含智能学习、交互式学习的新型教育体系”；2018年，教育部印发的《教育信息化2.0行动计划》提出，要“构建‘互联网+’条件下的人才培养新模式、发展基于互联网的教育服务新模式、探索信息时代教育治理新模式”。2019年，教育部、财政部“双高计划”提出，要加快智慧校园建设，促进信息技术和智能技术深度融入教育教学和管理服务全过程，提升“双高计划”学校信息化水平[1]。进入“十四五”时期，职业教育信息化改革还将继续深入推进和发展，我们需要从过去的

---

① 余静，李梦卿．“双高计划”高职院校信息化建设的群像特征研究——基于全国56所“双高计划”高职院校的扎根分析［J］．职业技术教育，2022，43（23）：12－19.

发展历程中吸取经验和教训，在看到发展成效的同时，也能从中看出当前我国职业教育信息化改革仍然面临不少的挑战，这是需要在未来进行改善和解决的。同时，这也需要相关各方的不断努力、发挥自身作用，以提升职业教育教学质量，实现职业教育的信息化、数字化转型①。

案例 6-8：

深化“课堂革命”，聚焦“三教”改革：打造技术技能人才培养高地

2019 年 2 月，国务院颁发《国家职业教育改革实施方案》，提出了包括完善现代职业教育体系、健全国家职业教育制度框架、做好改革组织实施工作等 7 个方面 20 项政策举措；随后在《加快推进教育现代化实施方案（2018—2022 年）》中提出建立健全职业教育制度标准，推动教育教学改革与产业转型升级衔接配套；同年 4 月，全国深化职业教育改革电视电话会议召开，李克强总理对职业教育作出重要批示。国家打出职教改革“组合拳”意在从根本上要解决职业教育的发展动力、发展规模和发展质量等问题。

高职院校“三教”改革是深化“课堂革命”，打造高素质技术技能人才培养高地的必由之路。服装设计与工艺专业群紧紧围绕新时代高校立德树人工作的新形势新要求，深入贯彻落实该实施方案部署要求，全面推动“课堂革命”走向制度化、常态化、专业化。优化课程设置和教学内容，统筹教学组织与实施，深化教学方式方法改革，盘活教学资源，取得了显著成效。

杭州紧紧围绕“数智杭州·宜居天堂”的发展导向，加快建设社会主义现代化国际大都市。互联网、大数据、移动通信、人工智能、虚拟现实

① 冉雪峰，罗厚朝．职业教育信息化视域下的高职教学改革现状分析［J］．中国多媒体与网络教学学报（中旬刊），2022（9）：25-28.

等现代科技为教育教学改革带来了前所未有的机会，“先进技术 + 实践”必将对实践教学方式、方法的革新产生的深刻影响。杭职院立足于服务区域产业经济，提高技术跟随度，更新教学内容与形式，推进“课堂革命”，以“数字化、智能化”为目标，推进教学内容迭代升级。最终提高教学的针对性、职业性、实用性，弥补高端产业和现代服务业人才缺口，为推动高质量发展、建设创新型国家提供优质人才资源支撑。

一、主要做法

（一）试行“三个课堂”模式，大力推进“课堂革命”

创新推行校内课堂、网上课堂和企业课堂“三个课堂”教学模式。校内课堂教授基本理论、完成项目教学、教师答疑解惑；线上课堂传授基本知识、促进拓展学习；企业课堂完成综合技能训练，提升实践能力。通过升级网上课堂，搭建智慧学习平台，实现“三个课堂”实时连接、资源共享、相互促进，建立师生互动、企业深度参与的“以学习者为中心”的职业教育课堂教学模式。

此外，建立了“全覆盖播种、个性化栽培精准化扶持”的“三阶式”创新创业教育体系，开设“双创课程”，搭建双创和技能大赛平台，孵化创新创业项目，使学生在校内“第二课堂”中提高技能，锤炼工匠精神。课堂改革以“有用、有趣、有效”的“三有”为目标，通过调动教师和学生两个方面的积极性，实现教法创新和“课堂革命”。

（二）大力开发网络课堂，建设智慧学习环境

专业群锚定杭职院“立足开发区、服务杭州市”的办学定位，开启“数智化”转型的迭代升级之路。在校内探索利用移动互联网、物联网、云计算大数据、VR 等技术，以慕课、微课、翻转课堂、虚拟课堂等为载体，构建课程资源丰富、内容适时更新、专业特色明显、学习管理便捷、对外开放共享的智慧学习技术体系和学习平台，平台承载移动学习、校内

课堂、企业课堂等创新性的课堂教学模式，支持教学过程与生产过程实时互动的远程教学的实施，为每个学生构建“虚拟学习空间”，满足学生随时随地学习、沟通、答疑、解惑等各种需要。

服装设计与工艺专业，让三维设计软件成为服装设计与制版的工具(见图6－21)；针织技术与针织服装专业，教学内容向“全成型”电脑横机转型；艺术设计（纺织品设计）专业，数位板替代了传统的纸笔墨，用软件实现提花面料的肌理；服装零售与管理专业，开启新媒体+新零售转型之路，入局服装直播电商（短视频、网红直播等），2020年6月，被共青团杭州市委授予“中国（杭州）青年电商主播培训基地”。

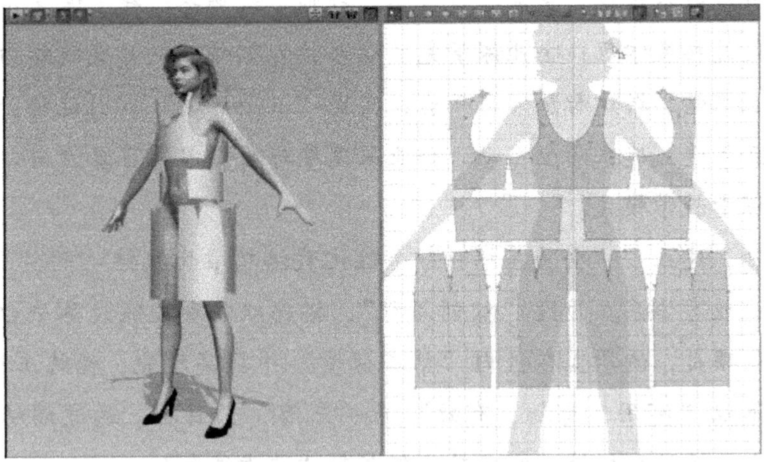

图6－21 服装设计与工艺专业的数智化转型（clo3D工具）

二、成果成效

（一）教学资源得到有效改善

现有2个省级名师工作室，4个协同创新中心，立项数量和层次名列高职院校前茅，2020年，新获批服装设计与工艺国家资源库平台上线课程

68 门、全国知名课程平台上线课程 87 门、建设通识教育核心课程 120 门。

（二）学生素质得到全面提升

学生连续 7 年获全国服装技能大赛一等奖 11 项，获全国技能标兵 12 名，获技师职业资格 15 名（见图 6－22）。浙江省教育评估院的统计数据显示，服装设计与工艺专业群学生毕业一年后自主创业率为 10.41%（全省为 4.49%），学生毕业三年后自主创业率为 20.48%（全省为 7.44%）。每年的毕业生总是被企业提前预订，就业率始终保持在 98% 以上，企业对毕业生满意度达 95%，专业群毕业生成为服装企业的招聘首选。

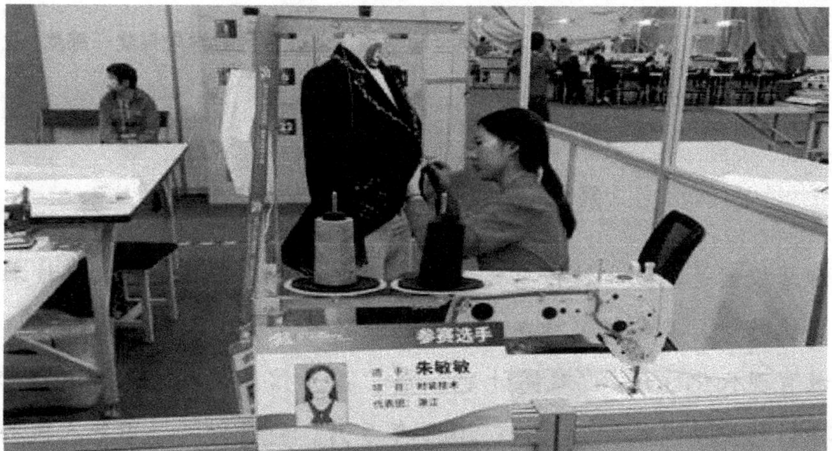

图 6－22　朱敏敏参加全国首届职业技能大赛（2020 年）获全国第 6 名

（三）教师发展得到有力促进

教师队伍中培养了全国优秀教师 1 名、国家级教学名师 1 名、国家级技术能手 1 名，“双师率”达到 95% 以上（见图 6－23）。

图6-23 2020年连续5届获得全国纺织工业联合会教学成果奖一等奖

案例6-9：

数字赋能 打造“掌上杭职”

智慧校园是职业学校信息化建设过程中的高级形态，是数字技术革新下的必然趋势，其终极目标在于服务职业教育立德树人的根本任务，推动职业教育现代化建设。“双高计划”将“提升信息化水平”作为“双高”学校建设的重要发展任务之一；2022年5月，新修订版《中华人民共和国职业教育法》正式施行，其中明确提出“创新教学方式和管理方式，推动职业教育信息化建设与融合应用”的具体规定。职业学校信息化建设相继被列入重要的政策法律之中，受到党和政府的高度关注①。

对标杭州打造全国“数字经济第一城”发展目标，聚焦高质量发展，深化供给侧结构性改革，推进办学治校“最多跑一次”改革和数字化转型，打造“掌上杭职”，以数字赋能治理能力和治理水平现代化发展，打

① 卿金桃，陆宇正．中国特色高水平高职学校信息化建设：实践样态与现实思考——基于56所“双高”学校中期绩效自评报告的文本分析［J］．中国职业技术教育，2022（23）：35-44.

造职业院校内部治理改革创新“杭州样板”。

以推进“最多跑一次”改革和数字化转型为抓手，通过建设一站式网上办事大厅，强化“互联网＋校务服务”应用，深化“放管服”改革，通过掌上办事和线上办理，切实增强师生获得感幸福感，全面提升办事效率和发展活力。截至2021年底，已实现90%的校务事项办理（特殊要求事项除外）“最多跑一次”，80%的校务事项实现线上办理。

一、主要做法

（一）改革“三张清单”，优化服务办事流程

一是完善校务服务网上的责任清单、审批清单和服务清单等“三张清单”，简化优化校务服务流程，减少申报材料、前置条件和办理环节，精简审批事项，优化办事流程，下放审批权限，推动整合归并和联动办理。二是编制发布《杭州职业技术学院办事指南（2021年版）》，优化校务服务办事流程，每年按规程对事项清单进行审核、调整和公开。

（二）完善服务平台支撑，推动掌上线上办事

一是推进跨部门网上联审联办。按照一次申请、并行办理、限时办结、统一答复的要求，推进部门协同事项网上审批办理。二是扩大网上审批办理范围。在行政OA办公平台基础上，持续扩大网上办事范围。实现校务网上事项办理全过程、全覆盖。三是创新校务服务模式。创新校务服务环境，建设掌上杭职App、企业微信和钉钉端移动门户，实现线上线下办事服务融合发展。

（三）升级融合信息平台，实现数据交换共享

建设基于“大平台、轻应用”的网上办事大厅，以碎片化服务方式整合升级财务、人事、教务、学工、科研等业务系统，通过SAAS化流程中心可视化配置部署轻应用，建成一站式网上办事服务大厅。建设移动端网上办事平台，与PC端网上办事大厅同步建设移动端，通过掌上杭职App、

微信企业号、钉钉工作台等多渠道提供PC移动一体化业务支持，实现校务服务事项预约、申请、审核、查询等移动终端办理。

二、成果成效

依托“最多跑一次”改革和数字化转型，赋能“绩效考核为导向、内控机制为抓手、流程再造为主线”的治理体系变革，逐步实现学校治理体系和治理能力现代化。

（一）多方协同，“最多跑一次”改革举措有力度

形成多部门协同机制，重点围绕“OA行政办公系统”管理运行，完善了校务服务责任清单、审批清单和服务清单，通过精简审批事项、优化办事流程、下放审批权限，实现了业务整合归并和线上联动办理。扩大掌上线上办理，新增线上办理事项68项，实现80%高频事项网上办理。引入掌上杭职App，实现了师生办事线上线下业务融合发展，师生获得感幸福感显著增强。

（二）多网融合，“掌上杭职”办事服务有特色

建成包括统一数据中心、统一身份认证、统一信息门户、一站式网上办事大厅的智慧校园公共服务平台。依托“互联网+校务服务”，建好用好“掌上杭职”，打破信息孤岛，实现行政、教务、学工、财务、科研等多网融合、业务协同，通过“网上办”“掌上办”，办事程序进一步简化、材料进一步减少、服务进一步优化，实现了业务线上办理、审核和评价全覆盖，校务服务事项办理更加灵活、更加高效、更高质量，为学校高质量发展注入了新活力、新动力。

（三）多点发力，内控体系一体化运行机制有效果

建成内部质量保障体系业务平台和“预算—绩效—内控”一体化财务运行平台，完善预算编制有目标、执行有监控、完成有评价、评价结果有反馈、反馈结果有应用的预算绩效管理运行机制。在决策上，完善了包括

党代会、教代会、党委会、校长办公会、各类领导小组等的决策机构；在执行上，将国家规定的预算、支出、合同、基建、资产、采购六大方面业务和学校“双高”建设、校企合作等“X”项业务纳入平台管理，实现“管理制度化、制度流程化、流程岗位化、岗位责任化、责任表单化、表单信息化”；在监督上，实现对学校决策和业务执行进行全方位、全过程、全覆盖监督。通过构建数字化管理平台，实现决策、执行和监督的数字化转型与可视化管理，达到资金安排直观、运行权责匹配、岗位职责清晰、管理规范高效的效果，进一步推动了学校治理能力和治理水平现代化（见图6－24）。

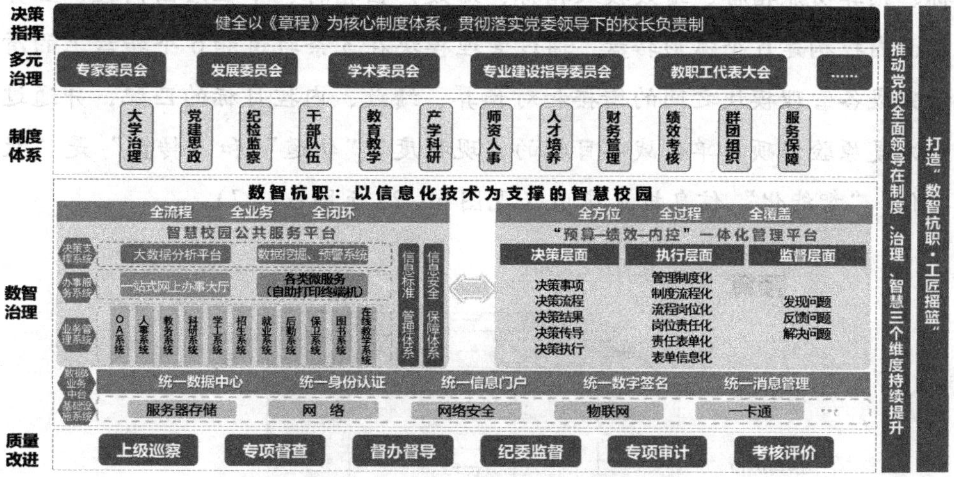

图6－24　杭州职业技术学院内部治理运行机制图

案例6－10：

数智财务：“业—财—效—控”一体化财务治理与综合应用

《第十四个五年规划和2035年远景目标纲要》提出“更好发挥财政在

国家治理中的基础和重要支柱作用”。杭职院主动创新求变，打通财务与业务数据“孤岛”，实现财务服务与管控方式的整体“智治”，实现“服务做加法，流程做减法，活力做乘法”。核心内容有三个方面：一是把握“大财务观”的发展理念；二是树立“绩效引领”的战略思路；三是实施“精细管理”的建设目标。

聚焦“业—财—效—控”，探索“四阶魔方”财务治理模式。“四阶魔方”财务治理模式是在模块化管理模式的基础上，充分借鉴四阶魔方的结构和运转模式，将预算、绩效、内控与项目单位战略目标有机连接，以预算目标、绩效目标、内控目标构建3条互相垂直的轨道，以预算经济指标、预算功能指标、绩效投入指标、绩效产出指标、单位层面内控、业务层面内控构建6个弧形转盘，通过管理模块在3条轨道和6个转盘上的滑动完成各管理模块之间的衔接和对预算、绩效、内控目标的匹配，并通过魔方复原验证项目单位战略目标的实现程度。“轨道”和“转盘”是“数字化”“智能化”信息技术应用（见图6－25至图6－27）。

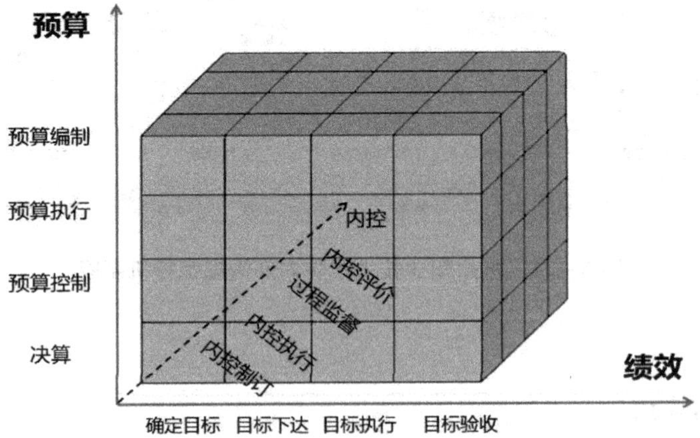

图6－25　“四阶魔方”财务治理模式

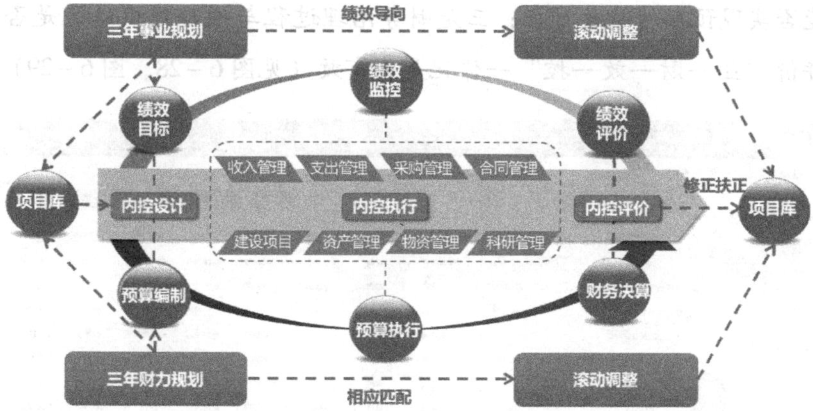

图 6-26　事业规划与财务规划“双循环、双监控”总体思路

全面预算管理平台	智慧财务办公平台	移动财务智能平台
全面预算及绩效管理系统	财务网上服务大厅	手机只能报账系统
预算项目库	网上报销系统	RPA智能财务机器手
智能会计核算平台	网报接单和分单系统	智能数据交换平台
财务核算系统	网上查询系统	财务数据校园网交换
综合报表系统	网上报销自助投递终端	智能微服平台
银行对账系统银校互联	财务网上电子审批系统	财务微信平台
工资管理系统	财务分析决策支持系统	智能业财融合平台
个人收入及个税管理系统	校园统一缴费平台	合同管理系统
科研财务管理系统	网上劳务申报系统	差旅服务平台
国际差旅费模块		
财务综合票据管理系统		
会计档案电子影像化系统		

图 6-27　数智财务一体化应用平台的模块构成

一、主要做法

（一）管理提效：牵住预算牛鼻子，实现双高建设发展战略与财务战略相应匹配

在探索“发展战略与财务战略”并行的财务治理现代化前提下，重点关注以下四个方面：一是职业院校发展战略与财务战略是否相符；二是财务资金

投入能否实现预期的绩效目标；三是财务治理过程与项目建设结果是否有效；四是评价“业—财—效—控”一体化是否有效（见图6－28、图6－29）。

图6－28　项目目标与学校事业发展的总体目标设置

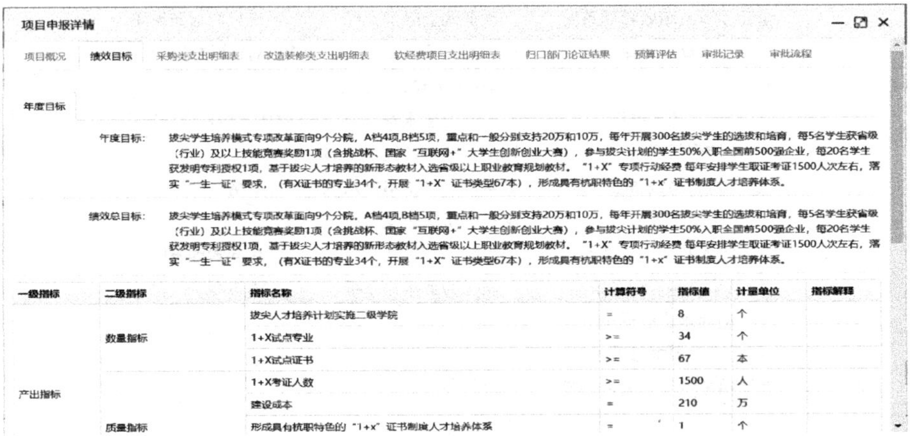

图6－29　项目目标与学校事业发展的总体目标关联设置

（二）方法提质：牵住绩效牛鼻子，以链条化模块化推进项目全生命周期管理

一是组织。建立分层的项目管理组织。二是机制。建立贯穿项目全生命周期的动态项目库管理机制。三是方法。采取ABC项目分类管理方法。A类属政策类项目资金，实行全生命周期绩效管理；B类属日常运行项目

资金，实行一般性全过程绩效管理；C类属其他项目资金，实行简化绩效管理（见图6－30、图6－31）。

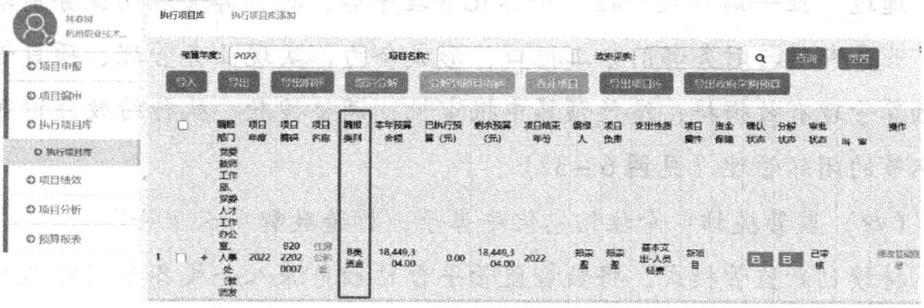

图6－30　ABC项目分类管理方法

图6－31　项目全生命周期的动态项目库管理体系

（三）服务提速：牵住内控牛鼻子，消除各系统之间形成的信息孤岛，实现信息互联互通、资源共享

通过“业—财—效—控”一体化管理平台，把预算管理向业务前端延伸。业务部门与财务部门分工把口，形成合力，实现业务管理、项目管理和预算管理有效衔接，绩效预算申报审批、调整拨款、执行绩效评价等业务环节的闭环管理（见图6－32）。

（四）监管提档：牵住信息化牛鼻子，打造数智“云卫士”

持续创新监管模式，将数智监管平台的触角深入全校各个经费监管领域。数智“云卫士”具有“一体四翼”，即一个“大脑”加上“千里眼”“顺风耳”“照妖镜”“紧箍咒”它可以24小时在线监测经费执行情况，自动生成预警信息，引导监管人员进行现场核查。

二、成果成效

（一）目标协同

通过把项目的绩效目标与“双高”校长期发展建设任务（学校中长期发展规划）匹配，实现学校长期发展战略引领各部门的业务发展，确保方向一致、目标一致。

（二）过程动态

建立结构分层、项目分类的项目全生命周期管理体系，实现“事前定目标、事中控目标、事后评目标、结果有应用”的预算绩效内控一体化闭环管理。

（三）数据共享

通过总体规划、划清系统边界，结合学校个性化现状，以项目库为抓手，打破相关系统间的数据孤岛，实现数据的一体化管理和应用。

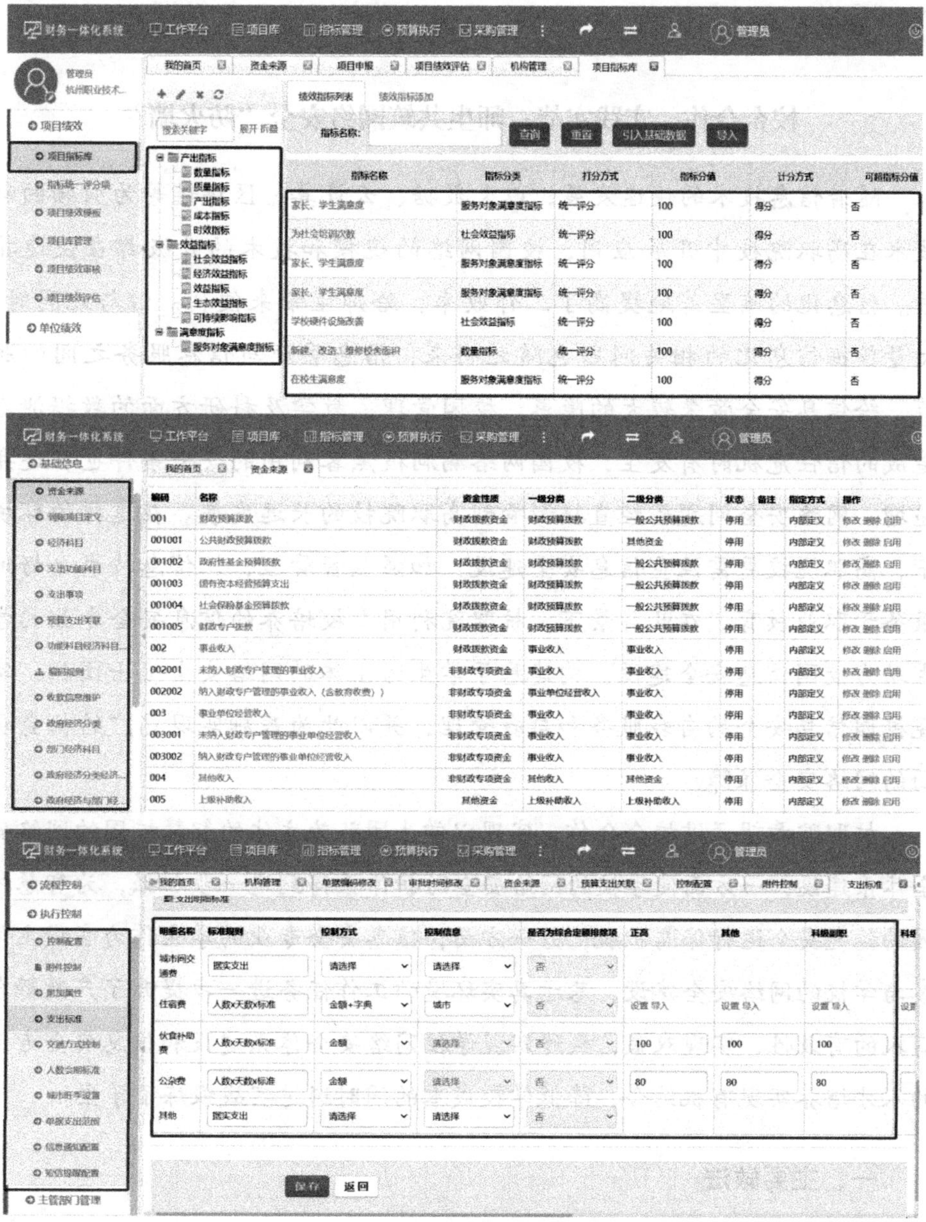

图 6－32　“业—财—效—控”一体的信息化标准化、执行控制与数据共享管理

案例6－11：

校企合作，实践实战：师生共筑网络安全“防火墙”

随着信息技术的快速发展，以大数据、云计算、区块链等为引领的新技术在高职院校中开展应用，校园网络的规模和技术的升级都在快速推进。信息化的确显著地提高了工作效率，给师生带来便利，但与此同时，大量数据信息化的相关问题也随之而来，信息管理与信息服务之间的脱节，给信息安全带来较大的隐患。校园管理、教学及科研方面的数据泄露造成的信任危机时有发生，校园网络漏洞被黑客利用的安全事件也在逐年递增。网络安全问题已经直接影响到高职院校的长远发展。在这样的环境下，高职院校更需注重信息安全建设，加强监督管理，让信息技术更好地服务于职业教育。在此背景下，杭职院利用本校培养的信息安全专业的学生助力校园信息安全建设，构建基于学生为主体的网络安全卫士团队，实现校园信息安全的自我服务和自我管理，并以此为基础实现更广的社会层面的网络安全保障。

杭职院希望通过校企合作，实现以学生团队为主体的智慧校园的网络安全体系建设，一方面使学校的网络安全防护体系得到进一步加强，为智慧校园的稳定安全运行保驾护航；另一方面，信息安全专业的学生作为实践主体参与学校的网络安全建设，基于真实环境的工作任务进一步提升了产教融合育人的有效性，实现双赢，最终实现学校网络安全体系建设和信息安全专业的人才培养实现有机结合，降低学校成本的同时通过实战锻炼了学生。

一、主要做法

（一）校企合作以学生为主体实施校园网络安全监测

杭职院与世界网络安全500强企业——杭州安恒信息技术股份有限公

司合作成立安恒信息安全学院，共建网络安全检测中心，并组建了一支由企业专家、专业教师、优秀学生组成的技术服务团队。服务学校智慧校园建设，积极开展技术服务与人才培养工作，为学校提供网络安全监测、网络安全风险预警、网络安全信息通报等安全服务。

（二）学生全程参与对学校的基础网络及重要系统实施等保测评工作

杭职院先后组织对基础网络、门户网站、各类应用系统开展信息安全等级保护测评，并依据测评完成整改。在整个测评过程中，信息安全技术应用专业的学生全程参与等保测评过程，在提升校园网安全性的同时，学生也得到了实战历练和经验积累（见图6－33）。

图6－33　校园网络检测平台

（三）师带徒方式参与真实场景应用实践

由信息中心和二级学院老师作为导师，组建学生安全卫士团队参与到校园网络安全防护体系建设过程中，完成了下一代防火墙、堡垒机、WAF、入侵防护系统、弱点扫描系统、数据库审计等设备设施的配置上线，实现全方位的安全检测和闭环管理（见图6－34）。

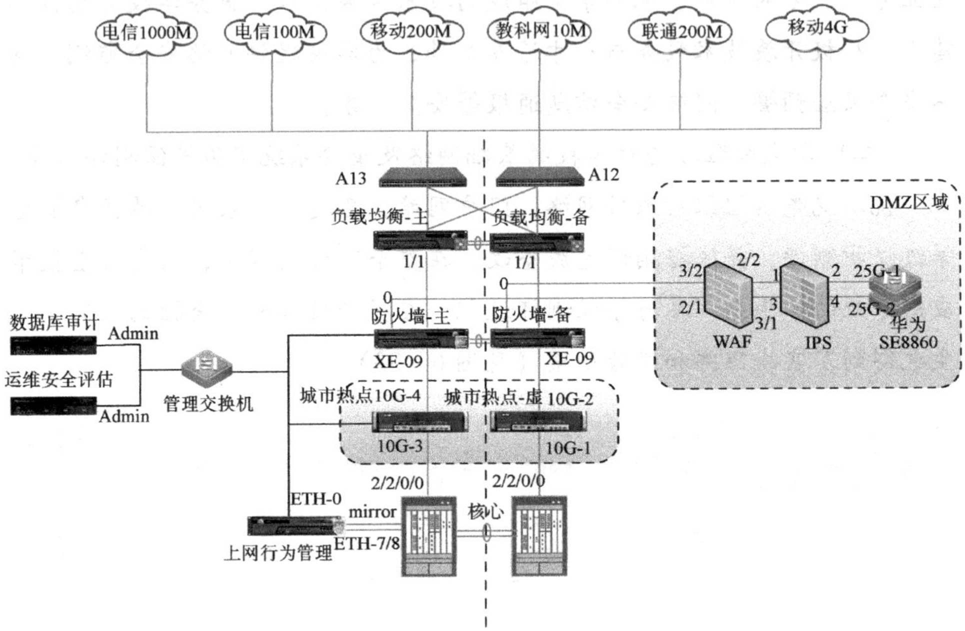

图6－34 信息安全防护体系

二、成果成效

（一）学校网络和信息安全防护体系进一步得到加强

通过完善学校网络安全体系建设、及时开展基础网络及重要系统等保测评和整改，使学校整体安全防护水平得到进一步提高。在杭州市组织的“护网2020”网络安全攻防演练工作中圆满完成相关工作，整体表现良好，未出现安全漏洞和系统被攻破等事件。

（二）通过实战培养了首岗适应的网安人才

安恒信息安全学院网络安全检测中心运行以来，共对学校门户网站、教务系统、站群系统等46个资产进行全面检测与监控。发现各类漏洞42

个，其中紧急2个、高危6个、低危34个。通过检查、复核、通报、终结等一系列流程，完成相关漏洞修补。通过中心建设，专业培养了一支技术能力强、职业素养高的安全运维队伍。这支学生队伍先后参与了G20峰会、乌镇互联网大会、北京冬奥会、西湖论剑·网络安全大会、省市两级网络安全保障服务等多项大型活动和工作的安全保障及志愿者活动，为探索校企共育信息安全专门人才提供了有效的路径（见图6－35）。

图6－35　学生参加重大活动的信息安全保障工作

本章小结

校企融合是一个跨界的课题，在职业教育办学实践中，这既是一个操作层面的问题，也是理论分析层面的难题。校企融合办学在校本层面涉及办学过程中权、责、利的分配与协调、办学理念与价值观的认同、办学制度设计与组织架构安排等具体操作层面的问题，需要均衡和协调权、责、利并形成具有操作性的制度体系，以达到校企融合办学的效率与效益最大化[①]。杭职院校企共同体模式的创新更离不开内部治理改革的创新。具体而言，在党建方面，杭职院以党建“四大工程”为抓手，推动三全育人，坚持开展专题研究，致力于打造工匠之才，不断邀请工匠名师，开展校企双向联动。

党建方面，杭职院党委不断发展融合党组织建设与专业群建设，同步融合课程思政与思政课程，精准融合组织服务与群众需求，全程融合党员培养与工匠培育打造优质专业群；着力构建横向到边、纵向到底的一体化“大党建”考评体系，强化大抓党建、严抓党建鲜明导向，形成明责、考责、督责相贯通的闭环机制，促进各级党组织书记扎实履行“第一责任”，激励全体党员干部履职尽责、担当作为；时刻避免党建与业务脱节，时刻破解“两张皮”难题，竭力打造党建与业务结合点，带动学校工作全面提质提效；打造全国样板支部，不断加强队伍建设，丰富工作内涵，为中国职教之路提供杭职经验。

内部治理方面，杭职院积极响应国家号召，制定财务治理标准体系、财务统计与监测体系、绩效管理体系为双高计划保驾护航；建立五位一体管评体系，从学校、专业、课程、教师、学生五个方面，梳理出 8 项质量相关的核心工作，建立起全面合理多层次的数据纽带，让产教融合更加精准和深入，带动职业院校产教融合全新的数字革命。

信息化方面，杭职院深化“课堂革命”、聚焦“三教”改革，以网络课堂为根基，建立智慧教学环境，在老师与学生之间建立起数字桥梁；以数字技术赋能管理方式，改革“三张清单”，打造“掌上杭职”平台，打通数据壁垒，极大提升学校治理效率；主动求变，打通财务与业务数据

---

① 查峥嵘，邓宏宝．校企融合模式下民办中等职业学校内部治理的校本研究［J］．职教论坛，2018（5）：19－24.

“孤岛”，实现财务服务与管控方式的整体“智治”，建立“业—财—效—控”一体化管理平台，把预算管理向业务前端延伸。业务部门与财务部门分工把口，形成合力，实现多业务环节闭环管理；校企联合，建立学院，以企业专家、专业教师、优秀学生组成的技术服务团队，服务学校智慧校园建设，积极开展技术服务与人才培养工作，为学校网络安全监测、网络安全风险预警保驾护航。

结　语

从全球范围看，校企合作、产教融合是促进职业教育提质培优的根本制度之一，也是职业教育促进区域经济提质增效的关键突破口，是改革创新的主方向。校企共同体建构并迭代升级的关键在于对校企双方教育主体身份的认同和共同利益的确认，尤其是通过体制机制创新引导企业成为职业教育的办学主体和教育主体[①]。杭职院从管理共同体、师资共同体、专业共同体、产学研共同体、资源共同体、文化共同体等多个维度来探讨校企共同体的运行机制，打造独树一帜的创新办学模式。

一、立足现状

杭职院深化校企命运共同体建设。推进“共同规划、共构组织、共同建设、共同管理、共享成果、共担风险”的“校企命运共同体”建设，出台《校企合作管理办法》，友嘉机电学院和达利女装学院的校企共同体模式、动漫游戏学院政行企校模式、安恒信息安全学院专企融合模式辅以“现代学徒制”培养、彩虹鱼康复护理学院的企业托管模式等等，展现了不一样的杭职，不一般的模式。

杭职院深化协同创新、技术技能服务等平台建设。建成省级电梯改造

---

① 马廷奇．命运共同体：职业教育校企合作模式的新视界［J］．清华大学教育研究，2020（10）：118－126.

与评估协同创新中心等技术技能创新服务平台27个，联合教育部职业技术教育中心研究所共建校企命运共同体研究院等科研平台3个。打造了龙渡湖国际时尚产业学院、独山港新材料产业学院等校地协同育人平台，与龙头企业安恒信息以混合所有制共建“杭州数智工程师学院”，培养区域紧缺的高素质技术技能人才。依托各类技术技能服务平台，服务中小微企业，承担企业技改项目，为企业解决生产环节“卡脖子”难题，实现技术成果转化。

杭职院着重产教科深度融合，实施“一体两院”建设，促进“三大战略”衔接贯通。聚合行业头部企业，共建行校企协同育人共同体，着力推进体制机制创新。行业组织、学校和头部企业共建产业学院，打造三链对接、育训合一的育人生态体系。聚合行校企等力量，共建集技术研发、社会服务、人才培养功能于一体的产业研究院，强化科研引领、技术赋能，产教协同发展。

二、展望未来

党的二十大报告中提出要统筹职业教育、高等教育、继续教育协同创新，推进职普融通、产教融合、科教融汇，优化职业教育类型定位，这对每所心怀梦想、胸怀志向的高职院校来说既是挑战又是机遇。矢志职业教育类型道路，聚焦质量提升和内涵发展是学校的根本宗旨。

“十四五”期间，现代产业体系将进一步完善和发展，势必倒逼产业转型升级持续推进，高职教育人才培养面临更高挑战，自疫情以来制造业转型升级稳步推进，集成电路、先进电力装备、工业机器人、工程机械、高端数控机床等领域将重点培育和发展。装备制造大类需要重点强化校外实习实践环节，加大技术技能人才培养，提升学生实践操作能力。伴随着数字经济的快速发展与数字产业的不断壮大，制造等产业的数字化转型快速推进，生产制造等环节的数字化应用场景不断增多，电子信息大类重点应强化学生的数字化技能培养。

杭职院基于助力杭州打造独特韵味别样精彩的“世界名城”和新时代中国特色社会主义“重要窗口”的高度，顶层设计“双高建设”“办学升本”“数智杭职”“工匠摇篮”四大攻坚项目抓手，以高层次人才为第一资源，统筹推进人才培养创新、技术技能创新、社会服务创新，构建教育、科技、人才互动发展的良好格局，形成与杭州同频共振、区域特色鲜明的“数智杭职·工匠摇篮”。

杭职院致力于将科技创新链、人才链、教育链的关键环节有机衔接，完善多元治理结构、构建产学研协同发展机制、构建市场化治理机制，促进技术、人才、设备、资本等优势资源互补与共享利用。在服务现代产业体系发展，服务区域经济社会发展的同时，积极投身“四新”领域，特别是在职教扶贫，乡村振兴，共同富裕等领域，积极贡献职教力量。

杭职院将进一步提升校企合作能级，在合作对象、服务对象和主要功能等方面迭代升级，增强职业教育适应性。合作对象从主流企业到主流企业与头部企业并重；服务对象从市区政府到市区政府和乡镇政府并重；拓展技术创新和文化传承功能，将科技服务企业升级转型和工匠文化传承等纳入校企合作新的内容。在人才培养、技术创新、社会服务、就业创业、文化传承等方面加强深度合作，用校企共同体引领形成学校教育事业和企业产业高质量发展的格局。校企共同体迭代升级之路任重道远！

参考文献

［1］（德）斐迪南·滕尼斯．共同体与社会：纯粹社会学的基本概念［M］．林荣远，译．北京：北京大学出版社，2010：52，58－62.

［2］（德）马克斯·韦伯．社会学的基本概念［M］．胡景北，译．上海：上海人民出版社，2005：65－67.

［3］（英）保罗·霍普．个人主义时代之共同体重建［M］．沈毅，译．杭州：浙江大学出版社，2010：7，146.

［4］（英）齐格蒙特·鲍曼．共同体［M］．欧阳景根，译．南京：江苏人民出版社，2003：5，82－83.

［5］［美］亨利·埃茨科威兹．三螺旋：大学·产业·政府三元一体的创新战略［M］．周春彦，译．北京：东方出版社，2005：2.

［6］Etzkowitz，H. & Leydesdorff，L. Universities in the Global Knowledge Economy：A Triple Helix of University－Industry－Government Relations［M］. London，Cassell Academic，1997.

［7］Thomas J. Sergiovanni. Building Community in Schools［M］. San Francisco：Jossey－Bass，1994：48.

［8］贾文胜，李海涛，梁宁森．基于校企共同体多元发展模式的创新与实践［M］．上海：上海交通大学出版社，2021.

［9］李秋华，王振洪．五位一体育人模式——构建高职教育校企利益

共同体育人机制［M］. 北京：西苑出版社，2011.

［10］麦可思研究院. 2022 年中国高职生就业报告［M］. 北京：社会科学文献出版社，2022.

［11］潘建华. 职业教育校企合作有效性研究［M］. 北京：科学出版社，2022.

［12］齐再前. 基于博弈论高等职业教育校企合作长效机制研究［M］. 北京：科学出版社，2016.

［13］申晓伟. 校企合作　共筑未来：高职院校校企合作育人理论与实践研究［M］. 北京：中国广播影视出版社，2014.

［14］叶鉴铭. 校企共同体：校企一体化机制创新与实践［M］. 上海：上海三联书店，2009.

［15］叶鉴铭. 校企共赢我们在路上［M］. 北京：光明日报出版社，2012：105 – 110.

［16］Alexander Kaufmann，Franz Todtling（2001）. Science – industry interaction in the process of innovation：the importance of boundary – crossing between systems［J］. Research.

［17］Etzkowitz，H. & Leydesdorff，L（1995）. The Triple Helix of University – Industry – Government Relations：A Laboratory for Knowledge – Based Economic Development，EASST Review 14（1），14 – 19.

［18］Jong – Hak Eun，Keun Lee，Guisheng Wu. Explaining the "University – run enterprises" in China – A theoretical framework for university – industry relationship in developing countries and its application to China［J］. Research Policy 35（2006）：1329 – 1346.

［19］Leydesdorff Loet. A methodological perspective on the evaluation of the promotion of university – industry – government relations［J］. Small Business Economics，2003（2）.

[20] Michael D Santoro, Alok K Chakrabarti (2002). Firm size and technology centrality in industry – university interactions [J]. Research Policy 2002, 31: 1163 – 1180.

[21] Slegel D S, Waldman D A, AtwatreTwatre L E. Commercial knowledge transfers from universities to firms: Improving the effectiveness of university industry collaboration [J]. Journal of High Technology Management Research, 2003, 14 (1): 111 – 134.

[22] 安小米，白文琳，钟文睿. 支持协同创新体能力构建的知识管理方案设计 [J]. 科技进步与对策，2015 (6): 136 – 141.

[23] 白文琳. 基于协同创新理论的政府大数据治理框架的构建——基于G省的案例研究 [J]. 信息资源管理学报，2022 (2): 52 – 64.

[24] 别敦荣等. 大学推行学研产“一体化”的思考 [J]. 高等教育研究，2002 (1): 53 – 56.

[25] 岑家峰. 新时代高职院校社会服务现状及能力提升路径研究——基于广西高水平高职学校质量报告的分析 [J]. 职业技术教育，2021, 42 (18): 47 – 52.

[26] 查峥嵘，邓宏宝. 校企融合模式下民办中等职业学校内部治理的校本研究 [J]. 职教论坛，2018 (5): 19 – 24.

[27] 陈慧，韩忠培，陈瑶. 论基于校企合作视角的高职院校高技能人才培养模式 [J]. 教育与职业，2019 (16): 44 – 47.

[28] 陈寿根. 高职院校治理现代化的内涵、价值、基础理论、基本原则 [J]. 中国职业技术教育，2022, 821 (25): 81 – 85.

[29] 丁馨. 高职院校教师社会服务能力提升的现实困境与具体路径 [J]. 教育与职业，2021 (13): 58 – 62.

[30] 高树平，刘阳. 利益相关者视角下校企命运共同体的利益机制分析及其建构 [J]. 教育与职业，2020 (13): 19 – 25.

［31］郭福春，徐伶俐．高职院校专业群视域下的专业建设理论与实践［J］．现代教育管理，2015（9）：111－114.

［32］胡赤弟，田玉梅．高等教育利益相关者理论研究的几个问题［J］．中国高教研究，2010（6）：15－19.

［33］胡新岗，黄银云，沈璐．中国特色现代学徒制的时代意蕴、推行逻辑和优化路径［J］．教育与职业，2022（21）：102－106.

［34］李继鸿，张怡，仵红，王维娜，周晓蓉．基于推动区域经济发展的高职院校科研成果转化的研究［J］．工业技术与职业教育，2019（17）：68－70.

［35］李友仕，李武修，孙丰鑫．创建与运行校企共同体的问题和策略［J］．教育与职业，2017（8）：35－39.

［36］李钰．集群理论视角下职业教育实训基地资源整合的有效路径［J］．职业技术教育，2012（22）：44－48.

［37］刘锦峰．职业教育校企命运共同体：应然追求、实然困境和必然路径［J］．当代教育论坛，2021（5）：88－94.

［38］楼晓春，马亿前，陶勇．“行校企共同体”电梯类技术技能人才培养生态构建研究［J］．中国职业技术教育，2022（10）：88－92.

［39］马廷奇．命运共同体：职业教育校企合作模式的新视界［J］．清华大学教育研究，2020，10：118－126.

［40］马廷奇．命运共同体：职业教育校企合作模式的新视界［J］．清华大学教育研究，2020，41（5）：118－126.

［41］卿金桃，陆宇正．中国特色高水平高职学校信息化建设：实践样态与现实思考——基于56所“双高”学校中期绩效自评报告的文本分析［J］．中国职业技术教育，2022（23）：35－44.

［42］卿金桃，陆宇正．中国特色高水平高职学校信息化建设：实践样态与现实思考——基于56所“双高”学校中期绩效自评报告的文本分

析［J］. 中国职业技术教育，2022（23）：35－44.

［43］任宏. 高职院校校企合作人才培养模式的发展困境及解决路径［J］. 创新创业理论研究与实践，2021（11）：116－118.

［44］石伟平，郝天聪. 产教深度融合校企双元育人［J］. 中国职业技术教育，2019（7）：93－97.

［45］苏竣，姚志峰. 孵化器的孵化——三螺旋理论的解释［J］. 科技进步与对策，2007（3）：2.

［46］唐金花."互联网＋"背景下高职校企合作模式的转变［J］. 黑龙江高教研究，2018（12）：122.

［47］王帆，黄春梅. 从卢梭到马克思：近代共同体思想的发展历程［J］. 南昌大学学报（人文社会科学版），2019（6）：14－23.

［48］王松. 从利益共同体到情感共同体：职业教育校企深度合作的着力点分析［J］. 中国职业技术教育，2021（1）：64－68.

［49］王颖. 基于"融"文化理念的达利特色校园文化建设研究［J］. 教学管理与教育研究，2017，2（6）：10－11，14.

［50］王泽应. 命运共同体的伦理精义和价值特质论［J］. 北京大学学报（哲学社会科学版），2016（5）：5－15.

［51］徐叶军. 高职院校校企合作人才培养模式的发展困境及解决路径［J］. 教育与职业，2018（4）：41－44.

［52］杨进，张健. 职业教育校企双主体合作的问题、博弈与整合策略［J］. 中国高教研究，2017（3）：88－91.

［53］叶鉴铭，周小海. 试论"校企共同体"的共同因素及其特征［J］. 学术交流，2010（3）：198－201.

［54］于佳立. 从传统到现代：人类共同生活基本结构的变迁——读斐迪南·滕尼斯《共同体与社会》［J］. 南方论刊，2017（9）：26－31.

［55］余静，李梦卿."双高计划"高职院校信息化建设的群像特征

研究——基于全国56所“双高计划”高职院校的扎根分析［J］．职业技术教育，2022，43（23）：12－19.

［56］俞慧刚．利益、心理与决策行为：高职教育校企合作复杂利益关系的博弈整合［J］．职业技术教育，2020（26）：18－22.

［57］张世金．基于职业教育类型定位的高职校园文化建设［J］．教育与职业，2022（15）：91－95.

［58］赵晓芳．职业教育校企命运共同体：理论逻辑、内涵特征与行动路径［J］．职业技术教育，2021（25）：69－74.

［59］朱晓施，席文平，刘永平，孙铭．高校基层党建与业务工作融合发展研究［J］．辽宁工业大学学报（社会科学版），2022，24（5）：86－88.